特別附錄①

MAPPLE
まっぷる
哈日情報誌
仙台·松島
宮城
特別附錄①

U0082322

可以拆下使用

仙台站完整指南Book

Goods

Gourmet

用這一本掌握伴手禮和美食

仙台站完整指南 Book

Liquor

Sweets

Lunch Box

· CONTENTS ·

仙台站長這樣

GUIDE TO SENDAI STATION!

JR仙台站是旅行的起點和終點，站內有許多方便觀光的設施、伴手禮店、美食景點等！了解什麼地方有什麼設施&善加利用這些設施，盡情享受仙台觀光吧。

←2樓大片的彩繪玻璃窗

←西口有廣闊的陸橋廣場

TOPICS
2017年7月 新幹線中央剪票口內改裝新開幕

新幹線剪票口內，「おみやげ処せんだい」和有透明廚房的車站便當店、咖啡廳等店家新開幕，搭車之前的時間可以更舒適地度過！

←「杜のカフェ cocode」的冰咖啡很受歡迎

照片提供：JR東日本仙台分公司

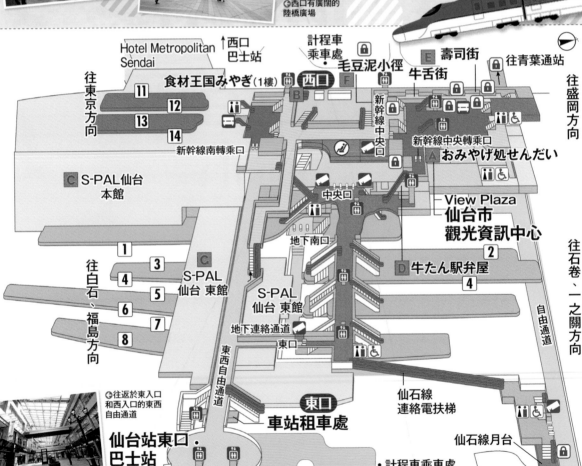

Hotel Metropolitan Sendai

↑西口巴士站

食材王国みやぎ(1樓)

計程車乘車處・毛豆泥小徑

西口

牛舌街

E 壽司街

往青葉通站

B F

往東京方向

11

12

13

14

新幹線南轉乘口

新幹線中央口

新幹線中央轉乘口

新幹線中央轉乘口

往盛岡方向

A おみやげ処せんだい

C S-PAL仙台本館

中央口

地下南口

View Plaza

仙台市觀光資訊中心

往白石、福島方向

1

3

4

5

6

7

8

C S-PAL仙台 東館

S-PAL仙台 東館

2

D 牛たん駅弁屋

4

往石卷、一之關方向

自由通道

地下連絡通道

東口

仙石線連絡電扶梯

東西自由通道

←往返於東入口和西入口的東西自由通道

東口車站租車處

仙台站東口・巴士站

仙石線月台

・計程車乘車處

←東口近年持續進行開發中

■ 1樓	(綠色窗口圖示) 綠色窗口	(洗手間圖示) 洗手間	※因施工的關係，
■ 2樓	(售票處圖示) 售票處	(輪椅圖示) 輪椅用洗手間	仙台站內部
■ 3樓	■ 剪票口內	(電扶梯圖示) 電扶梯	(置物櫃圖示) 投幣式置物櫃	可能會有部份變更。
■ 4樓	■ 剪票口內	(電梯圖示) 電梯	(候車處圖示) 候車處

◎吃車站便當享受牛舌專賣店的美味 ▶P.10 **2F**

D 牛たん駅弁屋 ぎゅうたんえきべんや

吃便當輕鬆享受代表仙台的牛舌專賣店好滋味。

📞022-227-1288
（Nippon Restaurant Enterprise）
🕐9:00～21:00 休無休

◎地下樓層的名產街好方便 🛍🍴

C S-PAL仙台 本館 えすぱるせんだいほんかん

直通車站，位於仙台站西口的購物中心大樓，約有213間店鋪入駐。

📞022-267-2111
（S-PAL仙台代表）
🕐10:00～21:00（視店鋪而異）休不定休

MAP 附錄②P.4 G-5

有這樣的樓層

仙臺みやげ館 せんだいみやげかん ▶P.4・6 **B1F**

販售眾多仙台品牌點心、竹葉魚板、民藝品等伴手禮。

MAP 附錄②P.4 G-5

◎仙台最齊全的伴手禮品 🛍 **2・3F**

A おみやげ処せんだい おみやげどころせんだい ▶P.4・6

仙台站內有複數店鋪，販售齊全的品牌點心和牛舌加工品等基本款伴手禮。

📞022-267-1965（JR東日本東北綜合服務）
🕐7:00～21:30（3F4號店為～22:00）休無休

MAP 附錄②P.4 G-4

◎販售縣內各地的特產 ▶P.6 **1F**

B 食材王国みやぎ しょくさいおうこくみやぎ

販售三陸的水產加工品、藏王的起司，秋保的萩餅等宮城特產。

📞022-213-1756
🕐9:00～21:00 休無休
MAP 附錄②P.4 G-4

◎有3間毛豆泥名店 🛍🍴 **3F**

F 毛豆泥小徑 ずんだこみち ▶P.13

有3間並排的販售多樣化毛豆泥的甜點店，也販售伴手禮品。

MAP 附錄②P.4 G-4

有這樣的店家

・ずんだ茶寮 仙台站毛豆泥小徑店
・杜の菓匠 玉澤総本店毛豆泥小徑店
・お茶の井ヶ田 喜久水庵ずんだ茶屋

◎代表仙台的美食店家排排站 🍴 **3F**

E 牛舌街、壽司街 ぎゅうたんどおりすしどおり ▶P.12

有成排仙台名產牛舌和壽司店家的美食大道，午餐時間要排隊。

MAP 附錄②P.4 G-4

‧‧‧‧‧牛舌‧‧‧‧‧
・たんや善治郎 牛舌街店
・伊達の牛たん本舗 牛舌街店
・利久 仙台站店

‧‧‧‧‧すし‧‧‧‧‧
・気仙沼あさひ鮨 仙台站店
・寿司処こうや 仙台壽司街店
・魚屋さんの鮨 北辰鮨 仙台站店

有這樣的店家

◎伴手禮和美食都在這裡 🛍🍴

C S-PAL仙台 東館 えすぱるせんだいひがしかん

座落於仙台站東西自由通路旁的購物中心，餐廳選擇也相當豐富。

📞022-267-2111
（S-PAL仙台代表）
🕐10:00～21:00（視店鋪而異）休不定休
MAP 附錄②P.4 H-5

有這樣的樓層

東北めぐり いろといろ とうほくめぐりいろといろ ▶P.4 **2F**

販售包括仙台在內的東北各地品牌點心和工藝品、熱門新商品等。

MAP 附錄②P.4 H-5

SWEETS GARDEN すいーつがーでん ▶P.4 **2F**

有日式和西式點心店等17間店的區域，也販售豐富的仙台伴手禮 MAP 附錄②P.4 H-5

森森餐廳 もりのだいにんぐ ▶P.14 **3F**

供應活用宮城食材美味的料理，也有很多店家提供店鋪限定料理。

MAP 附錄②P.4 H-5

仙台站的方便之處

有效活用搭乘新幹線之前的時間

享受仙台美食到最後一刻

新幹線剪票口附近有很多餐飲店，利用空檔時間前往也非常方便。

就算東西忘了買也不用擔心

在車站內也能GET伴手禮！

車站內能買到幾乎所有的仙台、宮城伴手禮，因此可以找到自己想要的東西。

回家前…

想要搭乘市內&觀光巴士！

首先先前往仙台站西口巴士站服務處

在市內行駛的巴士據點，也有販售LOOPLE仙台觀光巴士的1日乘車券。

📞022-222-2256
（仙台市交通局服務中心）
🕐8:30～18:30，週六・日、假日為～17:00
休無休 MAP 附錄②P.4 G-5

想要寄放行李！

可以寄放在投幣式置物櫃，輕鬆觀光

設置在車站內各處，部份的投幣置物櫃費用可以使用共通乘車卡片Suica支付。

想了解觀光資訊！

在仙台市內觀光資訊中心了解最新資訊

發放交通資訊和觀光手冊等，需要仙台的觀光資訊到這裡就對了。

📞022-222-4069
🕐8:30～19:00 休無休 MAP 附錄②P.4 G-4

觀光之前…

華麗伴手禮

> 從給自己的獎賞到分送用伴手禮♪

酥酥脆脆的派皮裡包著大量的鮮奶油

ROYAL TERRASSE的
鮮奶油派
（1個）149日圓

船形的派皮中，包著大量卡士達風味的原創鮮奶油，甜味溫和而不膩口。

`可以在這裡買到：B D`

滋味豐富的4種口味

芳香的外皮和口味優雅的餡料非常迷人

白松がモナカ本舖的
小型最中餅
（9個入）1250日圓

最中餅皮使用自家公司生產的糯米製成，口感細緻柔軟，和嚴格挑選的紅豆製成的內餡非常搭配。

`保存期限：常溫可保存約10日` `可以在這裡買到：A B`

招牌著名點心

絕對會想回購！一直以來廣受喜愛

喜久水庵的
喜久福
（1個）123日圓

很受歡迎的大福，柔軟的麻糬皮中，包著香氣四溢的抹茶奶油和紅豆，還有毛豆泥等口味，基本款共有4種口味。

`保存期限：解凍後冷藏可保存2日` `可以在這裡買到：A B`

師傅手工製作融合日西風格的傳統點心

ふじや千舟的
支倉燒
（6個入）1080日圓

融合日式與西式風格的烘焙點心，散發奶油香味的餅皮內，包著核桃風味的白豆沙餡，濃厚的味道非常迷人。

`保存期限：常溫約10日` `可以在這裡買到：A B`

毛豆泥鮮奶油西式風格銅鑼燒

こだまの
鮮奶油毛豆泥銅鑼燒
（1個）185日圓

濕潤而有彈性的餅皮中間，夾著風味豐富的毛豆泥鮮奶油和求肥餅。

`保存期限：冷藏可保存約10日` `可以在這裡買到：A B`

熊谷屋的
仙台懷舊零食
（19種入）2160日圓

販售擁有超過300年傳統的懷舊零食，活用了黃豆粉和黑糖等食材製作，懷念的滋味和樸素的外型讓人不禁湧起一股鄉愁。

`保存期限：常溫可保存約20日`
`可以在這裡買到：B`

用天然食材製作令人懷念的味道

杜の菓匠 玉澤総本店的
迷你黑砂糖餡餅
（24個入）1420日圓

外皮使用沖繩波照間島生產的黑糖，頗有彈性而廣受好評，和甜味清爽的內餡非常搭配。

`保存期限：常溫可保存約3日`
`可以在這裡買到：A B`

散發黑糖香味頗有彈性的外皮很受歡迎

菓匠三全的
萩之月
（6個入）1200日圓

口感鬆軟柔和的蜂蜜蛋糕體中，包著味道溫和的卡士達奶油，每個萩之月分別用可愛的盒子包裝，最適合買作分送用伴手禮。

`保存期限：常溫可保存約10日`
`可以在這裡買到：A B C`

長賣款仙台伴手禮

以熟練的職人技術製作而成的7層點心

PALPAW的
Sweet Gotto

（10個入）1858日圓

用海綿蛋糕、薄餅、派層層堆疊而成的烘焙點心，可以一次吃到各種不同口感，是氣仙沼的著名點心。

保存期限：常溫可保存約30日　可以在這裡買到：**C**

外觀也很可愛新面孔

把毛豆泥麻糬做成一口大小

新必買甜點

可以享受到大豆的顆粒口感

仙大豆的
大豆雪球

（1箱）410日圓

大量使用宮城縣產的大豆粉和烘焙大豆製作的雪球餅乾，最後裹上黃豆粉。

保存期限：常溫可保存約30日　可以在這裡買到：**C D**

ずんだ茶寮的
小毛豆泥麻糬

（1杯）345日圓

將仙台名產毛豆泥麻糬用杯子盛裝，可以輕鬆品嚐。溫和甜味的毛豆泥餡結合柔軟的麻糬，吃起來令人回味無窮。

保存期限：冷藏可保存約1日　可以在這裡買到：**A B**

非常推薦咖啡風味的紅豆餡口味

服部コーヒーフーズ的
仙臺杜の香り本舗
鹽咖啡豆大福

（6個入）1080日圓

麻糬皮內包著奶油，以及加了咖啡和鹽的顆粒紅豆餡。

保存期限：解凍後冷藏可保存約2日　可以在這裡買到：**A**

草莓香味在口中擴散開來

colombin的
仙台的草莓巧克力餅乾

（12個入）1080日圓

使用宮城縣亘里郡產草莓製成的草莓粉和草莓醬，加上白巧克力混合烘烤而成的巧克力餅乾。

保存期限：常溫可保存約120日　可以在這裡買到：**B**

確認一下期間限定商品

九重本舖 玉澤的
琥珀物語　（1個）951日圓

高純度的寒天和砂糖熬煮製成的和菓子，外形看起來像是寶石一樣，有檸檬、草莓、薄荷等5種口味。

※限定4〜10月販售

保存期限：常溫可保存約45日

可以在這裡買到：**B**

九重本舖 玉澤的
霜柱　（1罐）2052日圓

粉末中有滿滿的細緻糖果，入口即化，運用純熟技術生產的冬季限定商品。

※限定10〜4月販售

保存期限：常溫可保存約90日

可以在這裡買到：**A B C**

喜久水庵的
巧克力麻糬

（1個）162日圓

可可風味的柔軟薄麻糬皮中，包了使用濃厚生巧克力和京都宇治抹茶的奶油餡。

鬆軟的麻糬餅皮中包著濃厚的奶油餡

保存期限：解凍後冷藏可保存約2日

可以在這裡買到：**A B D**

充滿
山產・海產

壓箱寶美食

大啖美味無比的牛舌

伊達の牛たん本舗的
鹽漬牛舌

（135g） 1680日圓

使用厚而多汁的牛舌，加上絕妙份量的鹽調味，可以感受到牛舌原有的美味。

保存期限:冷凍可保存約270日

可以在這裡買到:Ⓐ Ⓒ

仙台美食之王！
牛舌

可以吃到柔軟的大塊牛舌

下酒或配飯都非常適合

陣中的
仙台辣油

（100g） 750日圓

辣油中加入了大量的塊狀牛舌，麻辣的辣油也很適合當作火鍋料理的調味料。

保存期限:常溫可保存約120日 | 可以在這裡買到:Ⓐ Ⓑ

伊達の牛たん本舗的
牛舌咖哩

（250g） 1080日圓

濃縮了蔬菜水果味道的正統咖哩醬中，加了大量的大塊牛舌，令人印象深刻。

保存期限:常溫可保存約1年 | 可以在這裡買到:Ⓐ Ⓒ

かまぼこの鐘崎的
大漁旗

（1片） 313日圓

口感鬆軟的魚板，使用高級魚石狗公和講究的天然調味料製作而成，更能吃出魚肉原有的美味。

保存期限:冷藏可保存約7日

可以在這裡買到:Ⓐ Ⓒ

以厚度為傲的鬆軟竹葉魚板

松島蒲鉾本舗的
むう

（5個） 540日圓

圓形的炸魚板，可以充份享受到大豆的美味，鬆軟的口感和順口的滋味也非常吸引人。

保存期限:冷藏可保存約7日

可以在這裡買到:Ⓐ Ⓒ

口感鬆軟的炸豆腐魚板

有各種變化的魚板也好迷人
竹葉魚板

包了起司的圓圓魚板

兩種名產的連名款！
佐々直的
牛舌竹葉魚板

（1片） 206日圓

在竹葉魚板的魚漿中，加了用櫻木片煙燻的牛舌製成的商品，微辣的黑胡椒味配酒也非常適合。

保存期限:冷藏可保存約21日

可以在這裡買到:Ⓐ Ⓒ

➡黑胡椒是味道的變化亮點

阿部蒲鉾店的
起司球

（1個） 140日圓

圓潤可愛的魚板中，包著滿滿的滑順奶油起司，是非常受歡迎的商品。

保存期限:冷藏可保存約7日

可以在這裡買到:Ⓐ Ⓒ

白謙かまぼこ店的
極上竹葉魚板

（1片） 195日圓

使用新鮮的石狗公製成的奢侈竹葉魚板，美味之處在於口感充滿彈性，以及吃起來有微微的甜味。

保存期限:冷藏可保存約8日

可以在這裡買到:Ⓐ Ⓒ

仙台的必買名產

石渡商店的
濃縮魚翅湯
（200g）864日圓

氣仙沼是日本數一數二的魚翅產地，使用氣仙沼產的魚翅，加上蛋汁後，湯的味道會變得更有層次。

味道濃厚的湯品含有滿滿魚翅

保存期限：常溫可保存約1年　可以在這裡買到：Ⓐ Ⓑ

在家裡也可以吃到宮城的海產
海產加工品

山內鮮魚店的
鹽漬生海鞘
（170g）864日圓

使用宮城縣產的新鮮真海鞘，加上剛剛好的鹽份醃漬，厚實而多汁的口感，就像在吃生海鞘。

用恰好的鹽份醃漬厚實的真海鞘

保存期限：冷藏可保存約60日　可以在這裡買到：Ⓑ

仙台的基本醃漬小菜

不管幾碗飯都能吃完！
配飯小菜

岡田の仙台長なす漬本舖的
岡田仙台醃漬長茄子
（140g）540円

用醬油醃漬一整條適合做成醃漬食品的薄皮仙台長茄子。嘗不太到茄子獨有的苦味。

保存期限：常溫可保存約60日　可以在這裡買到：Ⓐ Ⓑ Ⓒ

斉吉商店的
金之秋刀魚
（6片入）1080日圓

用秘傳醬汁燉煮的秋刀魚和白飯非常搭配！

鹹甜的秋刀魚佃煮，將秋刀魚和老薑一起燉煮至連骨頭都軟化，濃縮了食材美味的醬汁也是絕品。

保存期限：常溫可保存約60日　可以在這裡買到：Ⓐ Ⓑ

平孝酒造的
日高見
（720ml）1528日圓

口感清爽的純米酒

優良的米和水製作而成
當地酒品

糖度稍低的純米酒，稻米的美味會在口中擴散開來，清爽的爽快感和甜味的平衡恰到好處。

可以在這裡買到：Ⓐ Ⓑ

一ノ蔵的
Himezen
（720ml）1028日圓

酸酸甜甜的溫和風味

甜度頗高卻又帶著清爽的酸味，特別受女性歡迎的新感受清酒。

可以在這裡買到：Ⓐ Ⓑ

這裡也要CHECK！

㈲今野醸造的
MISOLT
（50g）648日圓

由充滿大豆香味的仙台味噌製成的粉狀調味料，也很推薦使用在義大利麵、薄切生肉等西式料理上。

各式各樣的日式、西式料理都可以灑上進行調味

保存期限：常溫可保存約1年　可以在這裡買到：Ⓑ

仙台味噌是什麼？

使用米麴和大豆製成的紅味噌，甜味較強烈，有著豐富的大豆風味。

為平常的料理帶來變化
調味料

石渡商店的
氣仙沼成熟牡蠣蠔油
（160g）972日圓

濃縮了嚴選的牡蠣美味

使用優良的牡蠣，捕撈上岸後馬上就萃取成蠔油，因此完美重現了牡蠣原本的滋味，可以享受到濃厚的美味。

保存期限：常溫可保存約1年　可以在這裡買到：Ⓐ Ⓑ

藤原屋みちのく酒紀行
ふじわらや　みちのくさけきこう

試喝各種酒找到自己喜歡的當地產酒吧

地酒自販機

專門販售東北產酒的店家，入口處的酒自動販賣機，常態性販售5種當地產酒。

☎022-357-0209
🕙10:00～21:00　🈺準同S-PAL仙台　🏠仙台市青葉区中央1-1-1　🚇直通JR仙台站　Ⓟ使用契約停車場　MAP 附錄②P.4 H-5

●1杯100日圓，酒的種類不定期更換

Ⓐ JR仙台站 站內　おみやげ処せんだい　MAP 附錄②P.4 G-4

一見鍾情雜貨

想擺放在手邊
傳統X藝術

仙台名產三姊妹木芥子
（傳統形式）

（1個）1404日圓

以仙台名產毛豆泥、牛舌和竹葉魚板為主題，可愛的木芥子。

可以在這裡買到：A

木芥子便利貼

410日圓

設計以宮城縣四個系統傳統木芥子的臉為主題，其他還有東北篇的便利貼，集結了津輕、木地山、南部、土湯的木芥子圖案。

可以在這裡買到：B

以宮城的傳統木芥子為主題

淘氣的表情很可愛

木芥子是什麼？

木芥子是木製的人偶，自古以來在東北地區的溫泉街進行販售，用作小孩的玩具或伴手禮，現在以木芥子為主題，做出創意變化的雜貨也非常受歡迎。

當作記事本或書籍的書籤也很方便

閃亮的時尚物品

手掌大小的信紙信封組

木芥子迴紋針

（1盒）510日圓

多彩的迴紋針裝在火柴盒大小的盒子內，也很推薦夾在書頁上當作書籤。

可以在這裡買到：B

木芥子胸針

3564日圓

七寶燒胸針，上頭描繪了微笑的木芥子，別上後能為穿搭帶來變化，讓衣服看起來更美。

可以在這裡買到：A

信紙便箋 仙台木芥子

378日圓

小張的和紙便箋上，加上了一個木芥子重點插圖。其他還有伊達政宗和松川不倒翁的圖案。

可以在這裡買到：B

しまぬき S-PAL店
しまぬきえすぱるてん

販售以東北工藝為主的和風雜貨，東北工藝以宮城為中心，種類齊全。也有販售拭手巾和木芥子雜貨等豐富的原創商品。

☎022-267-4021　⏰10:00～20:30
🈺準同S-PAL仙台　📍仙台市青葉区中央1-1-1 S-PAL仙台 本館B1　🚉JR仙台站即到　🅿使用契約停車場　MAP 附錄②P.4 G-5

本店位於一番町

ⓑ KANEIRI STANDARD STORE
かねいりすたんだーどすとあ

販售以東北為主題的原創商品和高品味雜貨，種類豐富齊全，商品以文具為主，也有販售書籍和器物等，最適合在此選購伴手禮。

☎022-353-5061　⏰10:00～21:00
🈺準同S-PAL仙台　📍仙台市青葉区中央1-1-1 S-PAL仙台 東館3F　🚉JR仙台站即到　🅿使用契約停車場

店內空間寬闊便於選購商品

可以在這裡買到

常盤型聯名原創手拭巾
東北STANDARD×名取屋染工場

(1條)1080日圓～

拭手巾染成以東北為主題的設計或傳統的紋樣，因為是手工染製而成，有著特殊的風情。

可以在這裡買到：Ⓑ

宮城自古
流傳下來的染織品

\ 常盤型是什麼？ /

江戶時代後期誕生，在仙台發展的型染技法，使用染色技法重現了織品的條紋圖樣、也使用很多以草花等自然景物為主題的圖案。

玉蟲塗 手鏡（大）

2042日圓

蘆葦圖案的蒔繪手鏡，由師傅細心而優秀的手工技術製作而成，看上去相當高級的光澤非常美麗。

可以在這裡買到：Ⓐ

玉蟲塗 書籤

410日圓～

銀杏葉形狀的書籤，使用銀粉描繪的圖案閃閃發光。

可以在這裡買到：Ⓐ

\ 玉蟲塗是什麼？ /

1932 年在仙台誕生的漆藝，名稱的由來是塗上的漆就像是玉蟲（金龜子）的翅膀一樣，隨著光線照射角度不同，顏色也會出現微妙的變化。

平常就可以
使用傳統工藝品

玉蟲塗 小盒子（蘆葦圖案）

1275日圓～

卡片大小的小盒子，四個角作成圓角，手感滑順，其他還有木芥子等不同圖案。

可以在這裡買到：Ⓐ

白石和紙 豆LAND 口金包

2592日圓

外型圓潤的零錢包，使用不易破損的和紙製作而成，不容易變形。

可以在這裡買到：Ⓐ

\ 白石和紙是什麼？ /

繼承了平安時代發展而成的「陸奧和紙」技術，和紙原料使用當地構樹，手工抄紙製成，特徵為鬆軟而堅固的觸感。

蓬鬆柔軟的觸感

白石和紙 卡片套

648日圓

觸感鬆軟，手感良好，柔和的配色相當可愛。

可以在這裡買到：Ⓐ

こばやし的

網烤牛舌便當
1050日圓

將外盒上的繩子拉動之後就會自動加熱,可以品嘗到熱騰騰的牛舌。

濃縮了美味的溫熱牛舌

芳香的牛舌上灑上藻鹽

Nippon Restaurant Enterprise的

炭烤風牛舌便當
~附鹽竈產藻鹽　**1050日圓**

在香醇美味的牛舌上,依自己的喜好灑上鹽竈市的特產藻鹽進行調味。

可以享受到正統的
牛舌

用3種調味變化牛舌料理

伯養軒的

牛舌三彩
1000日圓

使用3種變化調理方法,將牛舌調理成鹽烤牛舌、味噌烤牛舌、牛舌肉末,便當吃起來讓人好滿足。

和仙台牛舌味噌非常的香味搭配

こばやし的

仙臺味噌牛舌便當
1050日圓

加上風味豐富的仙台味噌燒烤而成的牛舌,和鹽烤牛舌有著截然不同的美味。

盛裝了滿滿的宮城 美味

絕對要吃！
車站便當 指南

仙台站內販售的車站便當種類豐富,可以品嘗到仙台名產牛舌、仙台牛和三陸海鮮等,選擇最適合當作宮城旅行結尾的便當,在車內享用吧。

吃車站便當,品嘗專賣店的美味！

牛たん駅弁屋　ぎゅうたんえきべんや

販售仙台市肉牛舌專賣店所監製的便當等商品,可以從透明廚房看到燒烤牛舌的樣子。

↑たんや善治郎的特上厚切牛舌便當 1850日圓

☎022-227-1288(Nippon Restaurant Enterprise)
🕐9:00~21:00　店休無休　MAP 附錄②P.4 G-4

→可以看到實際燒烤牛舌的樣子

こばやし的

仙台牛三明治
680日圓

仙台牛是柔軟多汁的高級牛肉,和烤過的土司十分對味。

烤過的土司中間夾了仙台牛

A5 輕鬆品嘗到A5等級的仙台牛

多汁的品牌和牛
仙台牛

こばやし的

A5仙台牛炭火燒肉便當
1600日圓

使用A5等級仙台牛的豪華便當,推薦淋上另附的醬汁一起品嘗。

盡情享受
三陸大海的恩賜

外觀也相當華麗的
海之恩賜

海鮮

こばやし的
新宮城三陸
黃金海道 1100日圓

使用滿滿宮城縣沿岸地區海產的海鮮便當，每一道菜都經過細心調味。

滿滿肥美
大顆鮭魚紅卵
和鮭

Nippon Restaurant Enterprise的
宮城大海的光輝
～紅鮭鮭魚卵炊飯 1100日圓

大顆優質的鮭魚卵像是閃亮的寶石一樣，和用醬油煮過的肥美紅鮭非常對味。

金而肥厚充滿彈性的鯖魚

伯養軒的
金華鯖魚棒壽司
1250日圓

使用金華山海域捕獲的金華鯖魚，口感肥厚又充滿彈性，優雅的滋味讓收到這份伴手禮的人也會開心。

こばやし的
黃金 海膽鯡魚卵
鮭魚卵便當 1350日圓

有滿滿海鮮的便當，海膽和鯡魚卵看起來就像是閃耀的黃金，米飯使用宮城縣產的米Hitomebore。

海膽和鯡魚卵
像是黃金一樣閃耀

如果肚子有點餓了
就買這些♪

外帶美食

炸葫蘆魚板
(1支)200日圓

將蒸過的竹葉魚板，裹上微甜的麵衣油炸至酥脆，是非常受歡迎的商品。

名產竹葉魚板美食

葫蘆形狀的名產竹葉魚板

仙台站2F
阿部かま ひょうたん揚げ店
あべかまひょうたんあげてん

竹葉魚板老店的招牌商品，炸葫蘆魚板的專賣店，有時週末還要排隊。

☎022-395-8022 ⌚9:00～21:00
休無休 MAP 附錄②P.4 G-4

Nippon Restaurant Enterprise的
老闆娘的款待便當
～鳴子溫泉篇 1150日圓

便當內有鳴子溫泉老闆娘推薦的當地食材和鄉土料理等菜色，集結了滿滿的鳴子美味，食材以山產為主。

品嘗
活用山產美味的
鳴子鄉土料理

多樣化的特產和
鄉土料理

幕之內

有和5個武將淵源的料理

こばやし的
伊達武將隊便當
1050日圓

以伊達政宗為主，加入了和宮城武將有所淵源的地區誕生的料理和名產，菜色豐富，吃起來讓人好滿足。

毛豆泥奶昔
250日圓

使用嚴選牛奶製成的香草奶昔中，加入有毛豆香氣的特製毛豆泥混合而成。

毛豆的顆粒口感很有趣！

仙台站2F
Zunda Shake EXPRESS店
ずんだしぇいくえくすぷれすてん

除了很受歡迎的毛豆泥奶昔以外，也販售毛豆泥麻糬等甜點。

☎022-715-4441(菓匠三全 おみやげ処せんだい3号店) ⌚9:00～21:00
休無休 MAP 附錄②P.4 G-4

伯養軒的
仙台三大祭典便當
1100日圓

扇形的容器中盛裝了牛舌、鮭魚卵炊飯、竹葉魚板等代表宮城的名產，外觀看起來也非常鮮豔豐富。

華麗的扇形便當

S-PAL仙台 東館 2F 駅弁屋 踊 仙台站店 ⌚10:00～21:00 MAP 附錄②P.4 H-5

車站大樓 美食景點

一定要順道前往的 超人氣店家

仙台站內及鄰接車站的S-PAL仙台有許多店家,可以到這裡品嘗來仙台非吃不可的牛舌、海鮮和使用當地食材的美食,利用等車的時間等,盡情享受宮城名產吧!

堅持使用手工調理的秘訣就是美味

上撰極厚真中牛舌定食
2592日圓~
使用一條牛舌中只能取得1、2片的珍貴部位,非常奢侈的一道。

\這個也很推薦/
炭火燒烤牛舌蓋飯
1566日圓
柔軟的牛舌,和宮城縣登米市名產炸麩的聯名搭配。

たんや善治郎
牛舌街店
たんやぜんじろうぎゅうたんどおりてん

堅持用手工調理的店家,由師傅手工切片、灑鹽調味等。將鹽研磨成粉狀、引出其美味,能更均勻地和牛舌融合,讓牛舌有恰到好處的鹹味。

📞022-722-5081　🕙10:00~22:00(22:30閉店)　休 無休　MAP附錄②P.4 G-4

↑設有一般桌椅座位和吧檯座

排隊資訊
平均等待時間
約20分
這個時間人比較少!
10:00~11:00

聚集了著名店家的美食區域

仙台站 車站內部

美食POINT
❶餐飲店集中在剪票口附近!
為了讓旅客在沒有太多時間時趕搭車也可趕緊順道前往,而設置在剪票口附近。

❷活用划算的小冊子

極厚芯牛舌

\這個也很推薦/
紅酒燉牛舌定食
1510日圓
使用香醇的多蜜醬汁燉煮,入口即化的牛舌美味無比。

3F
必須排隊的人氣店家齊聚一堂
牛舌街

極厚芯牛舌定食　2150日圓
使用牛舌柔軟的部位,奢侈地切成厚片,頗有份量的一道(數量有限)。

伊達の牛たん本舗
牛舌街店
だてのぎゅうたんほんぽぎゅうたんどおりてん

除了基本款的牛舌定食以外,還有牛舌漢堡排等,供應豐富創意牛舌料理的著名店家。推薦料理為「極厚芯牛舌」,店家將牛舌切成彷彿牛排一樣魄力十足的厚度,並以頗有彈性的口感自豪。

📞022-715-5056　MAP附錄②P.4 G-4
🕙8:00~22:00(22:30閉店)　休無休

↑可以看到牛舌在面前燒烤的樣子

排隊資訊
平均等待時間
約10~15分
這個時間人比較少!
15:00~17:00

站內美食的主要景點在這裡!

仙台站3F
牛舌街、壽司街、毛豆泥小徑

伊達の牛たん本舗 牛舌街街
寿司処こうや 仙台壽司街店
すんだ茶寮 仙台駅 毛豆泥小径
たんや善治郎 牛舌街街
気仙沼あさひ鮨 仙台店

毛豆泥小徑
新幹線中央口
牛舌街、壽司街

以「魚翅壽司」廣為人知的氣仙沼名店

朧 3348日圓
包含大條星鰻壽司和著名的魚翅壽司等，共10貫壽司的推薦菜色。

\這個也很推薦/
魚翅壽司
864日圓
魚翅使用雞骨高湯調理成西式口味，彈脆的獨特口感令人難以抗拒。

其他樓層也要CHECK！

DaTe Cafe O'rder 仙台站2F
だてかふぇおーだー

地產地消的餐廳，飯糰使用Hitomebore米，內餡種類相當豐富。

↑飯糰和飲料可以外帶。

☎022-302-5291　🕐7:15～22:30
(23:00閉店)　休無休　MAP 附錄②P.4 G-4

可以品嘗到宮城的鄉土食物芋煮

宮城風芋煮套餐
691日圓～
加了蘿蔔和芋頭等味噌味的芋煮和2個飯糰套餐。

仙臺驛 日本酒バル ぷらっと 仙台站1F
せんだいえきにほんしゅばるぷらっと

酒館內備齊宮城縣內25個釀酒廠釀製的當地酒，店內氛圍像是咖啡廳一樣，可以輕鬆順道前往。

↑朱色的門簾是店家標誌

☎022-393-5032　🕐11:00～22:30　休無休
MAP 附錄②P.4 G-5

試喝比較下酒菜套餐
可以依喜好選擇3種日本酒，加上每日更換內容的3道下酒菜套餐。
1300日圓

可以輕鬆享受到宮城的當地酒

在車站內可以品嘗到新鮮海產
壽司街

気仙沼あさひ鮨 仙台站店
けせんぬまあさひずしせんだいえきてん

魚翅壽司十分出名的壽司店，本店位於氣仙沼，絕品美味壽司使用氣仙沼港捕撈上岸的鮮魚和宮城縣產的米Sasanishiki握製而成。

☎022-722-3326　🕐10:00～22:00 (22:30閉店)　休無休　MAP 附錄②P.4 G-4

↑使用的鮪魚皆為天然鮪魚

排隊資訊
平均等待時間
約15分
這個時間人比較少！
10:00～11:00
15:00～16:00

令人忍不住大快朵頤的三陸當季海鮮 鮮度超群！

寿司処こうや 仙台壽司街店
すしどころこうやせんだいすしどおりてん

使用松島和金華山海域等三陸海域漁場捕撈到的豐富海產，米飯使用宮城縣產的米Sasanishiki或Hitomebore。

☎022-721-0371　MAP 附錄②P.4 G-4
🕐10:00～22:00(22:30閉店)　休無休

↺除了吧檯座，一般桌椅座位以外，也有和式座位

\這個也很推薦/
散壽司
2700日圓
在酸香恰到好處的醋飯上，比例良好地鋪上鮭魚卵、海膽、鮪魚等。

政宗 3240日圓
可以品嘗到早上從市場進貨的當季海鮮壽司7貫，和鮪魚等基本口味壽司4貫，是店家引以為傲的料理。

排隊資訊
平均等待時間
約10分
這個時間人比較少！
14:00～17:00

飯後甜點也要吃仙台名產
毛豆泥小徑

ずんだ茶寮 仙台站毛豆泥小徑店
ずんださりょうせんだいえきずんだこみちてん

販售種類豐富的毛豆泥甜點，可以品嘗到基本的毛豆泥麻糬和毛豆泥蛋糕捲等，店內以毛豆泥為概念的綠色裝潢也很可愛。

☎022-715-1081
🕐9:00～21:00(販售時間為8:00～21:30)　休無休
MAP 附錄②P.4 G-4

↑店內也販售毛豆泥點心伴手禮

毛豆泥蛋糕捲套餐
699日圓
口感濕潤的海綿蛋糕之間夾入滿滿甜味溫和的毛豆泥奶油。

口感濕潤奶油的好對味毛豆泥和海綿蛋糕

想外帶的話就買這個
毛豆泥布丁
250日圓
有著毛豆風味的香濃布丁，可以享受到毛豆的顆粒口感。

排隊資訊
平均等待時間
約20分
這個時間人比較少！
15:00～17:00

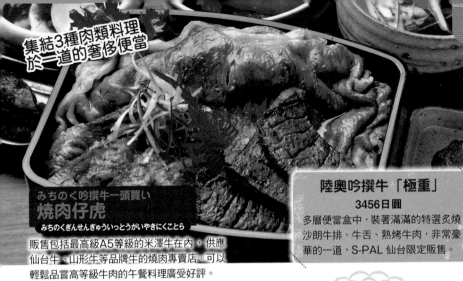

集結3種肉類料理於一道的奢侈便當

想品嘗現在最受矚目的料理就到這裡！

S-PAL 仙台

陸奧吟撰牛「極重」

3456日圓

多層便當盒中，裝著滿滿的特選炙燒沙朗牛排、牛舌、熟烤牛肉，非常豪華的一道，S-PAL 仙台限定販售。

みちのく吟撰牛一頭買い
燒肉仔虎

みちのくぎんせんぎゅういっとうがいやきにくことら

販售包括最高級A5等級的米澤牛在內，供應仙台牛、山形牛等品牌牛的燒肉專賣店。可以輕鬆品嘗高等級牛肉的午餐料理廣受好評。

📞 022-385-7378　🕐 11:00～22:15(23:00閉店)
MAP 附錄②P.4 H-5

\這個也很推薦/
仔虎的牛舌午餐

2160日圓

非常有份量的厚切牛舌4片、柔軟五花肉的套餐。

↑店內裝潢是以黑色為基調的和風現代風格

東館3F
多元豐富的餐廳齊聚一堂
森林餐廳

美食POINT

❶使用東北食材的料理選擇相當豐富

使用三陸海鮮的壽司、仙台牛、當地蔬菜等，大量運用本地產的新鮮食材。

❷可以在寬敞的店內用餐

每一間店的空間都很寬敞，很多店家也備有家庭或是多人可以一起使用的桌椅座位。

奧州ろばら
SENDAI EKI TENKAI

おうしゅうろばたせんだいえきてんかい

供應創意和食的餐廳，使用當季的當地食材，做出各式各樣的變化料理。使用三陸海域捕撈到的海鮮、藏王三元豬的料理選擇也相當豐富。推薦料理為發源於仙台的爐端燒烤。 MAP 附錄②P.4 H-5

宮城名產大集合！

爐端燒烤拼盤

2462日圓

讓人不禁想拍下照片的一道豪邁料理，有竹葉魚板和牛舌等豐富的宮城名產。

📞 022-385-6632
🕐 11:00～22:00(23:00閉店)、午餐為～14:30

\這個也很推薦/
特上！三陸海鮮蓋飯（大）

3200日圓（午餐時間）

新鮮海鮮堆得像是要滿出容器。附有醃漬小菜和湯品。

↑店內也設有吧檯座，可以看到開放式廚房

6Ken Kitchen

ろっけんきっちん

西式餐廳酒館，供應活用東北6縣美味食材的餐點，酒精飲料種類豐富，享用餐點的同時，也可以享受到東北各地的當地啤酒和葡萄酒。

📞 022-352-4430
🕐 10:00～22:30(23:00閉店)
MAP 附錄②P.4 H-5

可以輕鬆品嘗到名牌牛

\這個也很推薦/
羊肋排

（1支）637日圓

濃厚滋味和獨特的羊肉風味，很適合搭配葡萄酒享用。

短角牛（岩手縣）燉煮漢堡排的夏威夷式漢堡排蓋飯（午餐）

1242日圓

奢侈地使用多汁美味的短角牛，非常受歡迎的午餐料理。

↑店內到處都有東北主題的物品

東館3F ESPALMADOR MARISQUERIA

S-PAL仙台美食的主要景點在這裡！

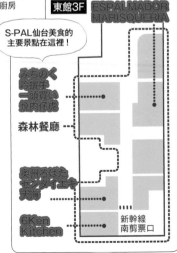

みちのく吟撰牛一頭買い燒肉仔虎

森林餐廳

奧州ろばた せんだいえきてんかい 天海

6Ken Kitchen

新幹線南剪票口

主要區域交通一覽表

大眾運輸

to \ from	仙台站	松島海岸站	鳴子溫泉站	石卷站	藏王（遠刈田溫泉湯元巴士站）
仙台站		40分 410日圓 1小時10-25分 3850日圓	52分~1小時 840日圓 1小時10分 1230日圓	52分~1小時 840日圓 1小時5分 1230日圓	1小時5分 1230日圓
松島海岸站	40分 410日圓 1小時10-25分 3850日圓		2小時15分 4300日圓	46分 500日圓	2小時15分 1640日圓
鳴子溫泉站	1小時10-25分 3850日圓	2小時15分 4300日圓		2小時25-50分 1320日圓	2小時35分-3小時 5080日圓
石卷站	52分~1小時 840日圓 1小時5分 1230日圓	46分 500日圓	2小時25-50分 1320日圓		2小時20分 2070日圓
藏王（遠刈田溫泉湯元巴士站）	1小時5分 1230日圓	2小時15分 1640日圓	2小時35分-3小時 5080日圓	2小時20分 2070日圓	

圖例：
- JR仙石線
- JR仙石東北線
- JR石卷線
- JR陸羽東線
- 東北新幹線「山彥號」
- MIYAKOH BUS

自駕

to \ from	仙台站	松島海岸站	鳴子溫泉站	石卷站	藏王（遠刈田溫泉湯元巴士站）
仙台站		26.7km/36分 620日圓（仙台部・三陸道）	66.9km/1小時12分 640日圓（東北道）	53.9km/1小時3分 1080日圓（仙台部・三陸道）	42.5km/48分 710日圓（東北道）
松島海岸站			79.5km/1小時20分 1300日圓（東北道）	27.2km/32分 210日圓（三陸道）	66.8km/60分 1790日圓（仙台部・東北道）
鳴子溫泉站				70km/1小時30分	107.8km/1小時40分 1840日圓（東北道）
石卷站					94.3km/1小時26分 2250日圓（仙台部・三陸道）

●所需時間皆僅供參考，所需時間可能會隨季日期和時間而有變動，請特別注意。
※以上資訊為2017年10月的資訊，費用可能隨著時刻表修改等因素而有所變動。
※JR東北新幹線的費用以普通車對號座的費用計算。
※JR東仙台～仙台，藏王也有只搭乘JR仙石線的交通方式。
※石卷～仙台，藏王也有只搭乘JR仙石線的交通方式。

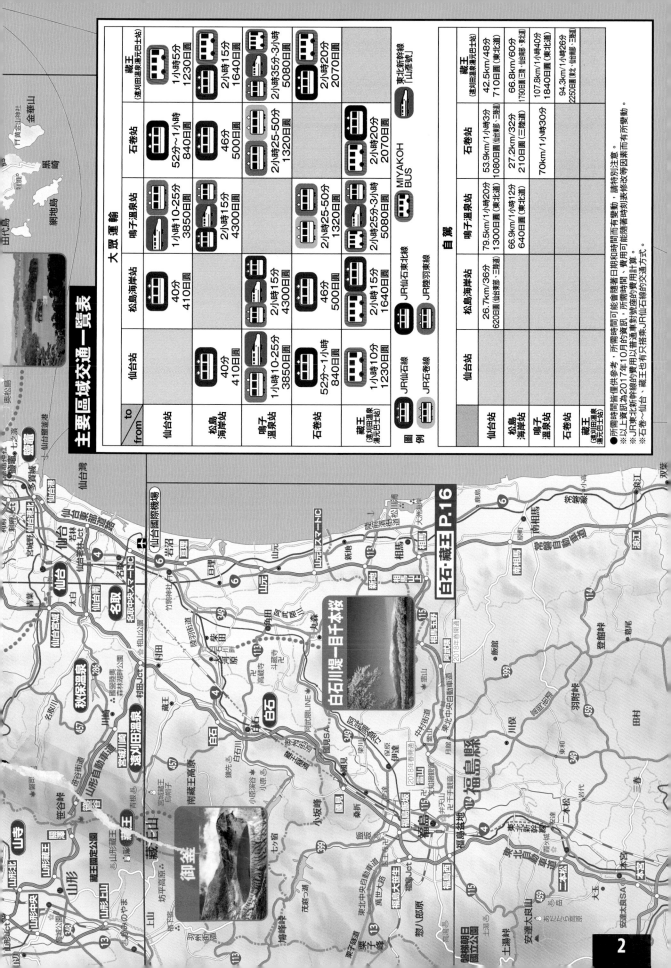

白石川堤一目千本櫻

御釜

白石・藏王 P.16

2

特別附錄②

宮城開車兜風&仙台城市散步MAP

MAPPLE
まっぷる
哈日情報誌
仙台・松島
宮城
特別附錄②

宮城開車兜風&仙台城市散步MAP

可以
拆下使用☞

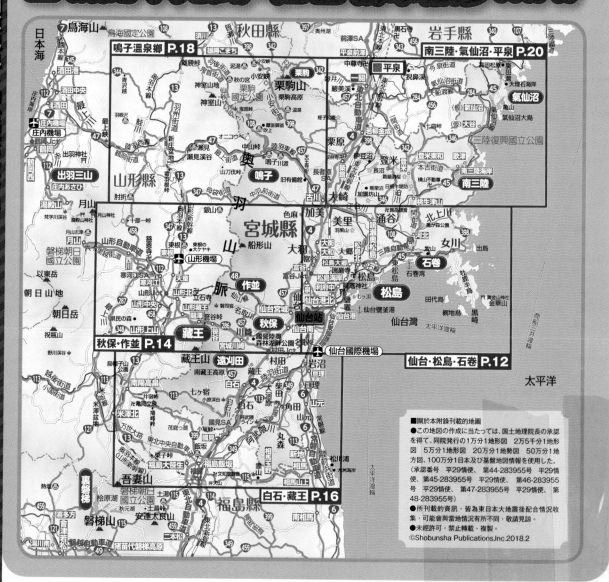

鳴子溫泉鄉 P.18

南三陸・氣仙沼・平泉 P.20

秋保・作並 P.14

仙台・松島・石卷 P.12

白石・藏王 P.16

太平洋

仙台站 西口・東口 周邊指南

森林之都的玄關 — JR仙台站周邊
有眾多熱門的購物中心和人氣餐飲店。
在此挑選介紹從車站可以輕鬆前往的商店！

充滿彈性的米粉熱狗堡麵包

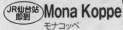

JR仙台站即到 Mona Koppe
モナコッペ

米粉熱狗堡麵包專賣店，麵包使用宮城縣產的米 Hitomebore 製成的米粉製作，內餡從甜點類、鹹食類到毛豆泥等當地口味等，約有 50 種口味。

水果&穀片 324日圓

毛豆泥 172日圓
→僅供外帶

☎022-395-4066 ⏰8:00～20:00（售完打烊）休無休 🏠仙台市青葉區中央1-10-10 仙台LOFTビルB1 P使用附近的停車場 MAP附錄②P.4 G-4

品嘗仙台味噌風味的宮城名產

厚片味噌牛舌 1728日圓

→在隱密的空間放鬆身心用餐

JR仙台站即到 三陸海鮮と和食 新古々がみそ 仙台站前店
さんりくかいせんとわしょくしんここがみそせんだいえきまえてん

料理調味基礎為花 2 年熟成的仙台味噌，可以品嘗到牛舌、仙台牛和三陸海域的海鮮等活用了縣產食材美味的味噌料理。

☎022-797-5025 ⏰15:00～23:30（24:00閉店）休無休 🏠仙台市青葉區中央1-7-1 第一志ら梅ビル3F P使用附近的停車場 MAP附錄②P.4 G-3

從購物到美食應有盡有

仙台站 西口

→從車站西口的陸橋廣場可以直通館內

集結了品味絕佳的商店

JR仙台站即到 仙台PARCO 2
せんだいぱるこつー

「仙台PARCO」的新館，各樓層皆設有咖啡廳，可以悠閒地購物。也有販售宮城和東北工藝品的店家，所以也很合適在此選購伴手禮。

☎022-774-8000（株式會社PARCO）⏰10:00～21:00、1樓餐廳為11:00～24:00（視店鋪而異）休不定休 🏠仙台市青葉區中央3-7-5 P使用附近的停車場 MAP附錄②P.4 F-5

3F·THE MOST COFFEE的 THE MOST BURGER 1296日圓

5F·東北·スタンダードマーケット的 條紋木芥子筷架（各）950日圓

發展快速，眾所矚目的區域

仙台站 東口

楓糖鬆餅 1080日圓

像是舒芙蕾一樣的鬆餅

JR仙台站步行3分 Ball Park
ぼーるぱーく

南國風情的時尚咖啡廳，著名的蓬鬆鬆餅在點餐後才加入蛋白，慢慢烘烤完成。

☎022-253-7239 ⏰11:30～18:30（19:00閉店）休不定休 🏠仙台市宮城野區元寺小路9 P使用附近的停車場 MAP附錄②P.4 H-2

→店內明亮而給人開闊的威覺

用當地新鮮食材做出豐富的變化

JR仙台站即到 Bistro&Bar SK7
びすとろあんどばーえすけーせぶん

供應活用三陸海鮮的料理和創意肉料理等菜色，每道料理都創意獨具，可以搭配精釀啤酒和葡萄酒一起享用。

☎022-292-5088 ⏰11:30～14:00（15:00閉店）、17:00～23:05（23:30閉店），週五晚上為～翌0:35（翌1:00閉店），週六為11:30～23:05（23:30閉店），週日為11:30～22:30（23:00閉店）休無休 🏠仙台市宮城野區榴岡1-2-37 仙台大和ROYNET飯店1F P使用附近的停車場 MAP附錄②P.4 H-5

啤酒罐烤雞 1922日圓

→時尚的空間

午餐料理（附水果吃到飽）1296日圓～

當季水果吃到飽

JR仙台站步行7分 ITAGAKI TBCハウジング店
いたがきてぃーびーしーはうじんぐてん

↑店內的氛圍讓人非常自在

老字號水果店「ITAGAKI」直營的咖啡廳兼餐廳，只要點義大利麵或燉飯就附加水果吃到飽的午餐非常受歡迎。MAP附錄②P.6 G-4

☎022-257-2790 ⏰午餐10:00～14:30（座位可坐到16:00），單點16:00～17:30（18:00閉店），週六、日、假日午餐為預約制 休無休 🏠仙台市宮城野區榴岡3-1-25 P使用附近的停車場

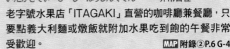

西班牙海鮮燉飯濃縮了三陸海鮮的新鮮美味！

ESPALMADOR MARISQUERIA
えすぱるまどーるまりすけりあ

大量使用三陸海鮮的西班牙料理餐廳，寬敞的店內設有吧檯座到包廂等各式座位，適合各種聚會。

📞022-794-7162　🕐11:00～23:00（飲料供應～23:30，24:00閉店）　MAP附錄②P.4 H-5

↑以大片玻璃當作隔板隔出的沙發座位包廂

三陸海鮮的 SEA FOOD MIX　2500日圓
豪邁地鋪上大隻蝦子、海膽、淡菜，米飯會吸收海鮮的鮮美滋味。

\這個也很推薦/
鐵板燒山形產蘑菇
950日圓

在山形縣舟形產的大蘑菇中，放入生火腿和橄欖油，用鐵板煎烤。

其他樓層、其他棟也要CHECK！

車站大樓美食景點

拉麵
S-PAL仙台 東館 1F
本竃
ほんかまど

仙台市岩切的人氣店家在仙台站前開的分店，「高湯顧問」老闆所研發的湯頭和自製麵條廣受好評。

📞022-353-9521　🕐11:00～22:30（23:00閉店）　MAP附錄②P.4 H-5

口感彈脆的鮮蝦餛飩是亮點
鹽味鮮蝦餛飩麵
900日圓

入口即化的滑順鮮蝦餛飩，加上濃醇的鹽味湯頭，滋味絕妙。

\這個也很推薦/
肉醬油沾麵
980日圓

加了全麥粉的極粗麵條，是為了沾麵特製的麵條，可均勻沾上濃厚的醬油味湯頭。

咖啡廳
S-PAL仙台 本館 2F
みのりカフェ

透過咖啡廳供應的輕食和甜點，可以品嘗到東北當季蔬菜和水果。下午茶時間要排隊的人氣店家。

↑店內也設有沙發座位
📞022-216-5622　🕐7:30～21:00　MAP附錄②P.4 G-5

\這個也很推薦/
當季水果聖代
810日圓

國產大麥和玄米製成的穀片上放上霜淇淋，最上面再放上當季水果。

非名牌豬對味和燒烤過的蔥段

秋田縣桃豬的蔥鹽山藥飯
972日圓

使用秋田縣產名牌豬「桃豬」的新商品，「桃豬」的特徵是肥肉部分吃起來十分爽口。

\這個也很推薦/
黃豆粉麻糬雪花冰
850日圓

大膽灑上大量芳香黃豆粉的商品，切成小塊的麻糬，吃起來口感也很有趣。

乾爽口感鬆軟的！

咖啡廳
S-PAL仙台 本館 2F
SULBING SENDAI
そるびんせんだい

韓國很受歡迎的甜點咖啡廳在日本開設的3號店，像是粉雪一樣乾爽的刨冰，給人嶄新的感受，品項以刨冰為主，飲料的選擇也很多。

📞022-281-8208　🕐10:00～20:00（21:00閉店）　MAP附錄②P.4 G-5
↑店內空間明亮而給人開闊感

芒果起司雪花冰
1500日圓

像是粉雪一樣的牛奶刨冰上，鋪上了多汁的蘋果芒果和香濃的起司蛋糕，是很受歡迎的人氣商品。

仙台牛
S-PAL仙台 本館 B1F
すてーきはうす伊勢屋

すてーきはうすいせや

使用高品質仙台牛的牛排專門店，午餐時間提供牛肉蓋飯和咖哩等豐富的限定菜色，可以輕鬆品嘗到仙台牛。

📞022-262-0012　🕐11:00～22:30（23:00閉店）、午餐～15:00　MAP附錄②P.4 G-5
↑除了一般桌椅座位以外，也有包廂

\這個也很推薦/
仙台牛咖哩飯（限定10份）
900日圓

帶有溫和辣味的咖哩醬汁裡可以發現多汁的大塊仙台牛。

仙台牛 牛肉蓋飯[極]
（11:00～15:00限定）
2800日圓

將霜降仙台牛五花肉調理成壽喜燒風味，入口即化的仙台牛是絕頂美味。

將A5等級的五花肉調理成壽喜燒風味

仙台站周邊 周邊圖 附錄②P.6

N 0 ——— 100m
1:5,000

觀賞 購物
玩樂 住宿
美食 溫泉
咖啡廳 活動

仙台CATV
SK小田急ビル
GMビル・ 三共ビル
花京院通郵便局
ライオンズ
利久
銀杏
花京院(2)
花京院プラザ

第一インパーク
花京院スクエア
花京院シルバーセンター前
パーク2
宮町(1)

法華クラブ
本町2
デジタルアーツ仙台
トヨタ
Richmond Hotel 仙台 P.63
花京院(1)
パーク1
宮町1
花京院橋
車町
元寺小路

wine&tapas BaL EL MARU.. P.31
3DAYS P.49
グリーンセレク
エフエム仙台
P.31 玄孫 第二日本オフィスビル・
ザスイートクラシカ
Simple&Warm Daimaru P.57
R&B

東北電力本店ビル
本町(1)
KDXビル
カトリック司教区センター
パレスへいあん
P.63 仙台蒙特埃馬納酒店
P.55 伊達の旬菜 みわ亭
アジュール仙台・
東北電子
メゾン花京
東北電力
シルバーセンター・
あいおいニッセイ同和損保
大家家具
ソララガーデン
JALシティ
ソララプラザ
宮城野橋
Ball Park 附錄①P.16

第1広瀬ビル
東2
地下鐵南北線
中央2
広瀬通
RIGOLETTO TAPAS LOUNGE P.56
奥州魚河岸酒屋 天海のろばた 本店 P.55
牛たん炭焼 利久 西口本店 P.23
名掛丁
コンフォート
イーストプラザ

黃瀬通站
東1
商工中金・
オリックスレンタカー
ドーミーイン
杜の都中央(1)
P.55 かき小屋 飛梅 仙台站前店
仙台ビル
アエル
WEST POINT P.57
伊達のいろり焼 蔵の庄 総本店 P.54
たんや善治郎 仙台站前本店 P.55
いな穂 P.33
レヴァンテ
ときわ亭

スクエア
勝山ビル
中央(2)
附錄①P.16 三陸海鮮と和食 新古々がみそ 仙台站前店
東邦
グリーンパシフィック
吉野家
P.55 別館 すが井
OGGI DOMANI P.56
Charcoal Jus P.56
仙台焼き鳥とワインの店 大魔王 P.56
うす皮たい焼き鯛きち 名掛丁店 P.57
バルコ
東口
榴岡(2)

ミアムグリーンズ
P.39 Cafe Pamplemousse 仙台店
プレミアムグリーンプラス
P.54 仙臺居酒屋 おはな
P.25 味の牛たん福助 本店
仙台
西口 附錄①P.3
仙台站 站內
ビヴィ
中央クリニック

陸魚貝 地酒 伊達路
cafe haven't we met opus P.12
旬房 街道 青葉 P.54
仙台七夕祭
リッチモンドプレミア
介紹的店家請參照左頁清單
榴岡(1)

部蒲鉾店 本店 P.15
青葉通站
三井住友
三菱UFJ
北1
駅前
仙台站前
釜石線
EKITUZI P.11
仙台街角服務處 P.21
イオン
三井住友
仙台站
イーストンビル

杜のごはん屋 チェリッシュ珈琲 P.48
降車場
EDEN 七十七
ロフト
Mona Koppe 附錄①P.16
FOREST KITCHEN with Outdoor living P.48
仙台東大都會大飯店 P.63

SMBC日興証券
ヤマダ電機
松屋
仙台站西口
バスプール前
東1
仙台站
駅レンタカー
東口

ハリストス正教会
コンフォート
中央(3)
TSUTAYA
マツモトキヨシ
仙台站
南1
バスプール前
附錄①P.3
LOOPLE仙台 P.40
附錄①P.3
S-PAL仙台 東館
ヨドバシカメラ

七十七
ライブラリー
仙台PARCO 2 附錄①P.16
新仙台駅前ビル
S-PAL仙台 本館
仙台站東口
ダイワロイネット

んbistro P.56
P.29 地酒と旬味 東家
南2
南6
ホテルメトロポリタン仙台

北日本
P.28
旬との出会い 鮨 仙一
青果食品市場
仙台早市 P.10・55
P.48 Picks Salad
AOYA P.10
P.23 牛タン焼専門店 司 東口店
附錄①P.16 Bistro&Bar SK7

二番丁郵便局
電報サービスセンター
北杜学園
ユニサイト
ホテルモントレ仙台
ユアテック
トヨタレンタリース
榴岡(1)
NTTドコモビル

イムス仙台総合病院
仙台青葉学院短大中央校區
P.29 寿司勝
510ビル 中央(4)
セントラル
第一生命
住友生命ビル
青森
東京法律専門学校
東北本線
ルサンク

タイムズカーレンタル
P.37
フォーリッジ
国際マルチビジネス
P.62 仙台華盛頓酒店
シティホール
新寺(1)
稲荷神社
チサン

中央4
仙台國際飯店 COFFEE HOUSE
国際
ライオンズ
ユニゾ
グリーンマーク
吉野家
伊達の牛たん本舗 本店 P.24
東北新幹線
JR東日本仙台

286
ウエスティン
トラストタワー
セントラルフィットネスクラブ
SS30
ふじや千舟
P.35 おひさまや
アイ・プレミアム

	A	B	C	D

1

P.27 New York 紐育
丹春日神社
ライオンズ
Merry Merry Christmasland dia P.49
ダイアパレス
P.61 Ganesh Tea Room
P.47 仙台媒體中心
春日町
国分町(3)
佐正
朝日プラザ
東京エレクトロンホール
定禅寺ビル
P.60 定禅寺通の和食 無垢とうや
パークビル
カメイビル・杜の都
勾当台公園市民廣場 P.11
JAPANESE DINING BAR 歓の季 P.30
第一生命ビル
勾当台公園駅
丹東公園
公園2
南1
市役所前
フレッシュ⑤ 仙台三越
P.39 Patisseries Glaces Kisetsu
仙台・青葉祭 P.12
定禅寺街頭爵士音樂祭 in 仙台 P.61
定禅寺通
タケビル・
NHK仙台放送局
⑧きらやか
本町
45 錦町

定禅寺通 P.15

2

仙台光之盛典 P.13
定禅寺パーク
けやきハイタウン
壹貳參橫丁
橋本ビル グリーンパーク
仙台教会
凱旋門ビル
P.60 海鮮割烹 魚治処 しゃりきゅう P.22
センカンプラザ
マルイプラザ 邦栄ビル
リーブス
元祖台・公園
国分町(2)
ナイタービル
立町
粟野内科
唐吉軻徳・
中国美点菜 彩華 P.32
七七七
P.31 阿古
旨味 太助
おでん三吉 P.59
TIC
くさび
杜の菓匠 玉澤総本店 一番町店 P.36
小田急ビル
会議所前
かきやno海鮮丼ぶりや ととびすと P.29
仙台香房 露香 P.48
東一市場
東一番丁通
NBFビル
太陽
ライブラリー
ルナール
本町
商工会
本町

3

鉄板焼 すていき小次郎 P.26
P.61 國分町CURE KOKUBUNCHO
P.30 石巻港 津田鮮魚店
東洋軒本店 P.60
立町
記念館前
東北公済病院
牛たんのせんだい 本店 P.25
P.60 牛たん一福
ほそやのサンド P.61
AMBER RONDO P.61
芳珍 P.32
P.60 Ostra de ole
燕来香 P.32
グランテラス
Restaurant Chez papa P.61
富貴寿司 P.28
居酒屋 寿寿 P.31
甘味処 彦いち P.37
ボウル サンシャイン
第一生命 タワービル
東二番丁スクエア・
炭焼牛たん 徳茂 一番町店 P.24
牛たん一仙 P.25
⑨すき家
牛たん おやま P.24
P.62 三井花園飯 仙台
江陽グラント
広瀬通局
広瀬通り
西3
西5
国分町

國分町

4

仙台站站内 MAP G-4・5
仙台站站内3樓
牛舌街、寿司街 附録①P.3
たんや善次郎 牛舌街店 附録①P.12
伊達の牛たん本舗 牛舌街店 附録①P.12
気仙沼あさひ舘 仙台站店 附録①P.13
寿司処こうや 仙台寿司街店 附録①P.13
毛豆泥小徑 附録①P.3
ずんだ茶寮 毛豆泥小径内 附録①P.13
おみやげ処せんだい 附録①P.3-7

仙台站站内2樓
おみやげ処せんだい 附録①P.3-7
牛たん駅弁屋 附録①P.3-10
駅弁屋 祭 仙台站店 P.27・附録①P.10
阿部かま ひょうたん揚げ店 附録①P.11
Zunda Shake EXPRESS内 附録①P.11
Date Cafe O'rder 附録①P.13
仙台市観光資訊中心 P.21・附録①P.3
おいもさんのお店 らぽっぽ P.37

仙台站站内1樓
仙臺驛 日本酒バル ぷらっと 附録①P.13
食材王国みやぎ 附録①P.3-7

燕来香 P.32
伊達の牛たん本舗
たん焼 一隆 本店 P.24
フォーラス
P.59 BAR&RESTAURANT LA・PAIX 一番町(3)
ベルモーズ P.58 中国料理 シノワズリー啓樹
P.48 darestore
ドトール
牛たん料理 閣 P.25
prettissimo tisaneriche P.59
お茶の井ヶ田 一番町本店 P.36
酒菜 雷蔵 P.58
P.26 すき焼・しゃぶしゃぶ専門店 あづま
Northfields P.38
日新火災
明治安田生命
芭蕉の辻
お寿司と旬彩料理 たちばな P.28
日銀・
一番館
電力ビル内
一番町平和ビル・
P.38 Cafe MythiQue
藤崎 P.10
ファーストタワー
みずほ
三菱UFJ信

5

S-PAL仙台 東館 MAP H-5
S-PAL仙台 東館3樓
森林餐廳 附録①P.3-14
みちのく吟撰牛一頭買い 焼肉仔虎 附録①P.14
奥州ろばた SENDAI EKI TENKAI 附録①P.14
6Ken Kitchen 附録①P.14
ESPALMADOR MARISQUERIA 附録①P.15
KANEIRI STANDARD STORE 附録①P.8

駅弁屋 踊 仙台站店 附録①P.11
S-PAL仙台 東館1樓
本竈 附録①P.15
S-PAL仙台 本館 MAP G-5

大町西公園駅
Bali Bali 青葉通店 P.27
大町(2)
ウィングビル
ヴィラフォレスタ
アステラス
ライオンズ
法務総合庁舎
安喜田ハザマ
チサン
青葉通一番町站
佐藤屋ビル
ニッポンレンタカー
晩翠草堂
日産レンタカー
大同生命
NTT
ザ・レジデンス
青葉通
晩翠通
晩翠草堂前
GCプラザ
P.50 文化横丁
P.50 きむら
P.33 わのしょく二階
P.59 けんと 一番町店
一番五郎 P.59
一番町
パールシティ
ニッセイ同和 損保ビル
牛たん料理 雅 P.58
朝日生命ビル
太陽生命
中央ビル
THE SENDAI TOWER
もりそな
仙台
あくび P.50
新富寿司 P.58
餃子元祖 八仙 P.50
壹貳參橫丁 P.50
kazunori ikeda individuel 南町通 P.
ワインと料理 びすとろジョバン P.31
Pizzeria Rocco P.
すけぞう P.51
THE STEAMERS
Restaurant & Cafe EUR P.51

6

S-PAL仙台 東館2樓
藤原屋みちのく酒紀行 附録①P.7
東北めぐり いろといろ 附録①P.3-5
SWEETS GARDEN 附録①P.3-5
HUMMING MEAL MARKET COFFEE&BAR P.48

S-PAL仙台 本館2樓
みのりカフェ 附録①P.15
SULBING SENDAI 附録①P.15
S-PAL仙台 本館1樓
仙臺みやげ館 附録①P.4-7
すてeはうす伊勢屋 附録①P.15
しまぬき S-PAL店 附録①P.8
漁亭浜や S-PAL店 P.54

Antique Show P.49
小松産業ビル
ベルエア
光原社 P.49
味の牛たん 喜助 一番町本店 P.23
一番町(1)
トヨタレンタリース

	A	B	C	D

	A	B	C	D

青葉區

太白區

定禅寺通

國分町

主要標示：

- P.58 濃厚鶏そば シロトリコ
- P.39 SENDAI KOFFEE
- P.34 kaffe tomte
- P.37 源吾茶屋
- P.47 宮城縣美術館
- P.41 仙台市博物館
- P.41 仙台城見聞館
- P.41 仙台城跡
- P.41 青葉城資料展示館
- P.27 串焼き処 虎哉
- P.40 瑞鳳殿
- P.38 cafe Mozart Atelier
- P.59 ペチカ
- P.25 たなべ家　すき焼 かとう

地名・施設（抜粋）：

春日神社／柏木(2)／県看護・研究センター／八幡小／八幡(2)／八幡1／八幡(1)／愛宕神社／宮城第一高／角五郎(1)／角五郎(2)／不動明王／ゲートボール場／廣瀬川／澱緑地／仙台宮城IC／仙台西道路／川内隧道／八木山動物公園駅／マルチメディア研究棟／青葉山／川内住宅／川内郵局／川内萩ホール／川内／図書館／入試センター／東北大／東北大学植物園／荒巻／宮城神社／護國神社／長町／越路

星陵会館／東北大医学部・歯学部／東北メディカル・メガバンク棟／東北大病院／仙台厚生病院／尚絅学院高・中／北三番丁教会／北三番丁公園／廣瀬町／青葉服飾専門学校／グリーンライン／西本願寺別院／芸術専門学校トレメ／赤門自動車学校／トークネットホール仙台／フォルクスワーゲン／市民会館前／川内川前丁／為朝神社／仲の橋通／中之瀬橋／中之瀬運動広場／立町小／立町／桜ヶ岡公園／西公園／斎藤報恩会／國際中心站／仙台國際中心／大橋／五色沼／大手門脇櫓／仙台城址入口／長沼／川内追廻／銭形不動尊／追廻大明神

北六番丁通／加郵医学研究所入口／七十七銀行事務センター／バプテスト基督教会／フォーラム／ガスト／トヨペット／日産／P-CLUB／パラディソ／市民センター／木町通小／北三番丁公園／コープ／二日町／七十七／建設産業会館／法務局／PL教団／春日町神社／仙台媒體中心／定禅寺通／エレクトロンホール／仙台教会／東京／グリーンパーク／リーブス／唐吉軻德／ボウルサンシャイン／スマイル／グリーンアーバ／グランテラス／戦災復興記念館／看板通／大町(2)／大町(1)／晩翠草堂／晩翠草堂前／アーク／青葉通／パールシティ／NTT／野中神社／高等裁判所前／法務総合庁舎／県医師会館／バイタルネット／仙台大神宮／上䰗崎神社／藤坂神社／大手町／新定河原野球場／片平(1)／裁判所／片平丁小／片平小

北仙台站／酒造会館／上杉(2)／ホサナ教会／すき焼 かとう／宮城中央病院／上杉(1)／仙台ビジネス／自治会／青葉区公所／仙台市公所／県議会庁舎／北1／北2／フレッシュマーケット／三越／一番町(4)／東二番丁／東番丁通／仙台城市／ぶらんど／青葉通(1)／THE SENDAI TOWER／ベル／P.59 ペチナ／金属材料研究所／柳町通(2)／東北大運動場／花壇／花壇団地／穴蔵稲荷神社／専門学校花壇自動車大学校／花壇自動車学校／天龍閣／青葉／かねやす／米ノ袋郵局／米ノ袋(1)／米ノ袋／經ヶ峰歴史公園／悠仙殿／資生殿／妙雲界院／瑞鳳寺／瑞鳳殿資料館／オタマヤ／米ノ袋(3)／工業高第二工科／向山(2)／向山(1)／向山公園／鹿落観音／八木山香澄町

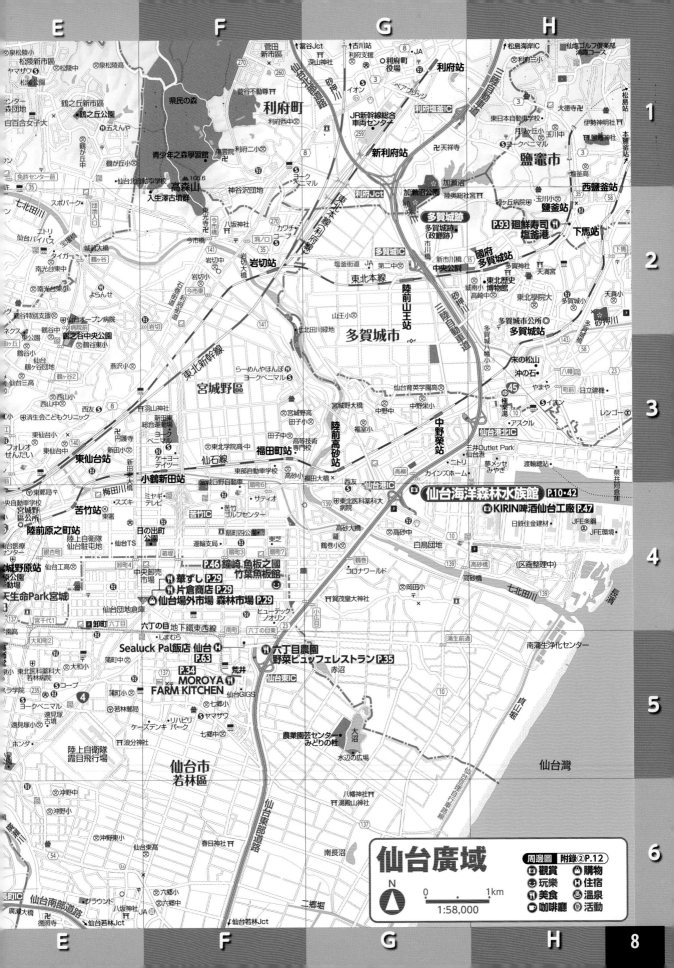

仙台廣域

	A	B	C	D

1
大満寺卍　貴船神社　新芦沢橋　鼻毛橋　実沢小　泉PA　富谷Jct　将監殿教公園　将監沼　東北
泉自動車学校　実沢　八木神社　古内大橋　柳澤橋　うさぎ屋　シェルコムせんだい　泉高　ヨークベニマル
早坂下橋　林泉寺卍　熊野神社　実沢大橋　泉院卍　賀茂神社　泉PA　須賀神社　総合運動場　せんだい　泉区　日産
館中　北中山小　光明支援　南中山公園　長命ケ丘小　長命館公園　加茂神社　慈眼寺　アコーディア・ガーデン　カローラ　七北田公園　泉中央　イトーヨーカドー・セルバ　七北田小
東北高　長命之丘公園　長命ケ丘中　泉館山高　加茂小　妙楽寺　水の森　市名坂小　ジョイス

2
西仙台カントリークラブ　聖和学園短大　南中山中　川平小　川平北公園　櫻ケ丘公園　桜丘中　宮城學院女子大　虹の丘プラザ　八乙女　黒松　八乙女中
仙台ヒルズゴルフ倶楽部　ビバホーム　ジョイテル　仙台大観音　南中山1南　明成高　東北生活文化大・短大　水之森公園　北3　真美澤公園　カーエネクス
イオン　ホンダ　南吉成中　ネッツ　中山小　北仙台中　22　仙台市科學館　3M　旭ケ丘小　旭ケ丘　台原森林公園

3
卍慈眼院　卍活牛寺　吉成小　国見ケ丘　仙台青陵中等教育　P.41 輪王寺　水田川　ビバホーム　北山公園　JCHO仙台病院　北部局　東北高　北仙台　小松島支援
權現森　313.7　オートバックス・ガリバー　国見ケ丘　弁財天堂　仙台高　P.41 資福寺　台原中・台原小　東北労災病院　東北薬科大
大倉川水系導水路　南吉成　タウンプラザ　仏舎利塔　北山站　東北福祉大前站　東北福祉大　國見校區　北仙台站　仙山線　東照宮站
陸前落合站　權現森温泉　P.47 東北福祉大学　芹澤銈介美術工藝館　東北文化學園大　国見台病院　龍雲院　三条中　上杉山中　県立視覚支援　仙台放送

4
折立中　青葉之森緑地　宮城教育大附特別支援　P.41 大崎八幡宮　第一高　東北大　北四番丁　大学病院　仙台市中心　附録②P.6
仙台宮城IC入口　仙台西道路　48　青葉城隧道　國見站　P.13 松焚祭　宮城第一　仙台市公所・宮城縣廳　青葉區公所・定禅台公園　仙台麺包超人兒童博物館＆購物商場
折立IC　青葉區　葛岡站　広瀬の杜　文珠菩薩堂卍　牛越橋　八幡5　殿橋　三越　D　廣瀬通　青葉通站　仙台站
番山　356　仙台宮城IC　みやぎ霊園　青葉山　東北大青葉山校區　國際中心・西公園　広瀬通　青葉町通　仙台站　宮城野通　榴之岡站
広瀬病院　青葉の森　地下鉄東西線　東北大學植物園　國際中心站　川内　大町西公園　瑞鳳寺　トラストタワー　JR病院　仙台城跡　瑞鳳殿　中央郵便局　286　五橋

5
西澤潤一記念研究センター　亀ノ口渓谷　八木山ベニーランド　仙台城跡　瑞鳳殿資料館　東北學院大　TBC　大年寺山公園　大年寺　愛宕橋　仙台南　河原町站　東北本線
ナビ　P.46 仙台市八木山動物公園　八木山　東北大青葉山校區　東北工大　仙台城南高　愛宕山　大年寺跡　286　仙台南高　河原町
太白山　320.6　自然観察之森　太白区　金剛澤市山之森　八木山動物公園市民センター　向山　福島美術館　若林区

6
茂庭台北入口　金剛澤小　天沼　聖和学園高　鹿野小　三神峯公園　ザ・モール　長町站
太白山　八木山南小　福寿苑　太白緑地　仙台西高　金剛沢小　三神峯　80.6　長町南　KEA　ヨークベニマル
生出小　上野小　仙台市西多賀病院　西多賀　コープ　長町一丁目　あすとスポーツタウン　トヨペット
茂庭浄水場　中ノ瀬小　宮城大　山田中　鈎取球場　鈎取寺　富沢遺跡保存館地底の森博物館　富澤公園　太子堂站
杜都千愛病院　人来田小　純文本廣場　イオンショッピングセンター　日本郵便　ペガロポリス　富澤中　仙台南病院　YH道中馬　大野田小　東長町小
仙台IC　名取二号橋　仙台南部道路　山田IC　荒井　コープ　富澤　春日神社　白石藏王站　名取站　村田Jct

仙台市區方便觀光的交通方式

100日圓區域 🚌
●ひゃくえんぱっく

只要是行駛於市區中心的仙台市營巴士、宮城巴士交通的指定區域內，100日圓就可以搭乘1次。JR仙台站到一番町和國分町等區域內，巴士站內有『100円パック』的標誌。

划算票券 市巴士一日乘車券

市內區域券 (260日圓區間內)		近郊區域券 (350日圓區間內)	
大人	**640日圓**	大人	**980日圓**
小孩	**320日圓**	小孩	**490日圓**

販售地點 仙台站西口巴士站服務處

LOOPLE仙台 🚌
●るーぷるせんだい

行駛於仙台市中心主要觀光景點之間的循環巴士，仙台站西口巴士站第16號搭乘處為起點，循環一圈約70分。乘車費用1次260日圓，班次間隔15～20分。

划算票券 一日乘車券

LOOPLE仙台 一日乘車券	LOOPLE仙台·地下鐵 共通一日乘車券
大人 **620日圓**	大人 **900日圓**
小孩 **310日圓**	小孩 **450日圓**

販售地點 仙台站西口巴士站服務處、市內的飯店櫃台等

仙台市營地下鐵 🚇
●せんだいしえいちかてつ

地下鐵以仙台站為中心，南北線連接泉中央站和富澤站，東西線連接八木山動物公園站和荒井站。乘車費用為200～360日圓，白天的班次間隔約8分。從新幹線的剪票口到地下鐵的車站步行約10分。

划算票券 地下鐵一日乘車券

全日用	限定週六、週日、假日用
大人 **840日圓**	大人 **620日圓**
小孩 **420日圓**	小孩 **310日圓**

販售地點 地下鐵各站的乘車券販售處

從**日本**各地到**仙台**的**交通資訊**
請看本書P.124
CHECK!

仙台市區 交通指南

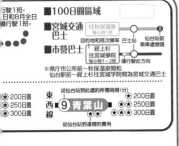

到必訪景點的交通資訊

仙台城跡 →P.41
🚌 30分/260日圓

仙台站 (西口巴士站16)	LOOPLE仙台22分 ▶	巴士站 仙台城跡	步行即到 ▼	

🚕 15分

仙台站	車程15分 ▶	仙台城跡

瑞鳳殿 →P.40
🚌 20分/260日圓

仙台站 (西口巴士站16)	LOOPLE仙台15分 ▶	巴士站 瑞鳳殿前	步行即到 ▼	

🚕 10分

仙台站	車程10分 ▶	瑞鳳殿

樂天生命Park宮城 →P.44
🚌 10分/100日圓
©Rakuten Eagles

仙台站 (東口76)	接駁巴士10分 (僅在比賽日行駛) ▶	Kobo パーク宮城前 巴士站	步行即到 ▼	

🚃 10分/140日圓

JR 仙台站	JR仙石線4分 ▶	宮城野原站	步行5分 ▼	樂天生命Park宮城

仙台海洋森林水族館 →P.42
🚇🚌 40分/720日圓

地下鐵 仙台站	地下鐵東西線15分 ▶	荒井站	宮城交通巴士20分 ▶	仙台海洋森林水族館

🚃🚶 40分/200日圓

JR 仙台站	JR仙石線18分 ▶	中野榮站	步行15分 ▼	仙台海洋森林水族館

※所需時間為預估值。

驛車1班。
●日和8月全日行駛1班。

■100日圓區域
■宮城交通巴士
■市營巴士

往秋保溫泉 每小時1班

仙台站前
乘車站號碼 ⑧

目的地班次頻率 巴士站

往宮城學院 往宮城學院方向 僅行駛此方向

※縣庁市役所前～秋保溫泉間和仙台駅前～經上杉往宮城學院間為宮城交通巴士

●200日圓
●250日圓
●300日圓
從仙台站到此處的所需時間(分)

東西線

⑨ 青葉山

●200日圓
●250日圓
●300日圓
從仙台站到這裡的費用

往古川站
利府
往小牛田站

鹽釜
松島
本鹽釜
松島海岸
多賀城
往高城町站

JR仙石線

⑥ 藥師堂
⑨ 卸町
⑩ 六丁之目
⑬ 荒井

仙台機場
仙台空港線
往白石站

往白石藏王站

往白石藏王站

東北急行巴士 ④①
廣瀨通
宮城交通巴士
仙台市營巴士
其他巴士公司
(◯為宮城巴士、◯為高速巴士)

宮城交通高速巴士綜合服務處

大町通

AER

三菱東京UFJ銀行 ㊿
青葉通
⑥②⑥①

莊內銀行 ㉓㉒㉑⑳
EDEN
仙台LOFT
⑰⑲

⑬⑭⑮⑯⑯
⑫⑪⑩⑨
⑤⑥⑦⑧
④③②①

「LOOPLE仙台」乘車處

仙台站 巴士乘車處 位置圖

南町通

東口

⑦②

⑦⑥

㉛㉜㉝㊵㉟

仙台站

仙台市營巴士

西口巴士站

㊲㊴㊵
ヨドバシカメラ

宮城交通巴士服務處

前往其他區域的詳細交通資訊，請參閱本書P.125

各交通機構的洽詢電話

JR東日本 客服中心
☎ 050-2016-1600

仙台市交通局
☎ 022-222-2256

仙台機場鐵道
☎ 022-383-0150

宮城交通本社
☎ 022-771-5310

室內商店街、定禪寺通和聚集了餐飲店的國分町，皆位於仙台市區中心區域的步行範圍內，但仙台城、瑞鳳殿等景點，則離車站有一段距離，搭乘巴士或地下鐵前往比較方便。

10

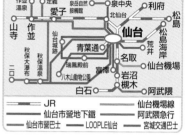

附加優惠！ 巧妙利用！划算票券

LOOPLE仙台一日乘車券

大人 620日圓 **小孩 310日圓**

一日內可以自由搭乘LOOPLE仙台。在仙台站前巴士搭乘處內的市營巴士服務處、市內20家以上的飯店櫃台等地點進行販售，購買上也相當方便。了解划算的折價優惠，可以玩遍所有主要景點。

優惠 路線上的設施和餐廳有折價優惠，例如瑞鳳殿的參觀費用、青葉城資料展示館的入館費用皆有折價優惠。

仙台完整PASS（仙台まるごとパス）

大人 2670日圓 **小孩 1330日圓**

二日內可以自由搭乘從仙台到松島、秋保、作並、山形縣山寺的JR線、仙台市營地下鐵、巴士全路線、宮城交通巴士、仙台空港線、阿武隈急行的指定路線。也可以搭乘「LOOPLE仙台」最適合在仙台市內觀光時使用。可以在JR東日本的綠色窗口和主要的旅行社購得。

優惠 附有贊助設施的優惠，優惠內容請參照在仙台站2樓的仙台市綜合觀光服務處可以索取的折價券小書「仙丸くんお楽しみ帳」。

仙台完整PASS 適用路線

仙台完整PASS（仙台まるごとパス）
運營協議會事務局 022-268-9568

仙台交通MAP

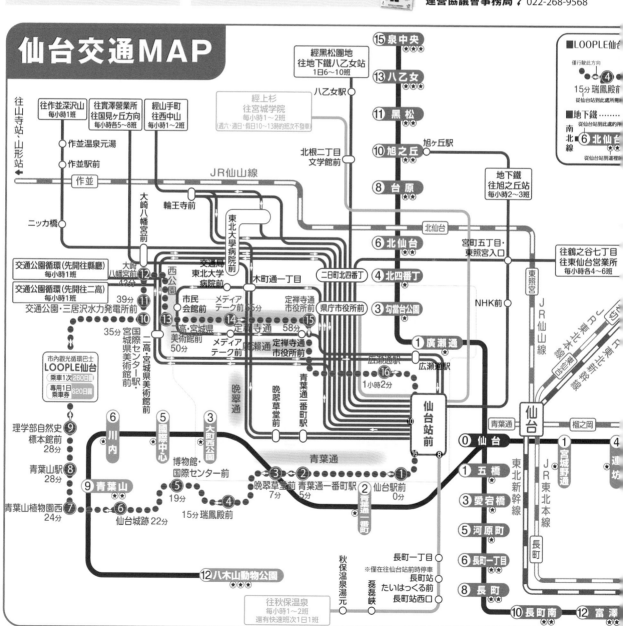

桃生津山

大峰山

関街道

桃生豊里

北上川

河北

石巻

公路休息站 上品之郷 附錄②P.22

上品山

石巻市 P.103
- cafe蓮 P.103
- 藤や食堂 P.103
- すし寶来 P.102
- 大もりや P.102

牡鹿郡
女川町
女川 P.106

女川温泉yupo'po P.106

富喜寿司 P.103

石之森萬畫館 P.104

女川秋刀魚收穫祭 P.13

SEAPAL-PIER女川 P.106
- きらら女川 P.106
- みなとまちセラミカ工房 P.106
- HAMA TERRACE P.106・附錄②P.23
- お魚いちば おかせい P.106
- 三陸石鹸工房KURIYA P.106

斎太郎食堂 P.103

八幡家 P.102

- Tree Tree Ishinomaki P.105
- 石巻ASATTE P.105
- 割烹 滝川 P.105
- 石巻元氣市場 P.11・105・附錄②P.23
- 舊觀慶丸商店 P.11

石巻灣

牡鹿半島

P.105 田代島

蔚藍谷灣線

牡鹿半島

金華山黄金山神社

金華山

仙台灣

田代島

仙台・松島・石巻

N

0   3km
1:220,000

- ◎ 觀賞
- ◎ 購物
- ◎ 玩樂
- ⑪ 住宿
- ⑩ 美食
- ⑭ 温泉
- ◎ 咖啡廳
- ◎ 活動

A　B　C　D

21

1

加美郡
加美町
国道47號
古川
陸羽東線
大崎市
遠田郡
美里町
加護坊山
223
遠田郡
湧谷町
箟岳山
236
箟岳観音

登米市街
東北本線
石巻線

2

七之森
黒川郡
大衡村
珈琲工房いしか P.1○

YKK東北

黒川郡
大和町
遂倉山
307
七ツ森
笹倉山
506

黒川郡
大郷町
公路休息站 大郷 附録②P.23
松島町

3

富谷市
富谷Jct
三陸自動車道
松島大郷
P.85 富山（麗観）

P.88 藤田喬平玻璃美術館
P.89 松島温泉 松島一之坊
P.86 花之湯新富亭旅館
P.85 西行折回之松公園
P.85 扇谷（幽観）
P.90 大黒寿司

14

P.52 泉花園市區
高爾夫倶楽部
P.52 Caslon紫山
P.53 仙台皇家
花園飯店
泉花園市區
P.53 Tapio
仙台泉PREMIUM
OUTLETS P.53

4

利府町
利府中

鹽竈市
松島 P.88
松島灣
松島
かきとあなご
里田津庵
松島 P.88
多聞山（偉観）P.85
鹽釜水産物批發市場 P.91・附録②P.23
奥松島

大漁 P.78

大高森（壯
奥松島遊
（嵯峨溪
P.75

青葉區
宮城野區

仙台港北
多賀城市
鹽釜 P.93

宮城郡
七之濱町
松島

5

太白山
321
仙台市
太白區

仙台站
仙台海洋森林水族館

仙台廣域 附録②P.8

6

名取市
柴田郡
村田町

楓葉館 P.123
閖上港早市
P.123・附録②P.23

仙台城跡

太平洋

仙台國際機場

16

A　B　C　D

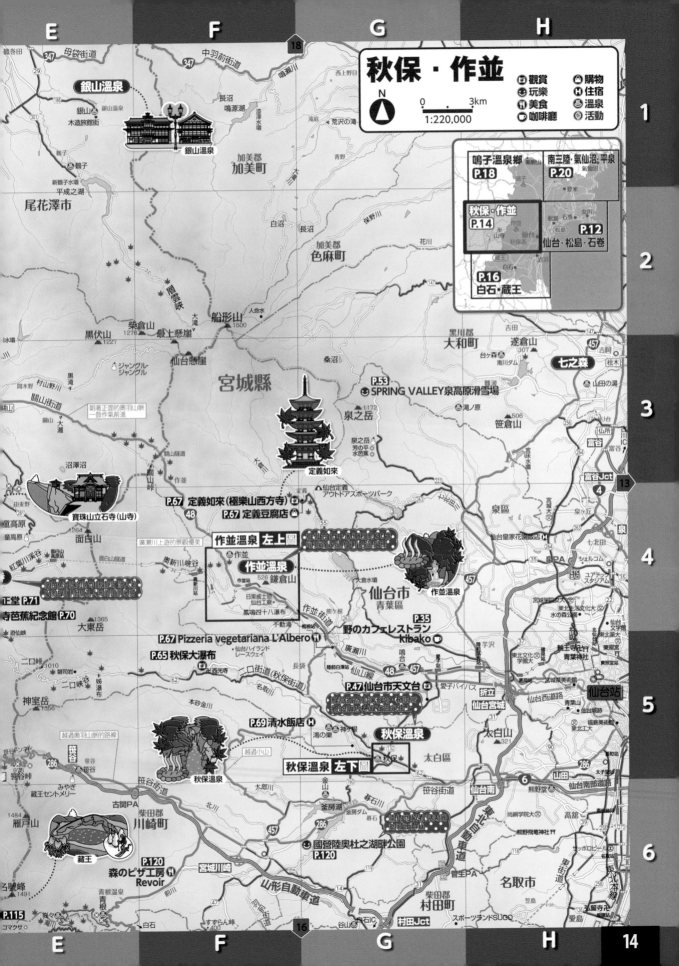

秋保・作並

N

0 ──── 3km
1:220,000

⊙ 觀賞	🛍 購物
🎮 玩樂	🏠 住宿
🍴 美食	♨ 溫泉
☕ 咖啡廳	🏃 活動

鳴子溫泉鄉 **P.18**	南三陸・氣仙沼・平泉 **P.20**
秋保・作並 **P.14**	仙台・松島・石卷 **P.12**
白石・藏王 **P.16**	

銀山溫泉
銀山溫泉
木造旅館街
銀山溫泉

加美郡
加美町

尾花澤市

新鶴子水壩
平成之湖

鳴瀬川
長沼
鳴瀬湖

中羽前街道

滝庭
荒澤之滝

西上野川

加美郡
色麻町

白沼

長沼

保野川

花川

黑川郡
大和町

七之森

山田之湯

宮城縣

船形山
1500

黑伏山
1227

最上懸崖

仙台懸崖

ジャングル・
ジャングル

P.53
SPRING VALLEY泉高原滑雪場

泉之岳

泉之岳
芳之平
水芭蕉

笹倉山
506

富谷Jct **13**

富谷IC

定義如來

寶珠山立石寺(山寺)

定義如來(極樂山西方寺) **P.67**
定義豆腐店 **P.67**

作並溫泉 **左上圖**

作並溫泉

526 鎌倉山

仙台市
青葉區

作並溫泉

P.71 正堂
寺芭蕉紀念館 **P.70**

大東岳
1365

Pizzeria vegetariana L'Albero **P.67**

秋保大瀑布 **P.65**

P.35
野のカフェレストラン
kibako

P.47 仙台市天文台

清水飯店 **P.69**

秋保溫泉

秋保溫泉 **左下圖**

太白區

仙台站

二口峠

藏王

森のピザ工房
Revoir **P.120**

宮城川崎

柴田郡
川崎町

P.120
國營陸奧杜之湖畔公園

名取市

山形自動車道

柴田郡
村田町

村田Jct

P.115

青根溫泉

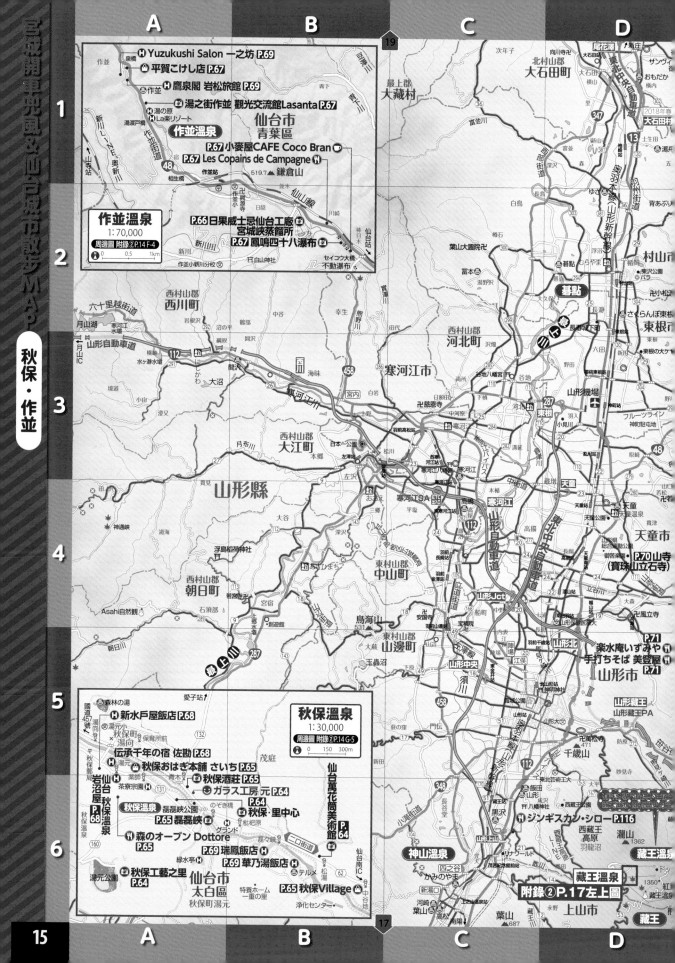

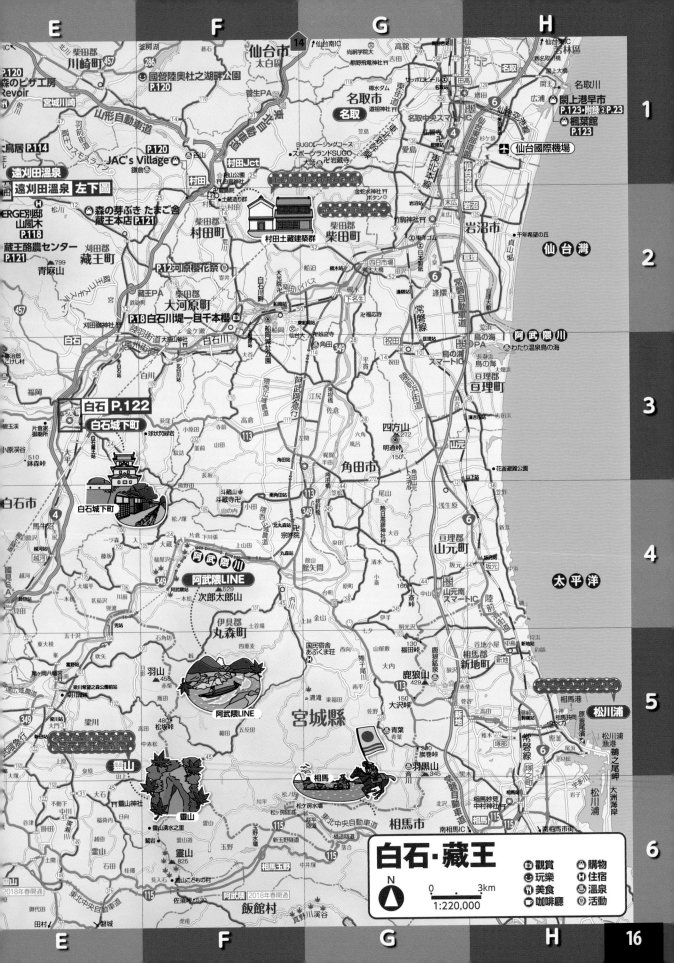

白石・藏王

観賞　購物　玩樂　住宿　美食　温泉　咖啡廳　活動

N

0　　　3km
1:220,000

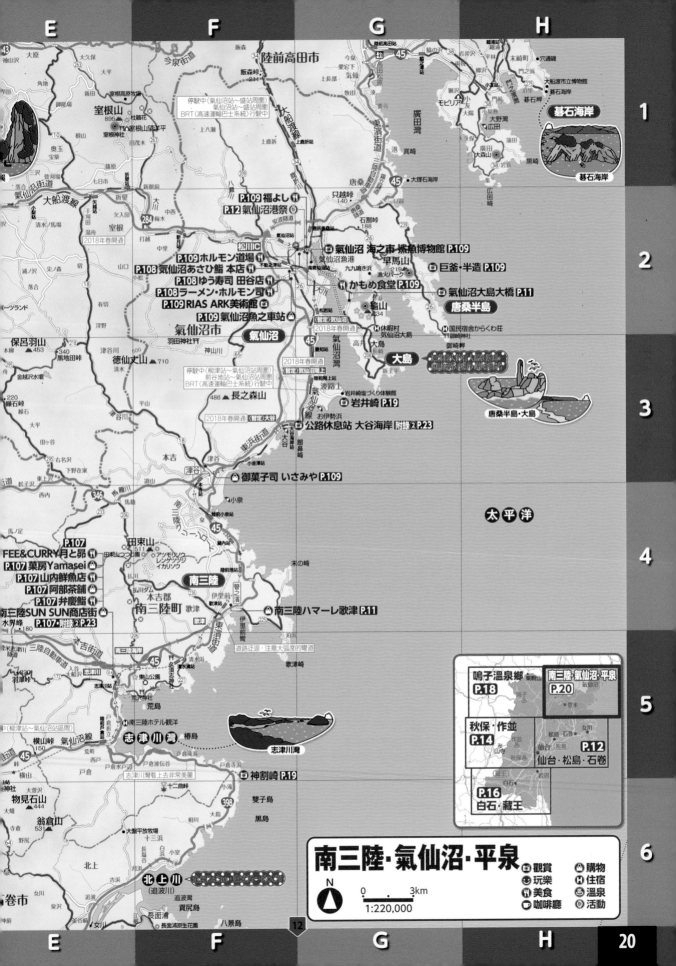

南三陸・氣仙沼・平泉

E F G H

陸前高田市

室根山
895▲
室根高原牧場

気仙沼線

氣仙沼市

氣仙沼

大船渡線

保呂羽山
▲453

徳仙丈山
710▲

長之森山
486▲

碁石海岸

大船渡市立博物館
碁石海岸

廣田湾

廣田
大山

唐桑半島

大島

氣仙沼湾

1

2

P.109 福よし
P.12 氣仙沼港祭

氣仙沼 海之市 鯊魚博物館 P.109

P.109 ホルモン道場
P.108 気仙沼あさひ鮨 本店
P.108 ゆう寿司 田谷店
P.108 ラーメン・ホルモン司
P.109 RIAS ARK美術館
P.109 氣仙沼魚之車站

巨釜・半造 P.109

かもめ食堂 P.109

氣仙沼大島大橋 P.11

国民宿舎からくわ荘

唐桑半島・大島

3

停駛中(柳津站～氣仙沼站周圍)
前谷地站～氣仙沼站周圍
BRT(高速運輪巴士系統)行駛中

2018年春開通 《新定》大谷

公路休息站 大谷海岸 附録2 P.23

御菓子司 いさみや P.109

太●平●洋

4

P.107 FEE&CURRY 月と昴
P.107 菓房Yamasei
P.107 山内鮮魚店
P.107 阿部茶舗
P.107 弁慶鮨
菊三陸SUN SUN商店街
P.107 附録2 P.23

南三陸

南三陸町

南三陸ハマーレ歌津 P.11

5

志津川湾

神割崎 P.19

北上川
(追波川)

南三陸・氣仙沼・平泉

N

0　　　　3km
1:220,000

👁 観賞　🛍 購物
😀 玩樂　Ⓗ 住宿
🍴 美食　♨ 温泉
☕ 咖啡廳　🏃 活動

6

E F G H

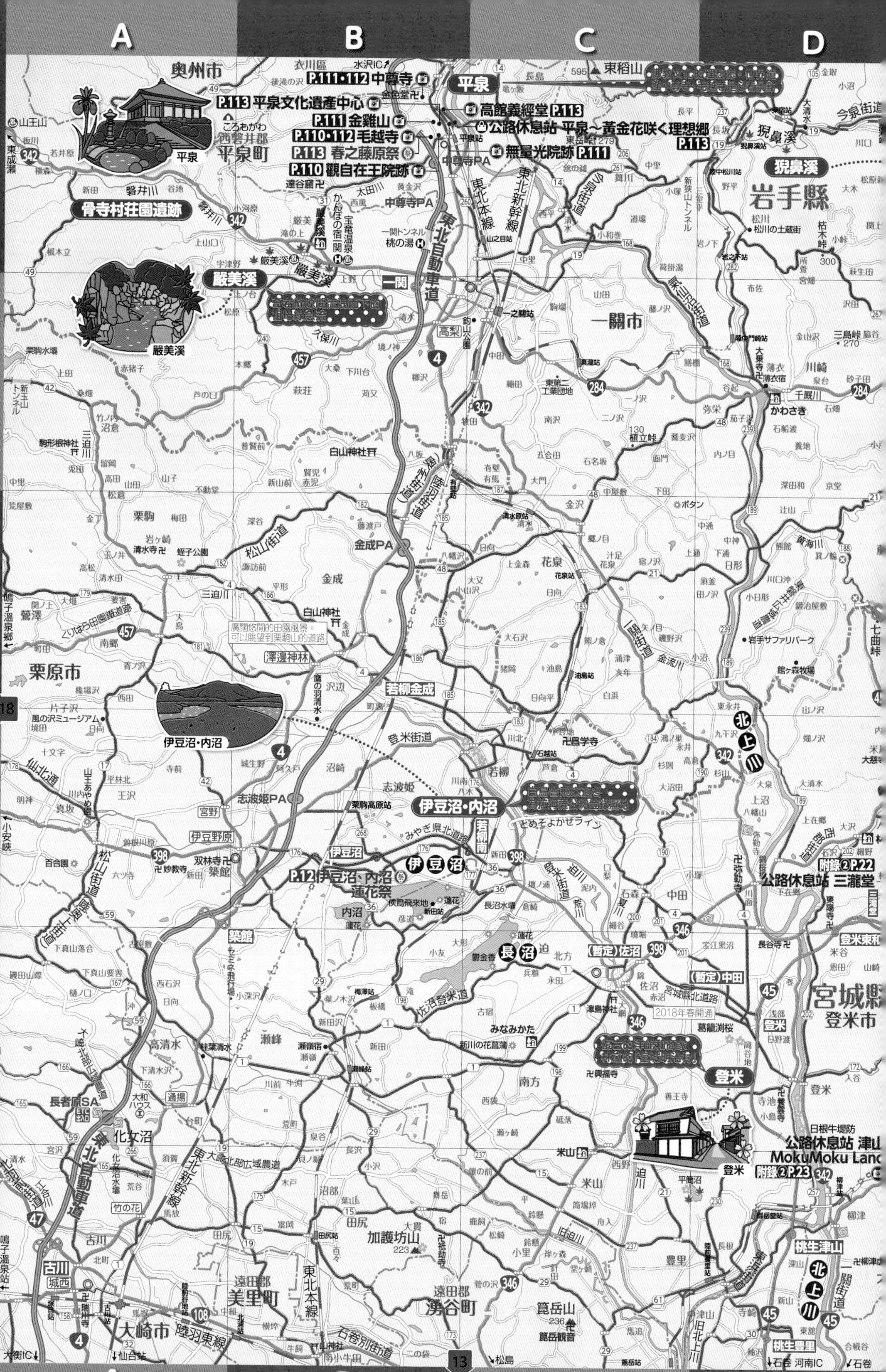

	A	B	C	D

奥州市
P.111・112 中尊寺
P.113 平泉文化遺産中心
P.111 金鶏山
P.110・112 毛越寺
P.113 春之藤原祭
P.110 観自在王院跡

平泉
高館義經堂 P.113
公路休息站 平泉～黄金花咲く理想郷 P.113
無量光院跡 P.111

東稻山

骨寺村荘園遺跡

岩手縣

猊鼻溪

嚴美溪

一關市

一關

栗原市

伊豆沼・内沼

金成PA

若柳金成

志波姫PA

伊豆野原

伊豆沼
P.12 伊豆沼・内沼
蓮花祭
内沼
蓮花

伊豆沼・内沼

長沼

公路休息站 三瀧堂
附錄 2 P.22

宮城県
登米市

登米

公路休息站 津山
MokuMoku Land
附錄 2 P.23

桃生津山

化女沼

大崎市

美里町

湧谷町

出遊時順道前往！
公路休息站

公路休息站內有豐富的美食、伴手禮、產地直銷販售區等，各方面來說都非常方便。速食種類相當齊全，也是公路休息站令人開心的地方！可在開車兜風途中輕鬆品嘗。

符號用法

 商店　 餐廳　 道路、觀光資訊　 溫泉設施
 住宿設施　 嬰幼兒設施　※沒有此設施時以淡色圖示標示

▶可以品嘗到當地食材的自助式吃到飽

公路休息站 上品之鄉
みちのえきじょうぼんのさと

國道45　**石卷市**

地理位置絕佳，可以看到石卷的上品山。除了有供應豐富當季蔬菜的產地直銷販售區以外，還有可以享用自助式吃到飽午餐的餐廳、不住宿溫泉設施等，最適合在開車兜風途中，順道來這裡悠閒地逛逛。

☎0225-62-3670
⏰9:00～19:00（雙子之湯～20:30）
休無休（雙子之湯第4週二休）　所石卷市小船越二子北下1-1　交三陸自動車道河北IC車程3分　P免費　MAP附錄②P.12 E-2

> 圓湯
> 停車場內有足湯。

> 銷魚高湯拉麵 430日圓
> 和當地大學合作開發的當地拉麵，2份入，很適合當作伴手禮。

↑商品種類豐富，有農產品和水產加工品等

開車兜風途中
來悠閒地泡個足湯
這裡很受歡迎！

足湯很受駕駛的好評，可以輕鬆消除疲勞，請務必來泡湯恢復元氣。（工作人員戶村將斗先生）

> 自助式吃到飽午餐 1000日圓
> 供應使用當地食材的多種料理。

↑位於國道45號旁，停車場也很廣闊

▶訪客人數為縣內頂尖的公路休息站

a·la·伊達道站
あらだてなみちのえき

國道47　**大崎市**

縣內很有人氣的公路休息站，訪客人數一年達300萬以上。休息站內有使用當地蔬菜的自助式吃到飽餐廳、姊妹都市的物產販售區、ROYCE' 霜淇淋、產地直銷販售區、手工麵包店等各式各樣的商店。

☎0229-73-2236
⏰8:45～18:00　休無休　所大崎市岩出山池月下宮道下4-1　交東北自動車道古川IC車程20分　P免費　MAP附錄②P.18 G-5

> ROYCE'
> 霜淇淋
> 300日圓
> 口味醇厚、後味清爽！

> 自助式吃到飽午餐 1100日圓
> 主食料理為咖哩飯，使用當地蔬菜製作的熟菜選擇也很豐富。

> 產地直銷販售區
> 除了蔬菜以外，大崎的名產品也很齊全。

▶能以便宜的價格品嘗仙台牛

公路休息站 三瀧堂
みちのえきみたきどう

國道398　**登米市**

鄰接三陸自動車道的三瀧堂IC（兼作為高速公路PA），於2017年4月開幕，物產販售區販售登米產的米、蔬菜、手工加工品、伴手禮品等，也設有供應豐富當地美食的美食街。

☎0220-23-7891
⏰9:00～19:00　休無休　所登米市東和町米谷福平191-1　交三陸自動車道三瀧堂IC開車即到　P免費　MAP附錄②P.21 D-4

肉類料理廣受好評的餐廳
這裡很受歡迎！

餐廳供應仙台牛牛排定食、份量充足的牛舌蓋飯等，可以用便宜的價格品嘗到肉類料理喔！（工作人員近藤渚小姐）

> 物產販售區
> 主要販售登米、南三陸的產品。

> 牛排定食 3800日圓
> 使用份量充足的仙台牛，吃起來讓人好滿足。

> 舞茸菇餡餅
> （1個）100日圓
> 內餡使用舞茸菇粉末，非常美味。

產地直銷販售區
這裡很受歡迎！

超人氣販售區，每天早上從超過200名的生產者進貨，不只是觀光客，當地人也會來購買。

要買新鮮海產就到這裡
商店街・市場

縣內的沿岸地區，分佈著可以買到新鮮海產、伴手禮的市場和商店街，正適合在開車兜風途中順道前往。

▶可以欣賞大海風光的復興商店街

南三陸SUN SUN商店街 〔南三陸町〕

みなみさんりくさんさんしょうてんがい **⇒P.107**

在震災後加高的高台地上重新建設而成的商店街，使用南三陸產的杉木建造的6棟平房內，有餐飲店、鮮魚店和點心店等店家。

↑有的餐飲店可以品嘗到名產南三陸閃亮亮蓋飯

▶在港邊城市的新景點購物

HAMA TERRACE 〔女川町〕
⇒P.106

鄰接女川站前整備完全的「SEAPAL-PIER女川」，可以在館內的鮮魚店和餐飲店品嘗到新鮮的三陸海產。

↑立地絕佳，可以眺望到女川港

▶可以享受到石卷當季美味的市場

石卷元氣市場 〔石卷市〕

いしのまきげんきいちば **⇒P.105**

建於流過石卷市中心的北上川沿岸，2017年6月30日開幕。1樓販售新鮮的魚和蔬菜、水產加工品等，2樓則是美食街。

↑販售各式各樣的名產品，最適合在這裡選購伴手禮

▶選擇喜好的海鮮製作專屬海鮮蓋飯

鹽釜水產物批發市場 〔鹽竈市〕

しおがますいさんぶつなかおろしいちば **⇒P.91**

鹽竈名產市場，鹽竈的鮪魚捕獲量是日本數一數二。在充滿活力的市場內，一般顧客從早上6時開始就可以進行購物，也可以在館內的餐飲店享用餐點。

↑市場內有超過100間的店家，販售的商品種類也相當豐富

▶週日・假日限定的著名早市

閖上港早市 〔名取市〕

ゆりあげみなとあさいち **⇒P.123**

週日、假日限定的早市，在靠近名取閖上港的地方舉辦。不只鮮魚，還可以以市場價格購買蔬菜、料理等各式各樣的商品，美食種類也相當豐富。

↑購買的海鮮也可以在海邊燒烤區食用

海岸邊地區直銷販售區
以便宜的價格販售三陸的新鮮海產。

▶以早上現採的蔬菜和鮮魚引以為傲

公路休息站 大谷海岸 〔氣仙沼市〕

みちのえきおおやかいがん 〔國道45〕

位於國道45號上，可以說是氣仙沼南側的玄關位置。產地直銷販售區除了販售當季海產以外，也有販售地產蔬菜。

📞0226-44-3180
🕘9:00～17:30 休無休 📍氣仙沼市本吉町三島94-12 🚗三陸自動車道志津川IC車程35分
🅿免費 **MAP** 附錄②P.20 G-3

販售當季的海產物

很多人會購買有名的魚翅加工品、海產當作伴手禮，海鞘飯糰和魚翅霜淇淋也很受好評。（工作人員村上美香小姐）

這裡很受歡迎！

海鞘飯糰（1個）150日圓
充滿海鞘的清爽風味！

▶販售當地農家的產地直銷蔬菜

公路休息站 大鄉 〔大鄉町〕

みちのえきおおさと 〔縣道9〕

公路休息站附設有草皮廣場，以及有伸展身體用遊樂器材的「鄉鄉LAND」。以倉庫為設計主題的建築物內，設有產地直銷販售區和餐廳，產地直銷販售區販售從周邊農家進貨的早晨現採蔬菜。

📞022-359-2675
🕘9:00～18:00 休無休 📍大鄉町中村北浦51-6 🚗三陸自動車道松島大鄉IC車程10分 🅿免費 **MAP** 附錄②P.13 B-3

產地直銷販售區「だいこん」
5～8月也會販售大鄉特產麻薏

天壤絕島龍鬚麻薏1000日圓
加了麻薏製作而成的烏龍麵，附上酥脆的天婦羅。

這裡很受歡迎！

可以品嘗到當地蔬菜的餐廳

「レストラン旬菜」使用地產新鮮蔬菜，供應豐富的日式及西式各種料理，請輕鬆前往用餐。（工作人員佐藤裕子小姐）

有大型遊樂器材很受歡迎的公路休息站

農村公園
有大型木製遊樂器材，很受家庭客歡迎！

▶在廣闊的公園內盡情開放玩

公路休息站 津山 MokuMoku Land 〔登米市〕

みちのえきつやまもくもくらんど 〔國道45〕

利用津山町著名的津山杉建成的設施，設施內有販售新鮮蔬菜的產地直銷販售區，以及販售木工品的「もくもくハウス」等區域。站內也有公園，很受家庭客歡迎。

📞0225-69-2341
🕘9:00～17:00 休無休 📍登米市津山町橫山細屋26-1 🚗三陸自動車道桃生津山IC車程5分 🅿免費 **MAP** 附錄②P.21 D-6

↑館內有餐廳和輕食區

↑推薦購買使用特產杉木製成的工藝品

日本旅行地圖

CAL ＝ 中華航空 ☎02-412-9000
EVA ＝ 長榮航空 ☎02-2501-1999
TTW ＝ 台灣虎航 ☎02-5599-2555
JAL ＝ 日本航空 ☎0801-81-2727
ANA ＝ 全日空 ☎02-2521-1989
CPA ＝ 國泰航空 ☎02-2715-2333
VNL ＝ 香草航空 ☎070-1010-3858
MDA ＝ 華信航空 ☎02-412-8008

JST ＝ 捷星航空 ☎0801-852-015
KLM ＝ 荷蘭皇家航空 ☎02-7707-4701
DAL ＝ 達美航空 ☎0080-665-1982
SCO ＝ 酷航 ☎09-7348-2980
APJ ＝ 樂桃航空 ☎02-8793-3209
UAL ＝ 聯合航空 ☎02-2325-8868
ACA ＝ 加拿大航空 ☎080-909-9101
THA ＝ 泰國國際航空 ☎02-8772-5111

北海道

● 桃園國際機場→新千歲機場
CAL EVA ANA JAL APJ SCO THA
⏱ 3 小時 35 分～4 小時
✈ 5～6 班／天

● 高雄國際機場→新千歲機場
CAL JAL
⏱ 約 4 小時
✈ 5 班／週

● 桃園國際機場→函館機場
EVA TTW THA
⏱ 約 4 小時
✈ 3～7 班／週

北海道地區

福岡

● 桃園國際機場→福岡機場
CAL EVA ANA CPA KLM TTW JAL VNL THA
⏱ 2 小時 05 分～2 小時 20 分
✈ 6 班／天

● 高雄國際機場→福岡機場
TTW EVA ANA
⏱ 約 2 小時 40 分
✈ 1～2 班／天

● 桃園國際機場→佐賀機場
TTW ⏱ 2 小時 25 分 ✈ 2 班／週

● 桃園國際機場→宮崎機場
CAL JAL KLM ⏱ 2 小時 10 分 ✈ 3 班／週

● 桃園國際機場→鹿兒島機場
CAL JAL ⏱ 2 小時 5 分 ✈ 5 班／週

富山

● 桃園機場→富山機場
CAL JAL
⏱ 2 小時 55 分
✈ 4 班／週

小松

● 桃園機場→小松機場
TTW EVA ANA
⏱ 2 小時 55 分
✈ 1 班／天

名古屋

● 桃園國際機場→中部國際機場
CAL VNL JAL ANA CPA JST KLM TTW DAL VNL
⏱ 2 小時 35 分～3 小時
✈ 4～6 班／天

● 高雄國際機場→中部國際機場
TTW
⏱ 3 小時 25 分
✈ 2 班／週

中部地區

仙台

● 桃園國際機場→仙台機場
EVA TTW ANA APJ THA
✈ 1～2 班／天

東北地區

中國地區

關東地區

九州地區

近畿地區

四國地區

東京

● 松山機場→羽田機場
CAL EVA JAL ANA
⏱ 2 小時 40 分～2 小時 55 分
✈ 8 班／天

● 桃園國際機場→羽田機場
TTW APJ
⏱ 約 3 小時
✈ 1～3 班／天

● 桃園國際機場→成田機場
CAL EVA TTW JAL ANA UAL CPA VNL JST DAL SCO
⏱ 2 小時 55 分～3 小時 10 分
✈ 25～26 班／天

● 高雄國際機場→成田機場
CAL EVA JAL ANA TTW VNL ACA
⏱ 3 小時 15 分～3 小時 25 分
✈ 5 班／天

● 台中國際機場→成田機場
MDA
⏱ 3 小時 30 分
✈ 1 班／天

廣島

● 桃園機場→廣島機場
CAL JAL
⏱ 2 小時 20 分
✈ 1 班／天

岡山

● 桃園機場→岡山機場
TTW
⏱ 2 小時 35 分
✈ 1 班／天

大阪

● 桃園國際機場→關西國際機場
CAL EVA TTW JAL ANA CPA JST APJ THA
⏱ 2 小時 25 分～2 小時 40 分
✈ 20～23 班／天

● 高雄國際機場→關西國際機場
CAL EVA TTW ANA SCO APJ JAL
⏱ 2 小時 40 分～3 小時
✈ 6～7 班／天

● 台南機場→關西國際機場
CAL JAL
⏱ 4 小時
✈ 2 班／週

沖繩

● 桃園國際機場→那霸機場
CAL EVA TTW ANA KLM DAL APJ VNL THA
⏱ 1 小時 15 分～1 小時 35 分
✈ 8～9 班／天

● 高雄國際機場→那霸機場
CAL TTW JAL APJ ⏱ 1 小時 45 分 ✈ 2 班／週

● 台中國際機場→那霸機場
MDA ⏱ 1 小時 25 分 ✈ 5 班／週

● 桃園國際機場→石垣機場
CAL JAL ⏱ 55 分 ✈ 2 班／週

北海道
旭川機場
旭山動物園
富良野
小樽 ● 札幌
新千歲機場
函館機場
函館
青森 ● 青森機場
弘前
盛岡
角館 岩手
東北
山形 仙台機場
仙台
新潟機場
小松機場 金澤
富山 富山機場
高山
北陸・東海 飛驒高山 上高地
岐阜 輕井澤 關東・甲信越
山陰 城崎 名古屋 日光
出雲大社 鳥取 京都 滋賀 河口湖 東京 茨城機場
中國 廣島機場 岡山機場 神戶 關西 富士山 羽田機場
廣島 倉敷 大阪 奈良 機場 成田機場
福岡機場 香川 關西 靜岡機場
福岡 松山 國際機場 箱根
由布院 四國 和歌山 鎌倉
長崎 伊豆
熊本 九州
鹿兒島機場
宮崎機場
那霸機場
沖繩
石垣機場

就算你不是鐵道迷也心動！

豐富精采圖片讓你已置身在列車之旅中。

以地圖方式呈現周邊景點，為列車之旅量身打造專屬兩天一夜小旅行。

介紹多達67款的觀光列車，列出詳細乘車資訊，一目了然讓你輕鬆上手，選擇喜歡的列車去搭乘吧！

世界鐵道系列
達人絕景

日本觀光列車之旅
Scenic Train Rides in Japan

系列姊妹作：
《日本絕景之旅》
《日本神社與寺院之旅》

定價450元

▶ 行程範例、票務資訊、延伸旅遊、乘務員才知道的職人推薦…超完備的日本觀光列車搭乘指南

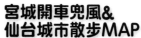

MAPPLE まっぷる 哈日情報誌 人人出版

前進日本 最夯景點

日本最暢銷旅遊情報誌！ 旅遊日本的新模式

結合強大APP 規劃旅程超Smart

定價：350元

定價：360元

定價：399元

定價：420元

定價：380元

定價：360元

定價：420元

定價：350元

定價：360元

定價：360元

定價：360元

定價：350元

定價：380元

定價：380元

定價：380元

利用本書前請詳細閱讀下列事項

●各種資訊使用以下的方式刊載

☎＝電話號碼
刊載的電話號碼為各設施的洽詢用電話號碼，因此可能會出現非當地號碼的情況。使用衛星導航等設備查詢地圖時，可能會出現和實際不同的位置，敬請留意。

所＝地址
各設施所在地。自然景點僅為大略標示，使用衛星導航設定時請務必注意。

休＝公休日
原則上只標示出公休日，基本上省略過年期間、黃金週、盂蘭盆節和臨時休業等情況。

⏰＝營業時間・開館時間
營業時間・開館時間為實際上的開放時間。基本上餐飲店為開店到最後點餐時間，各種設施為開館到可入館的最終時間。另外，特別參拜等日程和時間有可能變動，請事前洽詢確認。

¥＝費用・價錢
表示入場時所需費用，基本上為大人1人的費用。

🚃＝交通方式
原則上標示出距離最近的車站，所需時間僅為預估值，可能因季節、天候和交通機關的時刻表更動而有所不同。

P＝停車場
該設施有專用停車場時標示「免費」，若無則標示「使用附近的停車場」。

MAP 附錄② P.00 X-0
標示該地在地圖上的位置。

●本書刊載的內容為2017年7月～11月時採訪、調查時的資訊。
本書出版後，餐廳菜單與商品內容、費用等各種刊載資訊有可能變動，也可能依季節而有變動或售完、臨時休業、停止營業的情況。因為消費稅的調高，各項費用可能有所變動，因此會有部分設施的標示費用為稅外的情況，消費之前請務必事先確認。此外，因本書刊載內容而造成的糾紛和損害等，敝公司無法提供補償，請在確認此點之後再行購買。

人氣區域快速導覽

出門前先了解旅程更安心♪

去宮城觀光之前，先了解一下各區域的位置關聯和當地特色！
瀏覽一下必去景點和必吃美食等基本資訊吧。

由伊達政宗建立的東北最大都市

觀光王道在這裡

仙台市區
せんだいたうん **P.20**

仙台是東北地區最大的百萬人口都市，也以「森林之都」的稱號廣為人知。包括牛舌與毛豆泥在內的多樣化美食，和武將伊達政宗有所淵源的景點等，處處都很吸引人！也別錯過仙台七夕祭典等季節性活動。

目標是這個！	仙台七夕祭	P.12
	仙台城跡	P.41
必吃美食	牛舌	P.22
	毛豆泥	P.36

◎仙台城跡內的伊達政宗騎馬雕像是非常受歡迎的攝影景點

↑仙台七夕祭時，街上會裝飾仙台市民手工製作的華麗七夕裝飾

◎↑包括牛舌和毛豆泥在內，仙台集結了宮城的著名美食

稍微走遠一點

秋保溫泉 P.64
自仙台車程約30分鐘處，是充滿自然氣息的溫泉地。自溫泉開發已有1500年的歷史。

↑氣勢磅礴傾瀉而下的秋保大瀑布

作並溫泉 P.66
自溫泉開發已有1300年，被山峽自然風光環抱其中的溫泉地。此地也有威士忌的蒸餾所和風景名勝。

↑有許多以著名溫泉為傲的旅館

山寺 P.70
詩人松尾芭蕉也曾為這裡的景色傾倒。寺院多數的塔堂建在險峻的岩山上，作為斬斷孽緣的寺院也相當出名。

↑從五大堂眺望出去的景色，連詩人松尾芭蕉都大為傾倒

盡情享受宮城自豪的海洋絕景和海鮮美食

松島・鹽竈
まつしま・しおがま **P.72**

松島是日本三景之一，在波浪平穩的海灣內，有大大小小260個島嶼。包括瑞巖寺在內，街上也有許多和伊達家相關的著名景點。鹽竈則是傳統的寺院周邊城鎮，可以在此享受歷史散步的樂趣，品嘗食材鮮度超群、魅力十足的握壽司。

目標是這個！	松島灣水上巡航	P.74
	瑞巖寺	P.76
必吃美食	牡蠣＆星鰻	P.78
	鹽竈的壽司	P.90

◎海港城市鹽竈有許多壽司名店

◎瑞巖寺本堂內部輝煌的裝飾引人注目

邊眺望日本三景之一的絕景邊享受水上巡航

Q.首次前往推薦哪個區域
A.首先去仙台・松島

仙台有伊達政宗相關的景點和在地美食，松島則有水上巡航、海鮮料理，觀光景點十分豐富。仙台和松島之間搭電車約40分路程，交通十分方便，因此，不論是兩天一夜還是當天來回都很容易規劃行程，這點也很吸引人。

Q.需要住幾天？
**A.仙台・松島為2天1夜
＋1其它地區則為3天2夜**

如果只在仙台市內和松島遊玩，就選擇兩天一夜的行程，但如果還想去鳴子溫泉或藏王的溫泉遊玩，在沿岸的城市享受海鮮料理，則要多留一天的時間，規劃成3天2夜的行程。

Q.開車和搭乘電車，哪一種比較方便？
**A.仙台・松島搭乘電車
周邊地區則推薦自駕**

仙台・松島之間搭乘電車行動比較方便。但如果要前往周邊區域，大眾交通工具的時間和班次都有較多的限制，因此建議開車，周邊區域也有很多可以享受到絕景的兜風路線。

↑在溫泉街進行溫泉巡禮也很愉快

↑造訪工作室，前去尋找自己喜歡的木雕人偶

想多住一晚 宮城的推薦區域

秋田縣　岩手縣
山形縣　宮城縣
福島縣
東北的這裡

保留平安時代榮景的世界遺產之城
平泉 P.110
ひらいずみ
佛教文化興盛的黃金中世都市，有中尊寺和毛越寺等，多項登錄為世界遺產的文化遺產，非常值得一看。

↑毛越寺的淨土庭園，展現出了現世淨土

| 目標是這個！ | 中尊寺 P.112 |
| 必吃美食 | 平泉碗蕎麥麵 P.111 |

| 目標是這個！ | 溫泉巡禮 P.96 |
| 必吃美食 | 鳴子水壩咖哩 P.99 |

名產是木雕人偶！泉質豐富的溫泉鄉　P.96
鳴子溫泉鄉
なるこおんせんきょう
日本首屈一指的溫泉鄉，國內的10種泉質中，有8種可以在這裡享受得到。風情十足的溫泉街上，有許多鳴子木雕人偶的工作室。

平泉 P.110
一關IC　一之關
氣仙沼 P.108
東北新幹線
鳴子溫泉鄉 P.96
川渡溫泉
中山平溫泉
鳴子溫泉
東鳴子溫泉
栗駒高原
志津川
南三陸 P.107
古川IC
古川
女川 P.106
大衡IC
大和IC
三陸自動車道
前谷地
石巻 P.102
松島・鹽竈 P.72
東北自動車道
山寺
作並
山形自動車道
宮城川崎IC
仙台
仙台宮城IC
仙台市街 P.20
藏王・遠刈田溫泉 P.114
白石 P.122
白石IC
白石
角田
名取 P.123
仙台機場

三陸地區最有名的海港城市 最有名的是豪華魚翅
氣仙沼 P.108
けせんぬま
東北數一數二的海港城市，三陸海域水產十分豐富。使用了魚翅、秋刀魚和鰹魚等新鮮海產的美食魅力十足。

↑份量十足的魚翅美食

| 目標是這個！ | 巨釜・半造 P.109 |
| 必吃美食 | 魚翅美食 P.108 |

在藏王連峰的大自然中開車兜風　P.114
藏王・遠刈田溫泉
ざおう・とおがったおんせん

御釜是藏王最棒的風景名勝

| 目標是這個！ | 御釜 P.115 |
| 必吃美食 | 藏王御釜披薩 P.120 |

↓野外風情的藏王溫泉大露天浴池

有神秘的御釜、風景讓人神清氣爽的山岳道路的度假村區域。可以享受到有1900年歷史的藏王溫泉、保留著溫泉療養地氛圍的遠刈田溫泉等著名溫泉。

新的觀光景點不斷誕生
女川 P.106
おながわ
女川的魅力在於三陸的新鮮海鮮美食和新的商店街。也很推薦在女川車站附設的不住宿溫泉設施小憩一番。

| 目標是這個！ | SEAPAL・PIER女川 P.106 |
| 必吃美食 | 秋刀魚麵包 P.106 |

→商業設施集結在車站前

供應多種鮮魚的海邊城市
南三陸 P.107
みなみさんりく
供應豐富海產的地區，鋪滿當季鮮魚的海鮮蓋飯，以及使用了當季海鮮的豪華南三陸閃亮亮蓋飯，都非常受到觀光客的歡迎。

→也別忘了有名的甜點

| 目標是這個！ | 南三陸SUN SUN商店街 P.107 |
| 必吃美食 | 南三陸閃亮亮蓋飯 P.107 |

和片倉家有淵源的城下町
白石 P.122
しろいし
在城下町可以看到片倉小十郎的居城白石城聳立眼前。可在此品嘗名產白石溫麵，遊覽武家屋敷通，享受歷史散步。

以藏王連峰為背景，聳立的白石城

| 目標是這個！ | 白石城下町 P.122 |
| 必吃美食 | 白石溫麵 P.122 |

別錯過超人氣早市
名取 P.123
なとり
保留了茅草屋頂的古民家和東北最大的前方後圓墳。週日、假日舉辦的知名早市很受歡迎，吸引了大批人潮。

↑人潮洶湧的閖上港早市

| 目標是這個！ | 閖上港早市 P.123 |
| 必吃美食 | 濱燒 P.123 |

充滿活力的漫畫之城 海鮮美食也是絕佳美味
石卷 P.102
いしのまき
和石之森章太郎有所淵源的地方，市中心有漫畫英雄的雕像。整年都可以品嘗到當季海鮮這點也相當令人期待。

↓石之森萬畫館很受家庭客歡迎

| 目標是這個！ | 石之森萬畫館 P.104 |
| 必吃美食 | 金華山海域的海鮮蓋飯 P.102 |

→豪邁地鋪滿新鮮海產的海鮮蓋飯廣受好評

宮城縣內的當地酒類琳瑯滿目

⤴ 包含東北各地的當地酒類，陳列了200～300

⤵ 珍稀酒款也在其中

就像身在**海洋之中**！魄力十足的**世界**

投影在整面牆上的影像

★ ☆仙台 2017年7月

仙台海洋森林水族館

開始實施光雕投影

在大水槽「閃耀生命光芒之海」，上演「360度全景大光雕投影」，影像、聲音和生物所創造出的世界充滿魄力，令人震撼。

▶ 詳細請見 P.42

⤴ 大型鯨魚也會現身

★2 ☆仙台 2017年9月

藤崎的和洋酒賣場
改裝重新開幕 MAP 附錄②P.5 D-4

位於市中心的老字號百貨公司・藤崎本館的地下1樓，開始販售加盟宮城縣釀酒組合的25家釀酒廠的日本酒，是仙台市內第一家陳列了所有釀酒廠商品的店面。

☎ 022-261-5111 ⏰ 10:00～19:30（視時節而異）
㊡ 不定休 🏠 仙台市青葉区一番町3-2-17 🚇 直通地鐵青葉通一番町站 🅿 收費

了解最新資訊後再出門吧！

宮城 NEWS & TOPICS

如果想更加享受旅行時光，除了基本的觀光景點，也要了解當地的最新情報。
在此整理出新開幕或改裝重新開幕的店面等精選話題！

蔬果店和餐飲店等設施齊全

★4 ☆仙台 2017年4月

仙台早市的東四市場
改裝重新開幕 MAP 附錄②P.4 F-5

仙台早市離仙台站很近，很受當地人和觀光客歡迎。翻新的東四市場大樓內，除了蔬果店和鮮魚店以外，也有餐飲店進駐。

☎ 022-262-7173（仙台早市商店街振興組合）
⏰ 8:00～18:00（視店鋪而異）㊡ 週日・假日（部分店鋪營業）🏠 仙台市青葉区中央4-3-28
🚉 JR仙台站步行5分 🅿 使用附近的停車場

⤴ 就在「仙台PARCO 2」正後方

⤵ 「Picks Salad」（→P.48）等新店家開幕

「杜のカフェcocode」的冰咖啡等品項受歡迎

讓等待新幹線的時間更舒適

駅弁屋 仙台新幹線中央改札口店

★5 ☆仙台 2017年9月

提供許多當地產蔬菜

仙台站前農產品直銷所
AOYA開幕 MAP 附錄②P.4 G-5

販售堅持於早晨摘取和農藥減量栽種的縣產蔬菜、米等農產品，也有販售配菜用的加工食品和當地酒類等商品，附設有餐廳和熟食店。

☎ 022-724-7471 ⏰ 10:00～20:00（視店鋪而異）㊡ 無休 🏠 仙台市青葉区中央1-1-5
🚉 JR仙台站即到 🅿 收費

⤴ 位於仙台站屋頂停車場的南側

⤵ 有豐富的產地直送農產品

★3 ☆仙台 2017年7月

⤴ 招牌為牡蠣便當的「駅弁屋」

仙台站新幹線中央票口內的
店家改裝重新開幕

隨著車站的改良工程結束，車站內的6家店鋪也重新開幕了。包含販售伴手禮的商店在內，有透明廚房的車站便當店、咖啡廳、和風甜點店等各式店家。

⏰ 視店鋪而異 ㊡ 不定休 🏠 仙台市青葉区中央1-1-1 🚉 JR仙台站內
圖片提供：JR東日本仙台分公司

從選購伴手禮到品嚐美食
這裡一手包辦

↑在美食街可以吃到金華山蓋飯(2～3人份)3800日圓

➆ 石卷 2017年6月

石卷元氣市場開幕

▶詳細請見 P.105

一樓的商品販售區販售農產品、海產加工品、零食和雜貨等商品，二樓有美食街，可以在此品嘗海鮮蓋飯等石卷美食。

↑石卷特產齊聚一堂

人氣店家的2號店和姊妹店進駐

☆仙台 2017年11月

⑥ 仙台站東口 EKITUZI 開幕

↑約1年半的期間限定開張

MAP 附錄②P.4 H-4

以舉辦農夫市集等活動的廣場為中心，有6間組合屋式的餐飲店進駐，有居酒屋、立食燒肉店、咖啡廳、拉麵店等。

🕐視店鋪而異 🈺視店鋪而異 🏠仙台市宮城野區榴岡1-1-1
🚉JR仙台站即到 🅿收費

圖片提供：JR東日本仙台分公司

☆縣內各地 2017年

⑩ 仙台機場到觀光地的直達巴士持續增加

2017年1月開始有前往松島・平泉的巴士，同年9月則開始有前往秋保溫泉的巴士等，連結仙台機場及主要觀光地的巴士路線陸續開始營運了，好好利用這些巴士，規劃觀光行程吧！

📞仙台機場・松島・平泉線為022-259-8151（岩手縣北巴士仙台宮城營業所）、直達秋保溫泉的班次為0224-86-5525（Takeya交通）

空中玄關到各地的交通更方便

↑岩手縣北巴士的「仙台機場・松島・平泉線」

↑Takeya交通的「仙台西部Airport Liner」

看得到海 給人居家般感受的商店街

↑由隈研吾建築設計事務所負責設計

☆南三陸 2017年11月

⑨ 南三陸ハマーレ歌津開幕

MAP 附錄②P.20 F-4

南三陸歌津地區的暫時商店街改裝重新開幕，共有伴手禮店和餐飲店等8間店鋪櫛比鱗次，可以以「南三陸SUN SUN商店街」（→P.107）一起逛逛。

📞0226-28-9880（南三陸社區營造未來） 🕐視店鋪而異 🈺視店鋪而異 🏠南三陸町歌津伊里前96-1 🚉BRT歌津站即到 🅿免費

西洋風格木造建築 訴說著石卷的歷史

↑被指定為石卷市有形文化財

☆石卷 2017年11月

⑧ 舊觀慶丸商店正式開張為文化推廣基地

MAP 附錄②P.12 E-3

作為石卷的第一家百貨公司，於昭和5（1930）年完工的建築物。經過震災的修復工程後重生，現在用來舉辦石卷歷史文化的展覽和活動。

📞0225-94-0191 🕐9:00～17:00（活動時～21:00） 🈺週二 🏠石卷市中央3-6-9 🚉JR石卷站步行10分 🅿使用附近的停車場

也要注意這些 TOPICS

在此介紹人氣攀升的設施和頗受矚目的活動

藏王

↑盡情享受近距離接觸和紀念攝影

宮城藏王狐狸村 很受訪日觀光客的歡迎

MAP 附錄②P.17 D-2

這間珍貴動物園棲息了6種、100隻以上的狐狸，近年來很受外國旅客的歡迎，現在也有到白石市中心的接駁巴士運行。

📞0224-24-8812 🕐9:00～16:30（17:00閉園）12/10～3/15為～16:00（16:30閉園） 🈺週三（黃金週、2月、8月無休） 💴1000日圓，小學生以下費 🏠白石市福岡八宮川原字11-3 🚉JR白石藏王站搭往遠刈田溫泉方向的MIYAKOH BUS巴士，湯の町站下車，車程20分 🅿免費

氣仙沼

MAP 附錄②P.20 G-2

氣仙沼大島大橋 2019年完工，矚目度上升

連接氣仙沼的離島—大島和本島的拱橋建設持續進行中。黃金週和8月也有穿過橋下的觀光船等活動，廣受矚目。

📞0226-22-6600（氣仙沼市公所大島架橋促進擔當）

橋墩間的長度長達297m

起了很多歡呼聲 ↑特技飛行表演說

松島

↑逛街的空檔可以順道前往輕鬆逛逛

松島基地航空祭開始 常態舉辦

MAP 附錄②P.12 E-3

震災後中止，2016年原先限定受邀者才能參加的人氣活動復活，免費開放一般民眾參加。2018年起預定日程請見官方網站。

📞0225-82-2111（松島基地第4航空團司令部監理部廣報班）🏠東松島市矢本板坂85 🚉JR矢本站步行20分 🅿於官方網站確認

仙台

MAP 附錄②P.5 C-1

要注意勾當台公園市民廣場的活動

位於市中心的交流廣場，週末有各地的觀光宣傳活動和特產販售會等，各式各樣的活動會在此舉辦。

📞022-225-7211（青葉區公所公園課）🏠仙台市青葉區国分町3-7 🚉地鐵勾當台公園站即到 🅿使用附近的停車場

行事曆

人氣活動、各個季節的美麗風景和美味的當令食材等，宮城全年魅力不減！規劃出充滿樂趣的宮城之旅吧。

※活動日程和內容可能有所變更，出門前請務必再次確認。

活動也要CHECK

豪華的山鉾和武者行列緩緩展開時代畫卷

夏 summer

炎熱的日子較少，即使是夏天也十分舒適，在山上等地方甚至很涼爽。

仙台七夕祭 せんだいたなばたまつり

8月6〜8日 仙台・商店街通等

仙台藩祖—伊達政宗為了祈求城下町的繁榮而獎勵舉辦的祭典，擁有400年以上的歷史。色彩鮮艷的七夕裝飾互相爭奇鬥豔，妝點了商店街。

☎022-265-8185（仙台七夕祭協贊會／事務局：仙台商工會議所）MAP附錄②P.4 E-4

鹽竈港祭 しおがまみなとまつり

7月第3週一 鹽竈・鹽竈神社等

御座船在志波彥神社和鹽竈神社的神輿安置好後，率領掛上大漁旗的100多艘供奉船，在松島灣內巡幸的情景十分壯觀。

☎022-364-1165（鹽竈港祭協贊會）MAP P.93 A

春 spring

雖然白天已經回溫，但仍有較冷的日子。別忘了穿薄外套。

仙台・青葉祭 せんだいあおばまつり

5月第3週日和前日 仙台・定禪寺通等

莊嚴的神輿渡御、武者行列和華麗的仙台山鉾緩緩前進，輕快的仙台雀舞演出則是祭典的高潮。

☎022-223-8441（仙台・青葉祭協贊會）MAP附錄②P.5 C-1

伊豆沼・內沼蓮花祭 いずぬま・うちぬまはすまつり

7月20日〜8月31日 栗原・宮城縣伊豆沼・內沼Sanctuary Center附近等

蓮花盛開時，可以乘坐遊覽船環遊湖面，近距離欣賞美麗的蓮花。

☎0228-25-4166（栗原市觀光物產協會）MAP附錄②P.21 B-4

氣仙沼港祭 けせんぬまみなとまつり

8月第1週日及前日 氣仙沼・氣仙沼灣周邊

除了3000人一同舞動的「はまらいんや踊り」之外，晚間還會舉辦煙火大會。

☎0226-22-4600（氣仙沼商工會議所）MAP附錄②P.20 G-2

大河原櫻花祭 おおがわらさくらまつり

4月上旬〜下旬 大河原・白石川右岸河川敷公園

在上千棵櫻花樹的花期，可藉由屋形船和夜間點燈享受到賞花樂趣。

☎0224-53-2141（大河原町觀光物產協會）MAP附錄②P.16 F-2

宮城藏王烏帽子水仙祭 みやぎざおうえぼしすいせんまつり

4月下旬〜5月中旬 藏王・宮城藏王烏帽子度假村

滑雪場會有整片約50萬株的水仙盛開。

☎0224-34-4001（宮城藏王烏帽子滑雪場）MAP附錄②P.17 D-2

8月 平均氣溫 23.0℃	7月 平均氣溫 25.1℃	6月 平均氣溫 18.6℃	5月 平均氣溫 17.0℃	4月 平均氣溫 11.5℃	3月 平均氣溫 5.4℃

※氣溫的數據為2016〜2017年的仙台平均氣溫資料（氣象廳）

當令食材

星鰻／松島 6〜9月 松島的名產，特徵為肉質鬆軟與細緻風味

牡蠣／三陸 10〜3月

北寄貝／亘理 10〜4月

鰹魚／三陸 6〜11月 比起春季鰹魚，秋季洄遊的鰹魚更是出名的肥美

海膽／三陸 4〜8月 夏季代表性美食，質地黏稠、味道香甜濃厚

宮城鮭魚／三陸 3〜7月 在宮城的養殖銀鮭中屬最高級品種，做成生魚片非常美味

海鞘／三陸 3〜9月 被稱為「海底鳳梨」的珍貴海產，味道鮮美香甜

特徵為獨特的細長外觀，全國知名的漬物

仙台雪菜／仙台 12〜3月

芹菜／名取 10〜4月

村田町是全國數一數二的毛豆產地，為初夏特有的食材

毛豆／村田 6月 草莓／亘理・山元・石卷 12〜5月 以品牌「仙台草莓」廣為人知，也可以享受到採草莓的樂趣

由藏王山麓的豐沛自然和清澈的水所孕育

藍莓／藏王・富谷・大崎 7月 比普通的毛豆更香、風味更好

仙台茶豆／仙台 7〜10月 曲蔥／仙台 11〜3月

最佳出遊

宮城 旅行導覽

最佳出遊行事曆

什麼時候去？
活動時間及當季美食
CHECK！

七夕裝飾閃亮搖曳
夏日的獨特風景

秋 autumn

從10月下旬開始，氣溫會一口氣降低，必須穿大衣和毛衣。

10月28日～11月19日 松島・松島町中心地區

松島紅葉夜間點燈
まつしまこうようらいとあっぷ

妝點松島秋天的慣例活動。以圓通院庭園為中心，瑞巖寺參道、比翼塚、三聖堂等地的紅葉在夜間會點燈，充滿和風氣息。

☎022-354-2618（松島觀光協會） **MAP** P.88 A-1

12月上旬～31日 仙台・定禪寺通等地

仙台光之盛典
せんだいひかりのぺーじぇんと

定禪寺通的欅樹會掛上數十萬個霓虹燈飾，1天會有3次稱為「STARLIGHT・WINK」的點燈。

☎022-261-6515
（仙台光之盛典實行委員會）
MAP 附錄②P.5 A-2

冬 winter

積雪較少，相較之下較為溫暖。1、2月早晚氣溫可能降至零度以下。

1月14日 仙台・大崎八幡宮等地

松焚祭
まつたきまつり

用「忌火」焚燒新年裝飾和舊的神社護符，祈求無病消災、一家平安的儀式。

☎022-234-3606
（大崎八幡宮）
MAP 附錄②P.9 C-3

12月中旬～3月中旬 藏王・宮城藏王 SUMIKAWA SNOW PARK

宮城藏王之樹冰巡禮
みやぎざおうのじゅひょうめぐり

搭乘雪上車「WILD MONSTER一號」，欣賞大自然所創造的樹冰。

☎0224-87-2610（宮城藏王SUMIKAWA SNOW PARK）
MAP 附錄②P.17 D-1

9月中旬～10月中旬 栗原・栗駒山

栗駒山的紅葉
くりこまやまのこうよう

紅葉覆蓋整座山，從山頂可以眺望到藏王連峰、駒之岳、太平洋。

☎0228-25-4166
（栗原市觀光物產協會）
MAP 附錄②P.18 G-1

預定9月第4週日 女川・女川站前商業區

女川秋刀魚收穫祭
おながわさんましゅうかくさい

可以吃到免費的碳烤秋刀魚和秋刀魚味噌湯，此處也會利用舞台舉辦活動。

☎0225-24-8118
（女川秋刀魚收穫祭實行委員會）
MAP 附錄②P.12 G-3

	平均氣溫		平均氣溫		平均氣溫		平均氣溫		平均氣溫		平均氣溫
2月 2019年	3.2℃	**1月** 2019年	2.5℃	**12月**	5.7℃	**11月**	8.6℃	**10月**	15.8℃	**9月**	21.1℃

牡蠣／三陸 10～3月　在松島等沿岸各地養殖

北寄貝／亘理 10～4月　可經常在宮城縣南區捕撈，甜味恰好，北寄貝飯是此地著名美食

秋刀魚／三陸 9～11月　金華山海域是全國首屈一指的秋刀魚漁場

金華鯖魚／三陸 9～11月　金華山海域捕撈到的肥美大型真鯖魚

含有大量水份，口感柔軟爽口，也相當甜美

仙台白菜／仙台 11～12月

仙台雪菜／仙台 12～3月　深綠色的厚肉蔬菜，含有豐富的鈣質和胡蘿蔔素

仙台長茄子／仙台 7～10月

芹菜／名取 10～4月　清爽的香氣和清脆口感非常吸引人

草莓／亘理・山元・石卷 12～5月
2017年新品牌「DATE正夢」登場

活用藏王連峰的溶雪水和肥沃的土壤栽種

梨子／藏王・利府・美里 9～10月

新米／9月下旬～10月上旬

曲蔥／仙台 11～3月　用稱為「YATOI」的傳統栽種法栽培出彎曲形狀的蔥，吃起來柔軟甘甜

必去的 仙台&松島觀光 2天1夜 王道路線

集結人氣絕景和美食精華 大集合！ 盡情享受 經典行程

撼動人心的絕景，加上當地獨有的絕佳美食等，宮城縣魅力十足。在此介紹玩遍宮城的經典行程，在2天1夜之內走訪必去的仙台、松島景點，第3天則依自己的旅行目的，從3個區域中選擇喜好的方案！

第1天 仙台
造訪綠意盎然的森林之都

移動方式	巴士+地鐵+步行	所需時間	8小時

不論是哪個觀光景點都離車站很近，四季都可以愉快地享受旅行。包含定禪寺通在內，綠意盎然的街道在春季到初夏之時特別美麗。

10:00 仙台站

↓每個地方的華麗裝飾都值得細細觀賞

和色彩鮮豔的紅葉爭奇鬥艷也是看點

↓往年11月中～下旬有鮮豔的紅葉增添色彩

10:15
前往伊達政宗永眠的 靈屋瑞鳳殿 P.40

依照仙台藩主伊達政宗的遺言所建造的建築，雖然曾在戰爭中被燒毀，但之後的重建工程將初建之時的華麗色彩一併復原。伊達政宗是日語「伊達者」（意為華麗之人）的語源由來，符合其華麗形象的豪華祠堂建築不容錯過。

11:10
前往可以將仙台市區盡收眼底的 仙台城跡

伊達家62萬石收入的居城城跡。一覽城下町風景的伊達政宗騎馬雕像、修復的脇櫓建築、展現石砌技術的本丸北壁石牆，都讓人遙想起過往的景象。也很推薦在這裡欣賞夜景和看日出。 P.41

↓
地鐵國際中心站
↓

12:30 仙台站
大啖牛舌
P.22　附錄①P.12

たんや善治郎 牛舌街店 ▶附錄①P.12

雖然伊達政宗實際上失去了一邊的眼睛，但伊達政宗騎馬雕像依照他的遺言，雕刻出了兩隻眼睛

→從天守台可以將森林之都仙台一覽無遺

地圖標示
鳴子溫泉鄉
第3天 路線①
南三陸・氣仙沼
第3天 路線③
松島
仙台
2天1夜 王道路線
第3天 路線②
藏王・白石

行程表

第1天

10:00	10:15	11:10	12:30	13:30	15:00	16:00	18:00
仙台站	靈屋瑞鳳殿	仙台城跡	午餐 牛舌	定禪寺通	毛豆泥甜點	竹葉魚板	海鮮居酒屋
↓LOOPLE仙台15分	↓LOOPLE仙台7分	↓LOOPLE仙台13分 地鐵5分	↓地鐵3分	↓步行5分	↓步行8分	↓步行10分	在仙台市中心住宿

第2天

10:15	10:55	11:05	12:00	13:00	14:30
仙台站	松島海岸站	五大堂	午餐 松島當令美食	松島遊覽觀光船	瑞巖寺
↓仙台山線40分	↓步行10分	↓步行5分	↓步行範圍內	↓步行範圍內	↓步行5分
					在松島 or 仙台住宿

定禪寺通上有成排的欅樹，綠意盎然

定禪寺通也會舉辦「仙台·青葉祭」和「定禪寺街道爵士音樂祭in仙台」等活動

↑為初夏時節增添色彩的仙台·青葉祭　P.12

在定禪寺通上進行甜點店巡禮也很愉快♪

在每年8月6～8日的「仙台七夕祭典」舉辦期間，可以邊欣賞商店街的七夕裝飾邊散步

13:30

在充滿綠意的街道散步

仙台也被譽為「森林之都」，街上的行道樹、郊外的廣瀨川和青葉山等皆充滿綠意，雖然是百萬人口的都市，但街道綠意環繞。也很推薦在定禪寺通散步欣賞欅樹。

定禪寺通 じょうぜんじどおり　**MAP** 附錄②P.5 B-1

☎022-214-8259（仙台市觀光課）　■自由通行　所仙台市青葉区国分町ほか　地鐵勾當台公園站即到　P使用附近的停車場

15:00

吃毛豆泥甜點休息一下 P.36

↑將竹串上的竹葉魚板架在專用機器上燒烤

杜の菓匠 玉澤総本店 一番町店 P.36

16:00

體驗親手燒烤仙台名產 竹葉魚板 **MAP** 附錄②P.4 E-4

在仙台名產竹葉魚板傳統老店「阿部蒲鉾店 本店」，可以體驗親手燒烤竹葉魚板的樂趣，工作人員在旁邊指導燒烤方法，一邊燒烤還可以一邊享受現烤獨有的美味。

剛烤好的竹葉魚板芳香Q彈♪

阿部蒲鉾店 本店 あべかまぼこてんほんてん

☎022-221-7121　■10:00～19:00（體驗親手燒烤～17:00、炸葫蘆魚板售完打烊）　休無休　■體驗親手燒烤竹葉魚板210日圓　所仙台市青葉区中央2-3-18　JR仙台站步行10分　P使用附近的停車場

稍微走遠一點

秋保大瀑布 P.65

瀑布水聲隆隆，氣勢磅礴傾瀉而下位於名取川上游，落差55m、寬6m的著名瀑布，氣勢磅礴傾瀉而下，伴隨著隆隆水聲濺起的閃耀水花非常壯觀。

↑可以近距離觀賞瀑布潭

18:00

在國分町的海鮮 P.30 居酒屋享用晚餐

晚上就前往集結了居酒屋、餐廳、酒吧等各種各樣店家的國分町，很多居酒屋都可以品嘗到三陸新鮮海產和宮城當地酒類，最適合為一天旅程做收尾。

石巻港 津田鮮魚店 P.30

↑入夜後熱鬧滾滾的國分町

往第2天

在仙台中心地區住宿 P.62

2天1夜 王道路線

第2天

日本三景的多島嶼之美令人感動!
松島

| 移動方式 | JR+步行 | 所需時間 | 5小時 |

瑞巖寺和五大堂等著名景點、遊覽船的乘船處和餐飲店都集中在車站前,可步行進行觀光。也很推薦搭乘遊覽船,從海上欣賞松島的海岸之美。

10:15 仙台站
↓
10:55 松島海岸站

在碼頭可以看到黑尾鷗的蹤影。

通過被稱為「結緣橋」的橋梁。

← 有著美麗朱漆的鏤空橋梁

→ 搭船遊覽欣賞被列入日本三景之一的美麗海岸

11:05
松島的象徵 五大堂 P.77

因為慈覺大師在此安置了五大明王,而被稱為五大堂。現在的建築是伊達政宗在重建瑞巖寺前,於慶長9(1604)年所重建,是東北地區最古老的桃山建築樣式建築。

↓

12:00
午餐品嘗 當令的松島美食 P.78

星鰻

味処 さんとり茶屋 P.79

牡蠣

南部屋 P.78

→

13:00
搭乘 松島遊覽觀光船 遊覽松島灣 P.74

遊覽船從五大堂旁的乘船處出發,班次間隔1小時。聽著導覽員解說伊達政宗所喜愛的島嶼、島嶼名稱的緣由等,享受約50分鐘的松島灣巡航。

↙

稍微走遠一點
大高森的夕陽 P.84

日本三景的落日必看
即使是松島四大景觀之中也屬翹楚,大高森連夕照都不同凡響,在此欣賞天空與海面一同被染成橙色的壯闊景致吧。

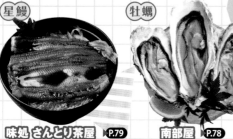

→ 松島四大景觀之首的絕景染上了夕色

14:30
前往伊達家的菩提寺 瑞巖寺 P.76

慈覺大師於天長5(828年)年開山。經歷戰國時代的混亂,伊達政宗集合了一流的名工匠,花了整整5年的時間,於慶長14(1609)年建造完成。不可錯過2016年徹底翻修結束的本堂。

↓ P.62,86

在松島or仙台住宿

→ 位於本堂內,豪華輝煌的室中,孔雀之間

沉醉不同於白晝的幽幻世界中

→ 附近的圓通院在秋季時,會舉行慣例的紅葉夜間點燈活動

更加享受宮城之旅

第3天 變化路線

路線1 鳴子溫泉
飄著溫泉蒸氣的木雕玩偶之鄉

| 移動方式 | JR＋巴士＋步行 | 所需時間 | 7小時30分 |

搭乘Resort實號到鳴子溫泉後，就到鳴子溫泉街散步。在溫泉街上泡遍共同浴場和足湯、逛遍木雕玩偶工作室等，充滿了溫泉街獨有的樂趣。

搭乘這個去！

I Resort 實號

馳騁穿梭後山的風景

在指定的日期，於仙台站～新庄站來回行駛1趟的列車，途中可以一邊欣賞悠閒的田園景象和鳴子峽絕景等，一邊享受悠哉的列車之旅。

↑行駛於悠閒的田園地帶

☎050-2016-1600（JR東日本客服中心）　以週五、週六、週日、假日為主，1日1趟　對號座票520日圓（對號座票（有季節性變動）＋乘車區間的票券）　仙台站～新庄站　MAP 附錄②P.19 A-6

嘗紅葉最季佳

10月下旬～11月上旬

樹葉會在每年10月中旬開始轉黃或變紅，鳴子峽Rest House有瞭望台，紅葉季經常塞車，最好提前在上午就抵達。

9:13 仙台站
↓ Resort 實號
11:32 中山平溫泉站
計程車3分
※紅葉季臨時巴士5分

11:40

前往紅葉名勝
鳴子峽 P.98

大谷川所切割出的Ｖ字溪谷，高度約100m的斷崖峭壁綿延約2.6km，壯闊的風景添上紅葉的絢麗妝點，讓每個遊客都為之傾倒。新綠時節周邊冒出新芽的森林也非常美麗。

綠意盎然的新綠時節也相當值得一看！

○新綠的時節為5月上旬～7月上旬

↑白色的大深澤橋在色彩鮮豔的鳴子紅葉映襯下，更顯得耀眼奪目

計程車10分
※紅葉季臨時巴士15分

12:55 鳴子溫泉站
▼步行範圍內

13:00 P.97

在溫泉街享用午餐

在飄散著懷舊氛圍的溫泉街進行溫泉巡禮，可趁著空檔在當地的人氣餐廳小憩片刻。鳴子當地的栗子糰子點心，除了可在店裡品嚐現煮的，也很推薦買回家當作伴手禮。

ゑがほ食堂 P.97

餅処深瀬 P.97

步行範圍內

15:00

購買鳴子名產
木芥子
當作伴手禮 P.97
步行範圍內

鳴子溫泉也以「木芥子之鄉」而聞名，不妨順道去工作室和伴手禮店，找尋自己喜歡的木芥子，也非常推薦參加彩繪木芥子的體驗。

○在各工作室可以遇見獨特又性格的木芥子

↓步行範圍內
15:40 鳴子溫泉站
↓JR陸羽東線
16:30 古川站

14:00

漂浮著湯花的共同浴場
療癒的 瀧之湯 P.96

以泉質自豪的共同浴場是鳴子溫泉的象徵。重現了江戶時代的溫泉小屋建築，風情十足。厚重的木造建築充滿風韻，完整保留了傳統的共同浴場氛圍。

也很推薦泡遍鳴子・早稻田棧敷湯的溫泉

↓源泉放流的溫泉，店家以泉質自豪

↑浴池有溫和以及較熱2種

Restaurant Baeltz ▶P.117

ZAO BOO ▶P.121

10:00 仙台站
↓車程45分

➡引人注目的成排櫻花古樹

10:45

藏王連峰前的成排櫻花樹

白石川堤
一目千本櫻

しろいしがわづつみひとめせんぼんざくら

從大河原町到柴田町，櫻花隧道妝點著白石川堤，約1200棵的染井吉野櫻連綿長約8km，開花時期開滿一整片淡紅色花朵的景象十分壯觀。遠望時藏王連峰的殘雪則更增添了情趣。

➡櫻花祭期間會舉行夜櫻夜間點燈。

✆0224-53-2659（大河原町商工觀光課）🕐自由參觀📍大河原町～柴田町🚃JR大河原站步行3分🅿使用河床地臨時停車場（收費）

MAP 附錄②P.16 F-2

➡倒映在河面上的夜櫻釀出夢幻氛圍

最佳觀賞期
4月上旬～下旬

櫻花會在每年4月中旬盛開，配合櫻花的開花時期，舉辦「大河原櫻花祭」，JR東北本線在船岡站～大河原站區間也會放慢行駛速度。

車程30分

12:00

在**遠刈田溫泉**享用午餐 ▶P.117,121

↓車程30分

第3天
變化路線

路線2
藏王·白石

想被雄壯的大自然環抱！

移動方式 租車自駕　所需時間 7小時

有閃耀著翡翠綠的御釜山頂和富有風情的遠刈田溫泉街、藏王溫泉街等，充滿看點。也非常推薦溪流邊極富山野趣味的藏王溫泉大露天浴池。

➡位於宮城縣側的御釜是藏王連峰的象徵

駒草平周邊有很多風景名勝！

➡也可以看到火山特有的荒涼景觀

13:30

前往神秘之湖

御釜 ▶P.115

座落於藏王連峰上的火口湖，直徑325m，水深27m。翡翠綠色的湖水水質為弱酸性，沒有生物棲息。御釜的湖水顏色會隨著光線角度等因素而改變，因此也被稱為五色沼。

➡在被溪流和森林環繞的豐富大自然環境中泡溫泉

車程40分

15:00

在**藏王溫泉**
大露天浴池
好好放鬆 ▶P.116

位於溪流邊、充滿山野趣味的露天浴池，為硫磺泉質的奢侈放流式源泉，可以容納200人。上游為女湯，下游為男湯，可以邊聆聽溪流的水聲，邊在雄壯大自然的環抱下泡湯。

車程35分

17:00 山形站

如果在冬天去遊玩

樹冰夜間點燈 ▶P.120

冬季限定的冰雪藝術

將冬天的藏王可看到的樹冰打上燈光。夜間點燈活動期間，藏王纜車會有特別行駛的班次，可以欣賞到銀白色世界中浮現的神秘景象。

➡近距離觀賞浮現在光線之中的樹冰

11:00

有豐富當地美食&伴手禮的
南三陸 SUN SUN商店街 P.107

2017年3月重新開幕的大型觀光商店街，有成排的水產店、餐飲店、伴手禮店等共28間販售當地商品的店家，也有販售南三陸的名產「南三陸閃亮亮蓋飯」的店家。

↑現代風格的設計外觀十分引人注目

車程40分 ↓

海水從噴水穴噴湧出來

9:30 仙台站 ←
車程1小時30分

名產南三陸閃亮亮蓋飯，白飯上面鋪上了大量當令海鮮。

南三陸閃亮亮蓋飯 P.107

第3天
變化路線

海鮮美食與兜風欣賞絕景

路線3
南三陸・氣仙沼

移動方式 租車自駕　所需時間 7小時
開車兜風享受三陸獨有的壯闊海景。此外，每個季節都有很多觀光客，為了此地捕撈到的豐富當季鮮魚前來。

12:40

噴出的海潮魄力驚人！
岩井崎 いわいざき

位於三陸復興國家公園南邊的美麗海岬，石灰質的噴水岩經長年累月的海水侵蝕變得凹凸不平，可以在此看到海水伴隨著巨響，從岩石中噴湧而出的景象。

☎0226-22-6600（氣仙沼市產業部觀光課）自由參觀 所氣仙沼市波路上岩井崎 交JR氣仙沼站乘往本吉方向的BRT巴士，陸前階上站下車，計程車5分 P免費
MAP 附錄②P.20 G-3

ゆう寿司 田谷店 P.108

車程20分 →

ラーメン・ホルモン司 P.108

13:30

品嘗魚翅美食
當作午餐 P.108

↓ 車程30分

↑受到東日本大震災海嘯的侵襲，而變成彷彿龍的模樣。

「龍之松」大角度彎曲的樹幹和樹枝，看起來像龍一樣。

在5月中旬～下旬，是德仙丈山約50萬棵杜鵑花盛開的時期。

↑日本最大規模的杜鵑花叢生地

↑突出海面的巨大大理石，折石魄力十足

稍微走遠一點
神割崎 かみわりざき
受到魄力十足的大浪拍打

可以看到太平洋的浪花打進2面聳立著的崖壁中間的風景名勝。

☎0226-46-1378（南三陸町商工觀光課）自由參觀 所南三陸町戶倉寺浜 交JR柳津站搭計程車40分 P免費
MAP 附錄②P.20 F-5

湧來濺起水花的風景名勝

可以看到波浪

15:00

巨大的自然藝術
巨釜・半造 P.109

位於唐桑半島東側的2個海岬，代表性的「折石」為高16m、寬3m的大理石石柱，從海中聳立延伸至空中的模樣，令人震撼。

↓ 車程20分

16:30 氣仙沼站

仙台市區

風景名勝、遊玩景點滿載的森林之都

定禪寺通 P.15

綠意繁茂的街道

森林之都代表性的道路，在穿過樹葉間灑下的陽光中漫步讓人覺得十分舒適。

仙台的關鍵字

三陸海鮮 P.28

牛舌 P.22

仙台作為東北唯一的政令指定都市，是個讓人難以忽略的重要城市，森林之都仙台有流過城市的廣瀨川和翠綠繁茂的成排櫸樹等，街道的自然景觀非常美麗。也有吸引人的美食和販售豐富高雅商品的商店等，景點和美食選擇相當豐富。

MAP

附錄②P.4-9

洽詢處

☎022-268-6251
（仙台市觀光國際協會）

前往仙台的交通方式

開車	鐵路
川口JCT	東京站
東北自動車道 332km	JR 東北新幹線 「隼號」 1小時30分
仙台宮城IC	
48 4 7km	
仙台站	

毛豆泥 P.36

仙台美食

五花八門的食材孕育出的獨特飲食文化，現在已經傳播至日本全國，不妨在這裡盡情享受道地美味。

伊達政宗

伊達政宗是仙台藩62萬石收入的藩祖。他的騎馬像佇立在可以將街景盡收眼底的天守台上。

仙台光之盛典 P.13

仙台七夕祭 P.12

2大活動

點綴著風雅竹葉裝飾的夏日，霓虹燈飾閃閃發亮的冬季，不論哪一個都不容錯過！

仙台城跡 P.41

超人氣購物景點
一番町 ◆P.58
いちばんちょう

老字號專賣店、百貨公司和時尚咖啡廳等，有著各式各樣店家的室內商店街，巷弄裡也有個性派店家。

↑也有很多時尚大樓和餐飲店。

聚集3000間店，東北最熱鬧的夜生活區
國分町 ◆P.60
こくぶんちょう

室內商店街往西的一條街上，酒吧、居酒屋和鄉土料理餐廳等店家櫛次鱗比，半夜也非常熱鬧。

↑夜晚的夜生活區也有非常多的觀光客蒞臨

車站重新改裝後魅力倍增
仙台站周邊 ◆P.54
せんだいえきしゅうへん

包括重新改裝後機能提升的車站在內，大型商業設施、休閒設施等一應俱全，是仙台觀光的玄關口。

↑車站內也有新的美食景點

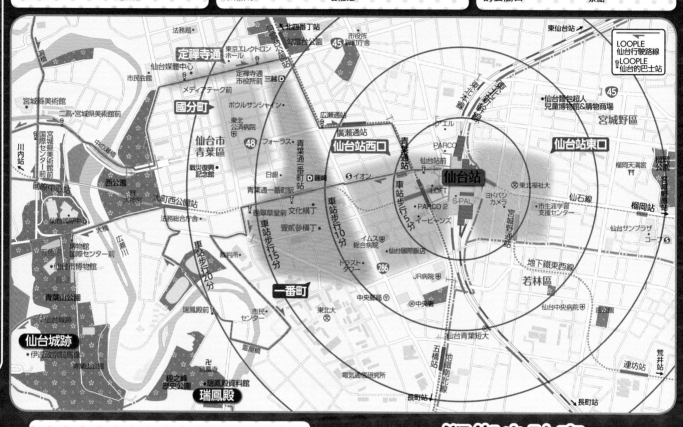

瀰漫歷史氣圍的伊達家相關景點
仙台城跡‧瑞鳳殿 ◆P.40
せんだいじょうあと ずいほうでん

伊達家270年代代相傳的居城城跡，和伊達政宗永眠於此的堂皇靈屋等，前往探訪這些充滿看點的著名景點吧！

伊達政宗守護這個在百萬人口都市也持續實現個

仙台市區周邊

山寺 ◆P.70
險峻的岩山上建有數間堂宇，可以欣賞到松尾芭蕉也為此震撼的絕景。

作並溫泉 ◆P.66
廣瀨川上流湧出的著名溫泉，山峽隨四季變化的自然風景也非常吸引人。

秋保溫泉 ◆P.64
被稱為仙台的內廳，曾經是伊達家的溫泉。

逛街小訣竅

① 可以派上用場的觀光資訊都集中在仙台站

站內的仙台市觀光資訊中心，除了可以索取到仙台觀光用的便利小冊子，也可以在此洽詢相關問題，仙台站西口也有巴士站服務處，仙台站是資訊和交通的起點。
●仙台站內圖 ➡附錄①P.2

② 事前確認交通方式

決定好要去的地方後，事前先了解交通方式，仙台市內的移動方法有步行、地鐵和巴士等，巴士和地鐵都有販售划算的「一日乘車券」。
●交通指南 ➡附錄②P.10
●LOOPLE仙台 ➡P.40

仙台市觀光資訊中心
せんだいしかんこうじょうほうせんたー
位於仙台站2樓「びゅうプラザ」內，可以在這裡取得交通和活動資訊。

☎022-222-4069
🕐8:30～19:00
🈺無休 🏠仙台市青葉区中央1-1-1
🚉JR仙台站內
🅿使用附近的停車場 MAP附錄②P.4 G-4

↑仙台的觀光資訊可在站內的資訊中心內取得

仙台街角服務處
せんだいまちかどあんないじょ
位於市區店家中，由志工負責，或許可以得到當地人才知道的深度資訊。

☎022-268-9568（仙台觀光國際協會）
MAP附錄②P.4 E-4

➡「阿部蒲鉾店 本店」也是其中一個服務處

宮城極品美食盡情吃遍！

說到仙台的樂趣，就會想到極厚牛舌和三陸海鮮等各種著名美食，可以品嘗到老店和名店互相競爭之下所催生的高水準極品美食。集結了宮城各地的名產料理是本地的魅力之一。在森林之都盡情嘗遍各種美食吃到飽！

燒烤牛舌定食A 1500日圓
使用傳統技術調理的上等牛舌，濃縮美味，口感柔軟，在此享受老店特有的純熟美味吧！

燒烤牛舌繼承了老店的味道！是濃縮技術和美味的逸品

經典

現烤的極厚美味！牛舌

因其無與倫比的口味，而在日本廣為人知的仙台名產。厚切燒烤牛舌、麥飯和牛尾湯是經典組合，好好品嘗這樣的深度美味吧！

國分町
旨味 太助
うまみたすけ

宮城限定

遵從研發出燒烤牛舌的佐野啟四郎直接傳授的技術，使用手工切肉、手工灑鹽調味的傳統技法進行調理，用熟練的技術燒烤一片一片的牛舌。也有很多追求古早好味道、而從創業時就經常光顧的粉絲。

美味關鍵就在備料！本店依照牛舌產地和季節調整鹽的份量。

☎022-262-2539 ⏰11:30～21:30（22:00閉店）休週一（逢假日則有替代公休日，需洽詢）所仙台市青葉區国分町2-11-11 千松島ビル1F 地鐵勾當台公園站步行3分 P使用附近的停車場 MAP 附錄②P.5 B-2

店主
佐野八勇先生

店內瀰漫著炭火的芳香氣息

也想吃吃看這個
燒烤牛舌定食B(5片)
‥‥‥‥‥1850日圓
燒烤牛舌定食C(6片)
‥‥‥‥‥2200日圓

先了解！

其1 誕生的歷史
「太助」的創業者經過多次失敗，才研發出牛舌的美味調理方法。昭和23（1948）年開設牛舌專賣店。

◎「太助」創業者
佐野啟四郎

其2 套餐形式才是經典
牛舌一般都以套餐形式供應，基本套餐內容除了鹽味燒烤牛舌以外，還有加了大量蔥白的牛尾湯、麥飯和醃漬小菜。

其3 變化也十分豐富
除了燒烤牛舌，還有牛舌咖哩、燉牛舌、炙燒半熟牛舌等，各個店家皆提供多樣化的牛舌料理，可以享受到不同的牛舌美味，這點也非常吸引人。

 有這個標記的是只在宮城縣開設店鋪的店家。

22

牛舌

從王道到新經典都在森林之都大集合！

仙台站西口

牛たん炭焼 利久 西口本店
ぎゅうたんすみやきりきゅうにしぐちほんてん

東京等全國各地皆有分店的人氣店家，其中西口本店是候位隊伍不曾斷過的人氣店家，在當地也因此廣為人知。由熟練的師傅控制炭火火候燒烤的牛舌，巧妙地調和了深度美味和厚實口感。

☎022-266-5077
🕐11:30～14:30、17:00～22:30（23:00閉店），週六、日中午為11:00～
🈳無休 📍仙台市青葉區中央1-6-1 HerbSENDAIビル5F 🚃JR仙台站步行5分 🅿使用附近的停車場
MAP 附錄②P.4 G-3

牛舌「極」定食
午2332日圓　晩2494日圓

只使用牛舌中也非常稀少的中心部份。用炭火燒烤至五分熟，可以享受到最頂級的美味和口感。

也想吃吃看這個
牛舌定食(3片6塊)
・午1598日圓　晩1782日圓
燉牛舌
・・・・・・・・・・1080日圓
牛舌香腸拼盤
・・・・・・・・・・648日圓

↑除了吧檯座，也有一般座位和簡單的和式座位

大排長龍超人氣店家的柔軟厚切牛舌

仙台站東口

牛タン焼専門店 司 東口店
宮城限定
ぎゅうたんやきせんもんてんつかさひがしぐちてん

使用澳洲產的頂級品牌牛舌，並只選用最柔軟的部分。調味後熟成，增加牛舌的風味，軟嫩的口感廣受好評，在當地也擁有廣大粉絲，附餐有豐富選擇。

☎022-298-7388
🕐11:30～14:00、17:00～22:30（23:00閉店）🈳週三 📍仙台市宮城野區榴岡1-2-37 ダイワロイネットホテル仙台1F 🚃JR仙台站即到 🅿使用附近的停車場
MAP 附錄②P.4 H-5

牛舌定食
午1650日圓　晩2200日圓

岩手縣產楢炭的強力火力，能鎖住美味，烤出牛舌柔軟飽滿的口感。吃的時候沾取磨成粗顆粒的山葵一起享用。

↑老饕也折服、在當地也廣受好評的專賣店

也想吃吃看這個
燒烤牛尾・・・・・890日圓
元祖辣牛舌・・・・500日圓
燉牛舌・・・・・・890日圓

只嚴選高級牛舌的柔軟部份

一番町

味の牛たん 喜助 一番町本店
宮城限定
あじのぎゅうたんきすけいちばんちょうほんてん

由熟練的師傅仔細地手工切片、灑上鹽後，用大火一口氣燒烤完成以避免濃縮的美味流失。和炭火香氣一起上桌的燒烤牛舌，正是專業師傅才能做出的味道。

☎022-262-2561 🕐11:30～14:00（L.O.）、17:00～21:30（L.O.），週六、日、假日為11:30～21:00（L.O.）🈳7月第1週日 📍仙台市青葉區一番町1-6-19 壱番館ビルB1F 🚃地鐵青葉通一番町站步行5分 🅿使用附近的停車場
MAP 附錄②P.5 D-6

也想吃吃看這個
厚切煮牛舌(照片)・・・・918日圓
特切厚燒牛舌定食・・・・2484日圓
牛舌豆腐・・・・270日圓

↑也有和式座位，給人沉靜的感覺

炭火燒烤牛舌定食 1674日圓

將牛舌用菜刀一片一片切片，手工灑上鹽，仔細調理而成的純熟美味。使用講究好食材和鹽，引出牛舌的美味。

熟練的師傅所調理出的純熟燒烤牛舌

松島・鹽竈　十多住一晚　宮城的推薦區域

極厚牛舌芯定食（數量限定）
2150日圓
只使用牛舌芯，可以奢侈地享用到彷彿牛排一般具有魄力的分量，以及牛舌獨特的口感。

霜降牛舌定食
1700日圓
嚴選一條牛舌只能取得100g稀少部位的厚切牛舌，用熟練的技術燒烤，可以享受到極致的柔軟口感。

追求牛舌的美味
味道和CP值都超棒

仙台站西口

伊達の牛たん本舗
本店 だてのぎゅうたんほんぽほんてん

招牌為「極厚牛舌芯」，用炭火仔細燒烤過的極厚牛舌芯，有像是牛排一樣的飽滿厚度，又柔軟得令人驚訝，口感多汁，可以感受到美味不負期待的滿足感。

☎ 022-722-2535 🕐11:00～21:30（22:00閉店）🈺無休 🚃JR仙台站步行5分 🅿使用附近的停車場

➡店內有大片窗戶，視野良好開闊，可以清楚看到窗外街道

也想吃看這個
牛舌定食‥‥1780日圓
燉牛舌定食
‥‥‥‥‥1510日圓
牛舌咖哩‥‥1080日圓
MAP 附錄②P.4 G-6

仙台站東口

牛たん若 仙台站東口店
ぎゅうたんわかせんだいえきひがしぐちてん 宮城限定

活用牛舌脂肪的美味，依不同部位調整鹽的份量進行熟成，分別使用火力強的3種備長炭，燒烤出最頂尖的熟度。慢慢燉煮入味的「味噌燉牛舌蓋飯」也廣受好評。

➡尚的店內裝潢以象牙色為基調十分時尚

☎ 022-349-5079 🕐11:30～15:00、17:00～21:30（22:00閉店），週六、日、假日為11:30～21:30（22:00閉店）🈺週二（逢假日則營業）🚃仙台市宮城野區榴岡1-7-5 ルピナス仙台東口1F 🚃JR仙台站步行7分 🅿使用附近的停車場
MAP 附錄②P.6 F-4

也想吃吃看這個
味噌燉牛舌‧中（照片）
‥‥‥‥‥480日圓
味噌燉牛舌蓋飯
‥‥‥‥‥780日圓
牛舌定食‥‥1160日圓

一番町

炭燒牛たん 德茂 一番町店
すみやきぎゅうたんとくしげいちばんちょうてん

將特製醬汁搓揉入後美味熟成3日，再用芳香的岩手縣產楢炭進行燒烤的牛舌。也有將牛舌燉煮入味的招牌菜「煮牛舌」（1166日圓，數量限定）。

熟成後美味程度倍增
極品燒烤牛舌

☎ 022-724-7211 🕐11:00～22:30（23:00閉店），週日、假日為～21:00（L.O.）🈺無休 🚃仙台市青葉区一番町4-2-15 🚃地鐵廣瀬通站步行5分 🅿使用附近的停車場
MAP 附錄②P.5 C-3

也想吃吃看這個
牛舌根牛排
（照片）‥‥2808日圓
燉牛舌套餐
‥‥‥‥‥1544日圓
牛舌蓋飯‥1058日圓

牛舌定食（1人份） 1782日圓
只使用牛舌根的柔軟部份，可以品味到獨特熟成方法濃縮而成的美味和柔軟口感。

➡除了吧檯座以外，也有可以悠閒享受的半包廂座位

牛舌定食 1550日圓
柔軟厚牛舌的多汁美味，令人難以抵抗。以絕妙的鹽味調味，感受濃縮的牛舌濃厚美味。

厚實的牛舌和創作料理
廣受好評

國分町

たん燒 一隆
本店 たんやきいちりゅうほんてん 宮城限定

繼承了元祖好味道
大排長龍的老字號

佐野啟四郎直傳弟子的店。從材料的準備到燒烤完成，所有步驟皆以傳統的手工作業完成，除了可以吃到手工調理的燒烤牛舌，還有加了仙台味噌變化而成的名古屋名產味噌豬排。

☎ 022-261-4026 🕐11:30～13:00（13:30閉店）、18:00～21:30（售完閉店）🈺週三、日、假日不定休 🚃仙台市青葉区国分町1-4-21 🚃地鐵廣瀬通站步行10分 🅿使用附近的停車場 MAP 附錄②P.5 B-4

➡店位於稍微深入室內商店街的地方

燒烤牛舌定食 1400日圓
牛舌切成容易入口的大小，經過仔細處理引出美味，再用炭火燒烤成多汁的牛舌。

也想吃吃看這個
牛舌‧味噌豬排綜合定食
（照片）‥‥‥1400日圓
味噌豬排定食‥1400日圓
燒烤牛舌 單點‧1000日圓

一番町

牛たん おやま
ぎゅうたんおやま 宮城限定

家族經營的牛舌專賣店，手工調理後花2、3日熟成的厚切牛舌，吃起來多汁，讓人好滿足。也有燉牛舌和大和煮等，單品菜色的選擇也相當豐富。

➡常客熟悉的家庭式餐廳氛圍

☎ 022-264-1780 🕐11:30～13:30、17:00～22:00 🈺不定休 🚃仙台市青葉区一番町3-7-20 🚃地鐵廣瀬通站即到 🅿使用附近的停車場 MAP 附錄②P.5 D-3

也想吃吃看這個
生切牛舌（照片）‥1850日圓
燉牛舌‥‥‥‥‥950日圓
牛舌大和煮‥‥‥750日圓

有這個標記的是只在宮城縣開設店鋪的店家。

24

牛舌

透過繽紛的調理手法擴展美味

創新變化

牛舌的獨特美味和口感非常吸引人，隨著調理方式改變，牛舌的味道也會產生大幅變化！務必試試在熟知牛舌的當地店家才能品嘗到的牛舌創意料理。

一番町
牛たん一仙
ぎゅうたんいっせん

宮城限定

可以品嘗到法式料理主廚所烹製的燒烤牛舌和燉牛舌。需要花上好幾日燉煮入味的「煮牛舌」口感柔軟，廣受好評。也有適合下酒的新鮮海產生魚片和單點料理等選項。

煮牛舌 1404日圓
花上一天將一整條牛舌燉煮入味，濃縮了牛舌美味的一道料理。肉質柔軟到用筷子就能輕易夾斷。

☎ 022-265-1935
🕐 11:00～15:00（L.O.）、17:00～23:30（L.O.），週六、假日為11:00～23:30（L.O.），週日、連休最後一日為11:00～21:30（L.O.）｜無休｜仙台市青葉区一番町4-3-3 金富士ビルB1｜地鐵廣瀬通站步行3分｜Ｐ使用附近的停車場
MAP 附錄②P.5 C-3

也想吃吃看這個
燒烤牛舌（照片） …………1674日圓
燒烤真牛舌根 …………2754日圓
燉牛舌 …………1782日圓

↑店內的大型燈具令人印象深刻

一番町
牛たん料理 閣
ぎゅうたんりょうりかく

宮城限定

刷上自製醬汁一起品嘗的「半熟炙燒牛舌」廣受好評。使用切得較厚的牛舌，灑上天然鹽後，再用備長炭仔細燒烤而成的燒烤牛舌也十分美味。

炙燒半熟牛舌 2400日圓
加上大量的蔥和酸甜的醬汁，吃起來非常清爽。用炭火炙燒而成的極品，鎖住牛舌的美味。

☎ 022-268-7067
🕐 11:30～14:00（14:30閉店）、17:00～21:30（22:30閉店），材料用打烊｜不定休｜仙台市青葉区一番町3-8-14 鈴喜陶器店ビルB1｜地鐵廣瀬通站步行5分｜Ｐ使用附近的停車場
MAP 附錄②P.5 C-4

也想吃吃看這個
燒烤牛舌定食（照片） …………1700日圓
燉煮牛舌 …………450日圓
生牛舌切片 …………2800日圓

↑位於室內商店街的地下1樓，氛圍沉穩舒心

在居酒屋配牛舌喝一杯！

一番町
牛たんのせんだい
本店 ぎゅうたんのせんだいほんてん

可以搭配東北當地酒類，品嘗到約20種的豐富牛舌創作料理。

☎ 022-227-8775
🕐 11:00～14:00（閉店），17:00～23:30（24:00閉店），週六為11:00～23:30（24:00閉店），週日、假日為11:00～21:30（22:00閉店）※可能有變動｜不定休｜仙台市青葉区一番町4-4-11 川政ビル1F｜地鐵勾當台公園站步行5分｜Ｐ使用附近的停車場 MAP 附錄②P.5 C-2

燒烤牛舌 1341日圓
店家的推薦吃法，是用牛舌捲起有豐富甜味和香味的九条蔥一起品嘗。

牛舌涮涮鍋（1人份） 2160日圓
用特製的和風高湯快速汆燙切成薄片的牛舌，是一道口味高雅的料理。3人份以上出餐，需在當天中午前先行預約。

仙台站西口
味の牛たん 福助 **本店**
あじのぎゅうたんふくすけほんてん

宮城限定

牛舌涮涮鍋創始店，使用脂肪分佈均勻的高級霜降牛肉，富有彈性的口感和脂肪的溫和美味令人難以抵抗。經典的燒烤牛舌肉質厚而軟嫩，享有高人氣。

☎ 022-265-9466
🕐 11:30～14:00、17:00～22:30（23:00閉店）｜不定休｜仙台市青葉区中央1-8-24 ラブリーKKビル2F｜ＪＲ仙台站步行3分｜Ｐ使用附近的停車場
MAP 附錄②P.4 F-3

也想吃吃看這個
燒烤牛舌定食（照片） …………1620日圓
燒烤牛舌芯定食 …………2484日圓
燒烤牛舌 單點 …………1080日圓

↑店內裝潢以白色和咖啡色為基調，兼具品味與沉穩感覺

特選牛舌拉麵 950日圓
甘甜醇美的牛尾湯頭加上拉麵，是牛舌店之外別無分號的一道料理。

北四番丁站
たなべ家
たなべや

宮城限定

抱持著強烈探究之心的店主懷著「想拓展牛舌可能性」的理念，而在菜單上加入了各式各樣的牛舌料理，除了牛舌以外，也有販售「牛尾拉麵」和「牛舌拌麵」等創意料理。

☎ 022-713-5777
🕐 11:30～14:00、17:00～20:30（21:00閉店）｜週日（週六、假日不定休）｜仙台市青葉区上杉1-7-27｜地鐵北四番丁站步行3分｜Ｐ使用附近的停車場
MAP 附錄②P.7 D-1

也想吃吃看這個
牛尾拉麵（照片） …………780日圓
牛舌拉麵 …………800日圓
牛舌拌麵 …………750日圓

↑位於宮城縣廳附近，店內氣氛讓人可以自在進入

25

只有A5、B5等級全國獨一無二的名牌牛
仙台牛

只有最高等級的「A5」、「B5」才能配得上日本國內首屈一指的名牌牛仙台牛。美味無比的瘦肉、入口即化的霜降肉，不論是哪一種都是頂級肉品。透過牛排、壽喜燒、漢堡排等多樣化的形式，盡情享受仙台牛的美味吧！

極上仙台牛里肌肉全餐 16525日圓
用鐵板燒烤，口感柔軟的極致里肌肉，搭配山葵醬油，品嘗這份清爽美味。

也想吃吃看這個
A5等級極上仙台牛特選仙台牛腰內肉全餐 13436日圓

以奢侈的和風全餐形式享受A5等級的仙台牛

事先了解！

其1 仙台牛的肉質
宮城縣所產出的黑毛和牛中，能夠被稱為「仙台牛」的肉品約不到3成，可以享受到符合A5、B5等級的絕妙油花和濃醇美味。

其2 在划算的午餐時間品嘗
仙台牛價格一定會比較高，但是有的店家只要不指定座位，就可以在中午用划算的價格品嘗到仙台牛。可鎖定肉鋪所經營的店家。

其3 豐富的料理形式
仙台牛滋味醇厚，油花分布均勻，除了能以牛排形式品嘗，也能以壽喜燒、涮涮鍋、握壽司等各式各樣的料理形式享用。

勾當台公園站
鉄板燒 すていき小次郎
てっぱんやきすていきこじろう

以和風牛排的形式品嘗通過嚴格篩選標準而得到最高等級殊榮的仙台牛。沉穩舒適的吧檯座，可以享受到鐵板燒烤時肉品的芳醇香氣，也可以欣賞主廚巧妙的調理技術。也有下嵌式座位的包廂。

☎022-265-9449
🕐17:00～21:30 (22:00閉店)
休無休
🏠仙台市青葉区立町15-3
🚇地鐵勾當台公園站步行10分
🅿使用附近的停車場
MAP 附錄②P.5 A-2

⬆吧檯座18席，可以欣賞到有四季花木妝點的庭園

仙台牛壽喜燒 6000日圓
壽喜燒的2種醬汁讓仙台牛的美味更突出，肉片的美味滲進整個鍋湯內。

也想吃吃看這個
仙台牛涮涮鍋 6480日圓
仙台牛牛肉火鍋 5940日圓

加上獨門醬汁一起品嘗風味高雅的仙台牛壽喜燒

一番町
すき焼き・しゃぶしゃぶ專門店 あづま
すきやきしゃぶしゃぶせんもんてんあづま

能以壽喜燒、涮涮鍋、牛肉火鍋等形式，品嘗霜降黑毛和牛·仙台牛。搭配核桃沾醬享用的涮涮鍋，和使用當季食材的全餐料理也都非常美味。

☎022-796-9129
🕐11:30～14:30 (15:00閉店)、17:00～22:30 (23:00閉店)、週六為11:30～22:30 (23:00閉店)，週日為11:30～21:00 (21:30閉店)
休無休
🏠仙台市青葉区一番町3-4-26 よろづ園ビル5F
🚇地鐵青葉通一番町站即到
🅿使用附近的停車場
MAP 附錄②P.5 C-4

2人以上可使用又舒適的包廂用餐在寬敞

在 **這裡吃準沒錯！**
王道經典店家！

本町
SENDAI HABILVAN WAGYU
せんだいあびるう゛ぁんわぎゅう

氛圍沉穩的牛排專賣店，可以品嘗到嚴選的仙台牛和價格合理的黑毛和牛等。推薦可以充分享受到仙台牛美味的特A牛排（可選擇里肌肉或腰內肉）。仙台牛的脂肪美味無比，利用煎牛排時滲出的油脂所炒的炒飯頗受好評。

☎022-261-3232
🕐11:30～14:00 (15:30閉店)、17:30～20:30 (22:30閉店)
休週一（逢假日則翌日休）
🏠仙台市青葉区本町3-6-3
🚇地鐵勾當台公園站步行6分
🅿使用附近的停車場
MAP 附錄②P.6 E-1

⬆位於小巷子裡，彷彿隱密住家般的店面

特A牛排 10800日圓
牛排加上鹽、胡椒和大蒜煎過，推薦的熟度為2分熟。

也想吃吃看這個
C牛排 5500日圓
D牛排 6600日圓
E牛排 8500日圓

品嘗專業技術所烹調的牛排引出仙台牛的美味

供應價格合理午餐的人氣店家！

以划算的價格品嘗仙台牛

大町
Bali Bali 青葉通店
ばりばりあおばどおりてん

📞022-262-1940
🕐11:30～14:00(14:30閉店)、17:30～22:00(23:00閉店)，週六、日、假日為午餐時段休息，17:00～21:30(22:30閉店) 休無休 📍仙台市青葉區大町2-2-2 ヴィラフォレスタ1F 🚇地鐵大町西公園站步行3分 🅿使用附近的停車場 MAP 附錄②P.5 A-5

可以用超值價格品嘗到高級仙台牛的燒肉店。燒肉品項以A5等級的仙台牛、嚴選進貨的黑毛和牛為主，午餐時間還可以吃到加入仙台牛的濃醇咖哩飯。

極上仙台牛拼盤(2～3人份)
※午餐時需預約 **8638日圓**

將仙台牛最受歡迎的3種肉品：仙台牛五花肉、極上五花肉、極上里肌肉組合成套餐，超划算的必點料理。

可以用各種形式品嘗仙台牛 廣受好評的仙台牛午餐

也想吃吃看這個
五花肉咖哩飯(照片)
599日圓～

＊除了一般桌椅座位，也有和式座位等

用肉鋪才有的划算價格享用仙台牛壽喜燒

特壽喜燒膳 **1620日圓**
老字號肉鋪獨有的午餐限定菜色，吸附了香氣十足獨門醬汁的仙台牛，有著獨特的美好滋味。

北四番丁站
すき焼き割烹 かとう
すきやきかっぽうかとう

壽喜燒和食店，由在仙台持續營業60年以上的著名肉鋪所經營。壽喜燒和涮涮鍋使用徹底進行品管熟成的仙台牛，廣受好評。自製的壽喜燒特製醬汁和白飯也非常搭調。

📞022-225-4129 🕐11:30～14:00(L.O.)、17:00～21:00(L.O.) 休週日、假日 📍仙台市青葉區上杉1-14-20 上杉パークマンション1F 🚇地鐵北四番丁站步行3分 🅿使用附近的停車場 MAP 附錄②P.7 D-1

也想吃吃看這個
盒裝牛排飯(照片)‥‥‥**2700日圓**
薑燒牛肉午餐‥‥‥**850日圓**
壽喜燒膳‥‥‥**1080日圓**

↑店內飄散著靜謐的和風氛圍

春日町
New York 紐育
にゅーよーく

由店長掌廚的出色餐廳，店長曾在紐約的餐廳大展身手。午餐菜色中以使用100%仙台牛的奢侈漢堡排套餐最受歡迎。

📞022-265-3155 🕐11:30～14:30(L.O.)、17:30～21:30(L.O.) 休週日 📍仙台市青葉區春日町7-1 ベルファース晩翠通B1 🚇地鐵勾當台公園站步行8分 🅿使用附近的停車場 MAP 附錄②P.5 A-1

也想吃吃看這個
仙台牛肉壽司捲(照片)
‥‥‥**2000日圓**
仙台牛漢堡排牛肉燴飯
‥‥‥**1200日圓**

↑眺望露臺的桌席十分明亮

透過陸奧路線的洋食品嘗仙台牛的美味

特選仙台牛漢堡排午餐
2000日圓

濃厚的多蜜醬加上多汁的漢堡排，可以充分享受到滿滿肉汁和食材原味。

輕鬆享受 外帶仙台牛

可外帶的仙台牛料理，推薦給想更輕鬆地享用仙台牛的人，就算只是三明治或是串燒，也可以充分品嘗到仙台牛的美味！

仙台城跡的外帶專門店

仙台牛串燒 **700日圓**
將柔軟的仙台牛用炭火稍微炙烤而成的多汁串燒，可以依自己的喜好，加上一點山葵直接塞進嘴裡。

仙台站
駅弁屋 祭 仙台站店
えきべんやまつりせんだいえきてん

在仙台站內的便當店販售

📞022-227-1288(日本餐廳Enterprise) 🕐7:00～21:30 休無休 📍仙台市青葉區中央1-1-1 仙台站內 🅿使用附近的停車場 MAP 附錄②P.4 G-4

仙台牛三明治 **680日圓**
將經過調味的甜鹹仙台牛肉夾入烤過的麵包，美味奢侈的三明治。

青葉城
串燒き処 虎哉
くしやきどころこさい

📞022-222-0218(青葉城本丸會館) 🕐9:00～17:00 休無休 📍仙台市青葉區天守台青葉城址 🚇JR仙台站搭乘「LOOPLE仙台」，仙台城跡下車即到 🅿收費 MAP 附錄②P.7 B-6

松島・鹽竈 十多住一晚 宮城的推薦區域

→由第3代主廚切片裝盤的老字號

在虎屋橫丁的出色壽司店品嘗盛放滿滿當令海鮮的絕品美味

主廚精選握壽司 5500日圓

使用鮪魚背部或魚肚、近海海鮮等，是一道可以品嘗到12貫握壽司的奢侈料理。

一番町

富貴寿司
ふうきすし

昭和23（1948）年創業的壽司名店，包含店家自豪的握壽司在內，據說是這間店創始的「仙台醃漬海鮮蓋飯」也廣受好評。使用宮城縣產的米sasanishiki作為壽司用米飯，單點料理的種類也相當豐富。

也想吃吃看這個
仙台醃漬海鮮蓋飯
（照片）‥‥1750日圓
散壽司‥‥860日圓
握壽司‥‥1500日圓

☎022-222-6157
🕚11:30～14:00、17:00～22:30（23:00閉店）
🈺週日、假日 📍仙台市青葉区一番町4-4-6
🚇地鐵勾當台公園站步行5分
🅿️使用附近的停車場
MAP 附錄②P.5 C-2

↑一個人也可以輕鬆造訪的吧檯座

宮城的當季鮮魚是「おどけでね」

三陸海鮮

三陸海域有親潮和黑潮匯合，可說是世界前三大漁場。可以充分品嘗三陸產新鮮海產的地方，就是仙台的壽司店和海鮮料理店，盡情品嘗現撈海鮮的美味吧。

※「おどけでね（odokedene）」是「～到沒有辦法」的意思，是仙台方言中「厲害」的最高級形容詞

壽司

可以享受到種類豐富的海鮮

可以品嘗到每季當令海產的壽司，最適合用來享用三陸的海鮮，請積極地向店家詢問當季的海產並加以品嘗吧。

一番町

お寿司と旬彩料理 たちばな
おすしとしゅんさい りょうりたちばな

融合傳統和新潮感覺的壽司餐廳，在時尚的店內，可以吃到當季海鮮和絕妙份量分米飯所組成的壽司。「仙台醃漬海鮮蓋飯」（1620日圓）有12種海鮮，也相當受到好評。

☎022-223-3706 🕚11:30～14:00、17:00～21:00（22:00閉店）🈺不定休 📍仙台市青葉区一番町3-3-25 たちばなビル5F 🚇地鐵青葉通一番町站即到 🅿️使用附近的停車場
MAP 附錄②P.5 C-4

在時尚的空間享用傳統並高雅的壽司店

主廚精選壽司 4104日圓

排列著海膽、鮪魚肚、赤貝等當季極品海鮮的握壽司，店家引以為傲的壽司米飯由Sasanishiki和越光米混合而成。

↑店內流洩著爵士樂，給人平靜沉穩的感覺

仙台站西口

旬との出会い 鮨 仙一
しゅんとのであいすしせんいち

除三陸鮮魚外，還可品嘗到全國各地嚴選海鮮的人氣店家。細心的師傅技術精湛，為了讓食材發揮原本的美味，一個一個壽司加以調味，也供應許多宮城的當地酒類。

☎022-263-1180
🕚11:30～14:00、17:00～22:30，週日、假日晚上～21:00 🈺週一、假日 📍仙台市青葉区中央3-9-12 🚇JR仙台站步行5分 🅿️使用附近的停車場
MAP 附錄②P.4 E-5

↑除了吧檯座以外，也有和式座位

也想吃吃看這個
午間握壽司（9貫）
‥‥2376日圓
主廚精選特別握壽司（12貫）‥‥5184日圓

毫不吝惜地使用三陸食材壽司鮮美滋味十分出眾！

特別握壽司 6480日圓

除了近海的本鮪魚，還可以品嘗到三陸海域或宮城海域當季最美味的時節海鮮。

擺滿大量當季鮮魚的
午間時段著名菜色
令人期待的「抽籤蓋飯」

抽籤蓋飯B
1000日圓

集結海膽、鮭魚卵、白肉魚等約10種當季海鮮的豪華蓋飯，像這樣滿出容器的漂亮擺盤也相當受歡迎。

也想吃吃看這個

石卷定食(照片) ‥‥1200日圓
海膽蓋飯(午餐) ‥‥1200日圓

仙台站西口

地酒と旬味 東家
じざけとしゅんみあずまや

在午餐時間會供應依當日的進貨品項而改變內容物，不知道會出現什麼的「抽籤蓋飯」豪華又划算，因而享有高人氣。店內供應的當地酒類會隨季節改變，一整年供應的種類甚至超過240種。

➔很受歡迎的居酒屋，位在成排餐飲店聚集的地下一角

☎022-211-5801 ⏰11:00～14:00(L.O.)、17:00～22:30(23:00閉店) 休無休 地仙台市青葉区中央3-8-5 新仙台駅前ビルB1 交JR仙台站步行3分 P使用附近的停車場
MAP 附錄②P.4 F-5

海鮮和米飯皆由當地出產
仙台的優秀蓋飯大集合！

海鮮蓋飯

由三陸海域捕獲的新鮮海產，和豐饒大地所孕育出的宮城米一同呈現，請享用仙台的名產蓋飯吧。

將仙台早市直送的海鮮
做成名產醃漬海鮮蓋飯

也想吃吃看這個

午餐握壽司 ‥‥720日圓
壽司蕎麥麵定食(松) ‥‥1080日圓
生魚片定食 870日圓

仙台醃漬海鮮蓋飯
1500日圓

將當季的白肉魚和鮪魚醃漬過，再加上仙台名產竹葉魚板。早市直送的海鮮鮮度超群！

仙台站西口

寿司勝
すしかつ

位於仙台早市附近，有著復古氛圍的壽司店。除了使用當季海鮮的壽司和海鮮蓋飯等豐富料理以外，還可以享用到已經成為名產的「仙台醃漬海鮮蓋飯」，這是份量滿點的一道菜色。

☎022-222-7225 ⏰11:30～14:00、17:00～21:30(22:00閉店) 休週日、假日 地仙台市青葉区中央4-2-30 交JR仙台站步行5分 P使用附近的停車場
MAP 附錄②P.4 F-6

可以享用到合理的價格品嘗到壽司和海鮮

仙台場外市場 森林市場
せんだいじょうがいいちばもりのいちば

☎022-762-5701
⏰9:00～19:00 休無休
地仙台市若林区卸町5-2-6
交地鐵卸町站步行15分
P免費 **MAP** 附錄②P.8 F-4

在「森林市場」
品嘗新鮮海鮮！

以成為現代版的日本「marché」為目標，為了當地市民所建設的市場，種類豐富的餐飲店，可以充分享用當季海鮮。

海鮮蓋飯
廣受好評的名店

片倉商店
かたくらしょうてん

使用石卷金華山周邊現撈海膽的蓋飯廣受好評。生海膽蓋飯於2～9月供應，10～1月則可以品嘗到蒸海膽蓋飯。

☎022-782-6536 ⏰11:00～材料用完即打烊 休無休

森林市場蓋飯
1814日圓

鋪上鮪魚、鯛魚、金華鯖魚等13種海鮮的豪華蓋飯。

華ずし
はなずし

「森林市場蓋飯」使用森林市場內的嚴選海鮮製作，「鮪魚塔蓋飯」(1814日圓)有堆成小山高的鮪魚，兩者都很受歡迎。

☎022-231-8376
⏰10:00～18:00(L.O.) 休無休

以夏季限定的
生海膽為傲

生海膽蓋飯
(中碗70g) **1690日圓**

海膽處理時不使用明礬，滋味鮮甜，口感濃稠柔軟。

仙台場外市場 一番町

かきやno海鮮丼ぶりや ととびすと
かきやのかいせんどんぶりやととびすと

可以品嘗到三陸產的生牡蠣和宮城當地產的酒。「ととびすと海鮮蓋飯」使用市場直送的7種當季海鮮，是午餐菜單中最受歡迎的菜色，其他還有每日更換的8～10種蓋飯可以享用。

☎022-217-6880 ⏰11:30～15:00、17:00～22:00 休週三 地仙台市青葉区一番町4-5-17 東一市場内 交地鐵勾當台公園站步行3分 P使用附近的停車場 **MAP** 附錄②P.5 C-2

➔提升當令海鮮美味的當地酒類排排站

新鮮的當令海鮮
擺滿整個容器

ととびすと 海鮮蓋飯
990日圓

放上7種當季新鮮海鮮的蓋飯，使用每天從仙台市場進貨的優質活海鮮。

也想吃吃看這個

天然比目魚
三陸海帶根蓋飯 ‥‥‥‥900日圓
海膽海鮮蓋飯 ‥‥‥‥1290日圓
季節限定！
鮭魚炊飯 ‥‥‥‥1090日圓

三陸鮮魚生魚片拼盤

（2人份）1943日圓～ ※照片為4人份+背骨肉

將當日最為推薦的海鮮豪爽盛上的拼盤料理。石卷直送的海產鮮度超群，不論是味道或份量都讓人好滿足！

海鮮居酒屋 酒吧

仙台的夜晚就是享用美酒和下酒菜對吧！

以東北首屈一指的夜生活街區——國分町為中心，供應美味日本酒的居酒屋、可以輕鬆喝一杯的葡萄酒酒吧等，仙台囊括了各式各樣類型的店家。旅行的一天結尾，就用珍藏已久的酒和料理乾杯！

※店家所供應的酒品會有變動

石卷港 津田鮮魚店
いしのまきこうつだせんぎょてん

可以搭配種類豐富的當地酒類，品嘗石卷港當天早上捕撈的新鮮海鮮。除了週日以外，每天19時左右店內會舉辦海鮮競標，可以感受到與市場相當類似的氛圍，扮成中盤商試著挑戰競標吧。

📞022-397-6980
🕐17:00～翌1:00、週日為～24:00（L.O.各為打烊一小時前） 🈚無休 🏠仙台市青葉区国分町2-7-5 🚃地鐵勾當台公園站步行7分
🅿使用附近的停車場
🅼🅰🅿 附錄②P.5 B-3

➡店內就像是海邊的燒烤小屋一樣，有很多朝氣十足的工作人員，充滿活力

店內有種類豐富的新鮮魚類！

推薦的當地產酒

日高見
一杯647日圓

由宮城縣產的米 Hitomebore 釀造而成，酒精濃度60%低糖度純米酒。口感濃厚芳醇而後味爽快，和魚料理十分搭調。

每晚都舉辦！ 挑戰店內競標！

今天的競標物是紅甘鰺喔

①競標主持人登場

競標主持人會隨著熱鬧的音樂或鐘聲登場，競標的魚會隨著進貨內容而有所改變。

②以期望價格成交

客人戴著帽子扮成競標中盤商，喊出期望金額投標，競標從100日圓（含調理費用）開始

以2100日圓成交

③以喜愛的調理方式品嘗美食！

成交後的魚，除了生魚片以外，也可以燒烤或是油炸，店家會依成交者喜好的方式調理

看起來好好吃～

JAPANESE DINING BAR 歡の季
じゃぱにーずだいにんぐばーかんのき

可以品嘗到老闆引以為傲的創作和食，料理全都徹底考慮到和酒的搭配性。供應的當地酒區採用獨特的「清爽」、「清爽低糖度」、「高糖度」、「濃厚高糖度」分類。超人氣品項的「海膽布丁」和10種一人份生魚片等，可以享受各種料理和酒的搭配。

📞022-215-0363
🕐12:00～13:30、18:00～22:00（23:00閉店） 🈚週日、假日
🏠仙台市青葉区国分町3-2-105 🚃地鐵勾當台公園站步行5分
🅿使用附近的停車場
🅼🅰🅿 附錄②P.5 B-1

海膽布丁 1620日圓

由海膽和豆漿的蒸料理、生海膽、魚凍三層食材組成的人氣菜色！有著絕妙的濃厚風味和濃稠滑嫩的口感。

➡店內有著像是隱密住家一樣的氛圍

事先了解！

其1
東北首屈一指的夜生活街區·國分町

如果不知道該去哪裡，就先到國分町。國分町有居酒屋、酒吧和鄉土料理店等，約3000間餐飲店林立，每天晚上都很熱鬧。

其2
酒吧類型多元

提供豐富當地產酒類的居酒屋、女性也可以輕鬆喝一杯的酒吧、酒館、立食酒吧等，仙台有各式各樣的酒吧。

推薦的當地產酒

伯樂星 純米吟釀
一杯540日圓

糖份較低，味道清爽，特徵為帶有水果香氣的清爽感和甜味，很適合搭配白肉魚料理。

炙燒半熟鰹魚
1000日圓～
由師傅在客人面前倒落地炙燒，可在5月底到10月品嘗到。

> 「炙燒半熟鰹魚」是我們引以為傲的料理。

老闆 百武稔先生

本町
玄孫 （やしゃご）

將山形縣的土藏倉庫移建至此並加以改裝而成。包含「仙台牛筋豆腐」在內，從招牌菜到每日替換的料理，活用當季食材的料理種類十分豐富。

☎022-397-6801
🕐16:00～23:00 休週日、假日
所仙台市本町2-8-1 地鐵廣瀨通站步行3分 P使用附近的停車場
MAP 附錄②P.4 E-2

仙台牛筋豆腐 550日圓
風味濃醇的牛筋和吸附美味的豆腐十分搭調，是相當具有深度風味的逸品。

↑融合了厚實沉穩木質風格和現代氛圍的空間

推薦的當地產酒
愛宕之松 特別版本釀造
一杯500日圓
低糖度的酒，屬於米的強烈甜味和爽快後味為其特徵。可享受冷或熱兩種。

國分町
阿古 （あこ）

由釣魚達人主廚親自挑選鑑定的海鮮，這裡可以享受到使用新鮮海鮮的料理。將三陸捕獲的鰹魚用稻草加以炙燒的「炙燒半熟鰹魚」廣受好評。

☎022-223-0341 🕐17:30～23:30、週一為18:00～ 休週日、假日 所仙台市青葉區國分町12-11-11 地鐵勾當台公園站步行5分 P使用附近的停車場
MAP 附錄②P.5 B-2

↑店內店內只有ㄇ字型的吧檯座

推薦的當地產酒
蒼天傳 特別純米酒
一杯864日圓
用低溫發酵仔細釀造而成的逸品，帶有水果般的香氣和低糖度酒類特有的爽快後味為其特色。

一番町
ワインと料理 びすとろジョバン
（わいんとりょうりびすとろじょばん）

最適合想輕鬆地喝一杯時去的店家，葡萄酒種類十分豐富，因此建議選擇時向侍酒師老闆諮詢。

☎022-226-8832
🕐17:30～23:00（24:00閉店）
休週日、第3週一（逢假日則營業）所仙台市青葉區一番町2-3-30 地鐵青葉通一番町站即到 P使用附近的停車場
MAP 附錄②P.5 D-5

油封藏王鴨 1500日圓
油封肉質柔軟、帶有鮮甜滋味的藏王鴨，可沾取岩鹽和芥末享用。

↑小巧的店內空間讓人感到平靜

推薦的葡萄酒
Catherine et Claude Maréchal Bourgogne Chardonnay 整瓶5000日圓
風味濃醇而豐富，也能感受到像是堅果一樣的香味。

香蒜橄欖油蝦
800日圓～
有3種醬汁，棍子麵包會吸附熱騰騰的醬汁，吃起來非常搭調。

本町
wine&tapas BaL EL MARU..
（わいんあんどたぱすばるえるまる）

陳列了超過100種葡萄酒的架子就是酒單。瓶子上寫有價格，供客人選擇時參考。讓人好想配著葡萄酒，享受香蒜橄欖油蝦等料理。

☎022-398-6914
🕐18:00～24:30（翌1:00閉店）休週二
所仙台市青葉區本町2-12-2 エイエム本町ビルB1F 地鐵勾當台公園站步行5分 P使用附近的停車場 MAP 附錄②P.4 E-2

↑有很多CP值超高的葡萄酒

推薦的葡萄酒
Michel Torino Torronte
一杯500日圓、整瓶1950日圓
低糖度的白葡萄酒，帶有花和柑橘系的香味，爽快的酸味後味非常吸引人。

> 也很推薦站著喝一杯

在此介紹想喝遍所有店家，或者輕鬆小酌時，最適合造訪的店家！

一番町
居酒屋 壽壽 （いざかや じゅじゅ）

可以品嘗到使用宮城縣產新鮮海鮮和蔬菜入菜的和食。供應超過10種東北當地酒類，可以搭配料理一起享用。

☎022-721-9202 🕐15:00～翌2:00
休無休 所仙台市青葉區一番町4-5-2 第2むさしビル1F 地鐵廣瀨通站步行3分 P使用附近的停車場
MAP 附錄②P.5 C-2

↑大釜煮內臟600日圓

海鮮居酒屋・酒吧

當地美食

當地人最推薦！從經典必吃美食到新面孔

宮城 極品美食 盡情吃遍！

品嘗當地獨有的美食，也是旅行的樂趣之一。整年都吃得到的豪華配料中華冷麵，最近頗受矚目的芹菜火鍋等，請務必品嘗仙台的推薦美食。

據說仙台是它的發源地 中華冷麵

事先了解！

> **其1 全年皆可品嘗**
> 中華冷麵作為夏季美食廣為人知，仙台許多店家全年供應，不僅限於夏天。

> **其2 配料豪華**
> 仙台中華冷麵的特徵在於蝦子、螃蟹、鮑魚、蒸雞肉等豪華配料。店家的獨特調味也相當迷人。

湯頭加入柳橙汁和檸檬汁等，調理成有溫和酸香的湯頭。

代表仙台中華冷麵的傳統老字號味道

負責人 四倉暢浩先生

【勾當台公園站】 中国料理 龍亭
ちゅうごくりょうりりゅうてい

昭和6（1931）年創業的中華料理店，也是仙台中華冷麵的創始店，因而有許多從全國前來品嘗的饕客。招牌菜「涼拌麵」全年皆可品嘗。

☎022-221-6377
🕙11:00～14:30（L.O.），17:30～21:00（L.O.），週日、假日晚上為17:00～20:30（L.O.）
🈺不定休 📍仙台市青葉区錦町1-2-10
🚇地鐵勾當台公園站步行5分
🅿使用附近的停車場 🗺附錄②P.6 E-2

↑另外盛裝的配料，有蛋絲、叉燒、里肌肉火腿、蒸雞肉、小黃瓜、海蜇皮6種。

↑店內裝潢很有格調

涼拌麵（りゃんばんめん）
1350日圓
有芝麻醬和醬油2種醬汁可供選擇，另外盛裝的配料經費工處理，色彩豐富，共有6種。

【國分町】 芳珍 ほうちん

位於仙台鬧區國分町的中華料理店，著名菜色中華冷麵共有6種，午餐時間常常擠滿了常客，是一間頗受當地人喜愛的店家。

☎022-261-3434
🕙11:30～14:00（14:30閉店），18:00～23:30（24:00閉店），週五、六～翌1:30（翌2:00閉店）🈺週日、假日
📍仙台市青葉区国分町2-10-2 芳珍ビル1F 🚇地鐵勾當台公園站步行5分
🅿使用附近的停車場
🗺附錄②P.5 C-2

↑店內的氛圍讓人可以放鬆踏入

什錦中華冷麵
1340日圓
鋪滿鮑魚、花枝、蝦子等仔細處理過的配料。

海蜇皮什錦中華冷麵 1510日圓
加上蝦子、螃蟹等配料，擺盤十分豪華，脆脆的海蜇皮粗絲作為口感帶來變化。
↑可以依自己的喜好選擇芝麻醬或是醬油醬汁

外觀也很華麗滿滿的高級配料

【國分町】 中国美点菜 彩華
ちゅうごくびてんさいさいか

大正14（1925）年創業的老店，供應正統的經典中華料理到使用季節食材入菜的限定料理，品項十分豐富。也有兩人就開放使用的半包廂，可以放鬆用餐。

☎022-222-8300 🕙11:30～15:00，17:00～21:00（22:45閉店），週五、六～21:45（22:45閉店）🈺週一 📍仙台市青葉区国分町2-15-1 🚇地鐵勾當台公園站即到 🅿使用附近的停車場 🗺附錄②P.5 B-1

↑店內也有大圓桌座位

和仙台名產的夢幻合作！

【國分町】 燕来香 えんらいしゃん

位於飯店地下樓層，氛圍沉穩的中國料理餐廳。推薦品項為台灣出身的主廚調理的高雅上海料理，以及使用台灣健康蔬菜的家常菜。

☎022-262-7147
🕙11:30～22:00（23:00閉店）🈺無休 📍仙台市青葉区国分町2-2-2 ホテルグランテラス仙台 国分町B1 🚇地鐵廣瀨通站步行5分 🅿使用附近的停車場 🗺附錄②P.5 B-3

牛舌中華冷麵
1500日圓
可以同時享用仙台名產牛舌和中華冷麵的一道料理。柔軟的牛舌花費2小時蒸熟。

冷麵上是滿滿的12種配料！

仙台芹菜涮涮鍋
(1人份‧時價) 1680日圓

芹菜火鍋使用口味濃厚的藏王鴨肉。※照片為2人份

人氣急速攀升中！冬季名產
仙台芹菜火鍋

事先了解！

其1　產季為10～4月

宮城縣的芹菜產量為全國第一，依氣溫還沒達到嚴寒標準的10月開始到4月左右，都可以品嘗到芹菜的美味。

其2　訣竅是不要煮過久

為了享受到芹菜的爽脆口感，葉子和莖的部分煮3～5秒，根的部分則煮10秒左右為基準。

一番町
わのしょく二階
わのしょくにかい

在氛圍沉穩的店內，可以品嘗到使用了當季食材入菜的創意和食。發揮食材原味的料理頗受好評，冬季時有許多為了芹菜火鍋造訪的饕客，是高人氣店家。

☎022-224-6040　🕐17:00～23:00 (24:00閉店)
休不定休　所仙台市青葉区一番町2-5-15　交地鐵青葉通一番町站即到　P使用附近的停車場　MAP附錄②P.5 C-5

→店內使用較大的桌子，可以悠閒地用餐

芹菜涮涮鍋
(1人份) 1620日圓

根部煮10秒，葉子煮3秒左右，用湯頭汆燙一下後品嘗。適合喝了酒最後吃的鴨湯拉麵也廣受好評。

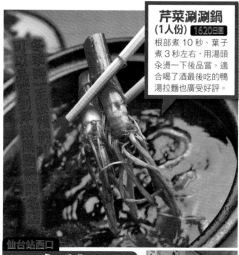

仙台站西口
いな穂
いなほ

以吧檯座為主的小居酒屋，以芹菜涮涮鍋名店而廣為人知，在芹菜產季時造訪前建議事先預約。此外也供應使用當地食材的多樣菜色，可以搭配當地酒類一起品味。

☎022-266-5123　🕐15:00～22:00 (23:00閉店)　休週日　所仙台市青葉区中央1-8-32 名掛丁センター街　交JR仙台站步行5分　P使用附近的停車場　MAP附錄②P.4 G-3

↑以吧檯座為主的小巧店面

員工餐變成了仙台美食
仙台麻婆豆腐炒麵

事先了解！

其1　調理方法、配料依店家而異

麻婆豆腐原本是中華料理店的員工餐，因此沒有固定的調理方式，可以享受到各個店家各式各樣的風味與配料。

其2　讓麵變軟吧

建議趁炸過或煎過而變得酥脆的麵條，和濃稠的麻婆豆腐拌勻，讓麵條軟化後再享用。

加了山椒的麻辣四川風味麻婆豆腐

請將口感柔軟的豆腐和煎得硬脆的麵條充分拌勻後再吃。

麻婆豆腐炒麵
756日圓

麵條水煮過後，將兩面都煎過，表面酥脆、中心鬆軟。再蓋上滿滿的麻辣四川風味麻婆豆腐。

老闆
遠藤康文先生

仙台站西口
中国めしや 竹竹
ちゅうごくめしやちくちく

人氣料理「麻婆豆腐炒麵」不論是味道還是份量都讓人好滿足。「擔擔麵」(831日圓)吸引人的芝麻香味能促進食慾，也非常受到好評。店內有吧檯座，一個人也能輕鬆踏入。

☎022-721-7061
🕐11:00～14:30 (L.O.)、17:30～22:00 (L.O.)，週六僅中午營業　休週日、假日　所仙台市青葉区北目町2-22　交JR仙台站步行10分　P使用附近的停車場　MAP附錄②P.6 E-5

↑如同店名，店內也使用竹子作為裝潢

宮城 極品美食 盡情吃遍！

宮城的 蔬菜午餐

大啖地產地消的蔬菜

滋味鮮甜的宮城縣產當季蔬菜是主角

午餐時段就想大吃一頓由宮城肥沃土地培育出的蔬菜！品嘗滋味濃厚、營養豐富的當季蔬菜所作成的料理，讓身心都元氣滿點♪

每日更換tomte午餐 1080日圓

午間盤餐使用10種以上的當季蔬菜，健康又份量十足。為了呈現食材原本的味道，調味走清淡路線。

> 使用剛採收的蔬菜，可以在蔬菜最美味的狀態下品嘗。

平野真樹先生
相原百合小姐

勾當台公園站

kaffe tomte
かっふぇとむて

可以品嘗到以新鮮當季蔬菜為主角，每日更換內容的料理。除了使用直接從契約農家進貨的蔬菜以外，也使用主廚親自前往農家選擇的食材。活用蔬菜色彩的美麗擺盤也很受好評。

☎080-4938-0038　⏰11:30～14:30（15:00閉店）　休週日、週一、假日　所仙台市青葉区立町18-12 ライオンズマンション西公園第3-103　地鐵勾當台公園站步行10分　P使用附近的停車場　MAP 附錄②P.7 C-3

↑店內裝潢以溫暖的木質風格為基調

也想吃吃看這個
馬鈴薯巧克力蛋糕（照片）………400日圓
紫芋豆漿奶昔………600日圓

仙台郊外

MOROYA FARM KITCHEN
もろや ファームキッチン

持續了9代的農家所經營的餐廳，也致力於讓仙台傳統蔬菜重生、培育新品種蔬菜。使用低農藥栽種的蔬菜和稻米，擺盤漂亮的創作料理廣受好評。店內也有販售自家種植的蔬菜及熟食。

☎022-288-6476　⏰11:30～17:00（午餐～14:00，咖啡廳為15:00～）　休週一、第1、3、5週日　所仙台市若林区荒井6-12-2 ヤマカビル2F　地鐵荒井站即到　P免費　MAP 附錄②P.8 F-5

當季蔬菜午間全餐 1728日圓（需預約）

使用10～20種精心栽培的當季低農藥蔬菜。內含前菜、燉煮料理、甜點等共10道。

將農田直送的蔬菜做成精緻的創作料理

也想吃吃看這個
MOROYA
原創肉末咖哩套餐………972日圓
大豆義大利麵套餐………972日圓
每日四菜一湯午餐………864日圓

事先了解！

其1 適合栽種農作物的環境
宮城縣的夏天涼爽，冬天則是東北地區中較為溫暖、降雪量較少的區域，一整年可以栽種出各式各樣的農產品。

其2 可以品嘗到美味蔬菜的餐廳
可以品嘗到自家栽種的蔬菜、店內有蔬菜品嘗師等，宮城可以品嘗到美味蔬菜的餐廳正逐漸增加中。

其3 受到矚目的當地蔬菜
「仙台曲蔥」、「仙台白菜」等仙台傳統蔬菜，因其鮮甜美味而再度受到矚目，近年來農民也積極地栽種這些蔬菜。

> 我們正以「傳達農田一年的樣貌」為概念設計各季風味各異的菜單！

↑明亮的店內設有開放式廚房，也有露臺座

壹岐美穗小姐
萱場市子小姐
工藤かおり小姐

34

無農藥蔬菜的力量，讓身心都充滿活力♪

仙台站西口
おひさまや

使用縣內契約農家所種植的無農藥有機栽培蔬菜，可以享受到其濃烈的滋味。也很推薦在下午茶時間享用店家自製的有機蛋糕。附設的商店販售店內所使用的調味料和蔬菜。

☎022-224-8540
🕐10:00～19:00（午餐時間為11:30～14:30，19:30閉店）、週六、假日為11:30～17:00（L.O.）　休週日
📍仙台市青葉区中央4-8-17　🚃JR仙台站步行7分
Ｐ使用附近的停車場　MAP 附錄②P.4 F-6

⬆清爽的裝潢，讓人可以心平氣和地用餐

也想吃吃看這個
紅蘿蔔蛋糕（照片）
‥‥‥‥‥‥430日圓
蔬菜咖哩‥‥1380日圓
（午餐時間為1290日圓）

おひさま餐
1380日圓
（午餐時間為 1290日圓）
不使用任何動物性食材，將當季蔬菜和穀物簡單調理而成，可以吃到當季蔬菜完整的根、莖、葉。

搭配自家製麵包一起享用 新鮮的無農藥蔬菜

仙台郊外
野のカフェレストラン kibako
ののかふぇれすとらんきばこ

可以享受到完全無農藥蔬菜的料理，蔬菜使用老闆老家氣仙沼種植的蔬菜。為了保留食材原本的味道，只進行簡單的調理。使用國產小麥和椰子油做成的麵包也頗受矚目。

☎022-343-6011
🕐11:00～16:00、18:00～20:00（晚餐為預約制）　休週日、一、假日
📍仙台市青葉区高野原3-7-6
🚃JR陸前落合站車程8分　Ｐ免費
MAP 附錄②P.14 G-5

也想吃吃看這個
蛋糕套餐（照片）
‥‥‥‥‥‥800日圓
米布丁
（豆漿米布丁/外帶）
‥‥‥‥‥‥330日圓

kibako午餐
1300日圓
（附蛋糕套餐 1600日圓）
使用當季蔬菜的配菜及湯品，活用食材原本的味道，口味溫和，附自製麵包和咖啡。

⬆店內使用大量木材裝潢，挑高的天花板給人開闊的感覺

仙台郊外
六丁目農園 野菜ビュッフェレストラン
ろくちょうめのうえんやさいびゅっふぇれすとらん

自助式吃到飽可吃到石窯烤披薩和使用宮城縣或附近縣市進貨的新鮮蔬菜製成的料理。沙拉、炸物、義大利麵等料理種類相當豐富，不論哪一種都能品嘗到蔬菜原本的好味道。

☎022-287-7350
🕐11:15～14:30（15:30閉店）
休無休　📍仙台市若林区六丁目南97-3
東インター斎喜ビル
🚃地鐵荒井站步行15分　Ｐ免費
MAP 附錄②P.8 F-5

⬆店內自然光充足，給人開闊的感覺

自助式吃到飽
1790日圓
銀髮族 1550日圓
小學生 1150日圓
幼兒（三人以上） 700日圓
2歲以下 320日圓（座位費）
※用揹或用抱的則免費
可無限享用常溫蔬菜料理約30種、冷盤約20種，果汁、咖啡等飲料也能喝到飽。

在自助式吃到飽 享受多樣化的蔬菜料理

為了保留毛豆泥原本的美味，毛豆泥餡只加入簡單的材料製作。

老闆 村上康雄先生

↑維持明治時期創業風格的店內，除了麻糬以外也販售多種和菓子

鮮綠毛豆餡健康點心

毛豆泥

清爽淺綠色的毛豆餡「毛豆泥」，是宮城的代表性鄉土料理之一。除了必吃的毛豆泥麻糬以外，還有毛豆泥聖代、毛豆泥咖哩等多樣化的創意料理。享受當地才有的五花八門毛豆泥料理吧。

毛豆泥麻糬 `659日圓`
麻糬使用100%宮城縣產的米Miyakogane，客人點餐後才將毛豆餡和麻糬混合。

仙台站西口 村上屋餅店
むらかみやもちてん

Ⓝ內用 Ⓣ外帶 ※631日圓

從明治10（1877）年創業以來，就維持著不變滋味的老字號麻糬店。質地細緻又有嚼勁的麻糬頗受好評。以手工仔細將毛豆壓成泥狀製成的毛豆餡，顏色鮮豔、口感滑順。

📞022-222-6687
🕐9:00～18:00（週日、假日～18:15）
休不定休
所仙台市青葉町北目町2-38
🚃JR仙台站步行10分
Ⓟ使用附近的停車場
MAP附錄②P.6 E-5

展現毛豆原本的甜味，講究的「毛豆泥麻糬」

也想吃吃看這個

毛豆泥鹽饅頭 `189日圓`
將口感鬆軟的毛豆泥，用鹹味恰到好處的外皮包裹後製成的一道點心。外皮的鹹味和內餡的甜味非常搭調。

▽事先了解！

其1 口味樸實的毛豆餡
「毛豆泥」由毛豆水煮後搗成泥，加上砂糖製成，讓人倍感懷念的溫和甜味和豐富香氣非常迷人。

其2 和洋的多樣化形式變化
毛豆的溫和甜味不只適合做成和菓子，也很適合做成西式點心，各式各樣的毛豆泥點心陸續登場。

一番町 お茶の井ヶ田 一番町本店
おちゃのいげたいちばんちょうほんてん

Ⓝ內用 Ⓣ外帶 ※350日圓

販售抹茶和煎茶等各式各樣茶品的老字號茶屋，販售引以為傲的茶以及使用了毛豆泥的原創甜點，除了可在店內品嘗到的餐點之外，在店面進行販售的霜淇淋也非常受歡迎。

📞022-261-1351
🕐10:00～19:30（霜淇淋販售處～19:00）
休無休 所仙台市青葉區一番町3-8-11 🚃地鐵青葉通一番町站步行3分
Ⓟ使用附近的停車場
MAP附錄②P.5 C-4

↑設有氛圍沉穩的品茶空間

毛豆泥小聖代 `350日圓`
甜味清爽的毛豆泥加上微苦的抹茶霜淇淋，是口味非常新穎的組合。數量有限，想吃的話請趁早前往。

口感滑順的抹茶霜淇淋和毛豆顆粒口感非常搭配

一番町 杜の菓匠 玉澤総本店 一番町店
もりのかしょうたまざわそうほんてんいちばんちょうてん

Ⓝ內用 Ⓣ外帶 ※毛豆泥蜜豆（冷凍）1個800日圓

將咖啡廳加以改裝翻新的老字號和菓子店，販售風味高雅的甜點和輕食。除了很受歡迎的「毛豆泥蜜豆」之外，也有使用當季食材的餐點和紅豆湯等甜點可供選擇。

📞022-262-8467
🕐11:00～18:30（19:00閉店），視時期而異
休不定休 所仙台市青葉區一番町4-9-1 かき徳玉澤ビル1・2F 🚃地鐵勾當台公園站步行3分
Ⓟ使用附近的停車場 MAP附錄②P.5 C-2

↑讓人感覺到高級的店內，可在此悠閒休憩

也想吃吃看這個

毛豆泥麻糬‧‧ `850日圓`
香氣十足的毛豆餡是以山形縣鶴岡產達達茶豆加以製成，柔軟的麻糬使用宮城縣產的米Miyakogane加以製成，搭調程度超乎想像。

毛豆泥蜜豆 `1000日圓`
風味豐富的毛豆泥餡、多汁的寒天和十分有嚼勁的白玉，十分對味。

加上寒天和白玉的和風甜點

餡蜜
(毛豆泥餡)
520日圓

餡料有毛豆泥餡、紅豆泥餡、紅豆顆粒餡可以選擇，依自己的喜好淋上白糖蜜或黑糖蜜一起品嘗吧。

一番町　🄽 內用　🄾 外帶

甘味処 彦いち
かんみどころひこいち

除放上新鮮水果、口感滑順毛豆泥的「餡蜜」外，還有蜜豆、聖代等，可以在此品嘗到使用嚴選食材製作而成的甜點。甜點加輕食的套餐廣受好評。

📞022-223-3618
🕐11:00～18:30 (19:00閉店)
🈺週一 (逢假日則營業)
🏠仙台市青葉區一番町4-5-41
🚉地鐵勾當台公園站步行5分
🅿使用契約停車場
MAP 附錄②P.5 C-2

甜點園，可以邊眺望庭園，邊悠閒地品嘗

也想吃吃看這道

毛豆泥麻糬‧‧‧‧‧‧650日圓

將毛豆仔細地壓成泥狀製作的毛豆泥餡，甜味較為溫和，能凸顯出食材原本的風味。

仙台站內　🄽 內用　🄾 外帶

おいもさんのお店 らぽっぽ JR仙台站店
おいもさんのおみせらぽっぽじぇいあーるせんだいえきてん

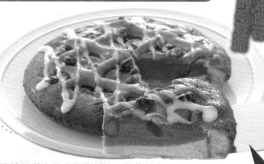

位於JR仙台站內的甜點店，販售仙台限定的「毛豆泥地瓜派」和「地瓜堅果派」(1個66日圓)等，地瓜烘焙點心種類齊全豐富。

📞022-212-5235
🕐10:00～22:00　🈺無休
🏠仙台市青葉區中央1-1-1 JR仙台站2F
🚉JR仙台站內　🅿使用附近的停車場
MAP 附錄②P.4 G-4

毛豆泥地瓜派
864日圓

將大量的地瓜奶油混進毛豆泥餡，再填入派皮內。毛豆泥地瓜派是仙台限定的商品，因此也很適合當作伴手禮。

大町西公園站　🄽 內用　🄾 外帶

源吾茶屋
げんごちゃや

明治元 (1868) 年創業，充滿日式風情的茶屋。遵從古法製作，手工作業細心製作而成的毛豆泥麻糬頗受好評，恰到好處地保留了毛豆的口感，令人懷念的古早味是其魅力所在。

📞022-222-2830
🕐11:00～17:30 (18:00閉店，視時期而異)　🈺不定休　🏠仙台市青葉區桜ヶ岡公園1-1
🚉地鐵大町西公園站即到　🅿免費
MAP 附錄②P.7 C-4

陸奧套餐　980日圓

推薦有3種麻糬可供選擇的套餐，除了風味豐富的毛豆泥麻糬以外，還有紅豆、芝麻等口味。

賞櫻勝地西公園內
位於廣為人知的著名

仙台站西口　🄽 內用　🄾 外帶

仙台國際飯店 COFFEE HOUSE
仙台国際ホテルコーヒーハウス

從早餐到晚餐時段皆可自在用餐的咖啡廳兼餐廳。除了推薦的「仙台名產毛豆泥聖代」以外，還有使用當季水果的蛋糕等，可以搭配飯店原創的特調茶一起品嘗。

📞022-268-1111　🕐7:00～19:30 (20:00閉店)　🈺無休　🏠仙台市青葉區中央4-6-1仙台国際ホテル1F　🚉JR仙台站步行5分　🅿收費 (消費滿2500日圓以上可免費使用2小時)
MAP 附錄②P.4 F-6

陽光灑進給人開闊感受的店內，可以在此悠哉消磨時光

仙台名產毛豆泥聖代
1030日圓
(附咖啡或紅茶 1440日圓)

有毛豆泥麻糬、毛豆泥冰淇淋、抹茶和巧克力布朗尼等配料的聖代，14～18時供應。

東北大周邊

cafe Mozart Atelier
かふぇもーつぁるとあとりえ

正對廣瀨川的絕佳立地頗受好評，店內採用古董家具，品嘗手工製作甜點的同時也可以悠閒地放鬆休息。晴朗的日子建議坐在充滿綠意的露臺座。

☎ 022-266-5333
🕐 11:00～20:00 休無休
📍 仙台市青葉区米ケ袋1-1-13 高田ビルB1 🚇 地鐵青葉通一番町站步行10分 🅿 免費
MAP 附錄②P.7 D-5

↑彷彿位於小小森林之中的露臺座

也想吃吃看這個
烘焙起司蛋糕（照片）
················550日圓
Mozart混合咖啡
················470日圓
義大利麵午餐·900日圓

以前為現代藝術的美術館的摩登風格空間，相當寬廣。

蛋糕捲
450日圓（飲品套餐 750日圓）

能享受到馬斯卡彭起司的清爽口味，可以搭配冰咖啡歐蕾等飲料組合成套餐。

📢 事先了解！

有很多以自家甜點為傲的咖啡廳和能拍出漂亮打卡照片的咖啡廳

在仙台，以原創甜點吸引顧客的咖啡廳正持續增加中。除了外觀可愛的甜點以外，綠意盎然的露臺座、置有古董家具的店內等，試著找找各個店家能拍出漂亮照片的地方吧。

散步時順道去小憩片刻♪

咖啡廳 &甜點

氛圍悠閒的美好咖啡廳，最適合在觀光行程的空檔，以及想小憩片刻時前往。不妨一邊品嘗細心製作的甜點和飲品，一邊度過療癒時光。

太妃糖椰棗蛋糕
550日圓

熱騰騰的太妃糖醬和冰淇淋交織融合在一起。

也想吃吃看這個
紅蘿蔔蛋糕（照片）
················550日圓
原味布丁······300日圓
BREW TEA ····550日圓

國分町

Northfields
のーすふぃーるず

咖啡廳老闆來自英國，可以輕鬆地品嘗到英式布丁等廣受英國人喜愛的地方甜點。不妨搭配種類豐富的風味茶，好好享受咖啡時光。

☎ 080-2801-6817
🕐 11:00～17:30（18:00閉店）休週三、有不定休
📍 仙台市青葉区国分町1-3-13 遠藤ビル3F 🚇 地鐵青葉通一番町站步行6分 🅿 使用附近的停車場
MAP 附錄②P.5 B-4

↑店內裝潢統一採用古董家具

仙台站西口

Cafe MythiQue
かふぇみてぃーく

仙台人氣甜點店的姊妹店，裝飾精緻細膩的蛋糕、藝術奶昔等十分可愛的甜點廣受好評。可以一面眺望東二番丁通的成排樹木一面悠閒地享用甜點。

↑展示櫃中約有16~20種蛋糕

☎ 022-393-7738
🕐 11:00～20:00（週六、日、假日～18:00）休不定休 📍 仙台市青葉区中央2-4-11 水晶堂ビル3F 🚇 地鐵廣瀨通站步行3分 🅿 使用附近的停車場
MAP 附錄②P.5 D-4

也想吃吃看這個
喝的蛋糕‼ 藝術奶昔
（照片）··············918日圓
提拉米蘇國王套餐·········1058日圓
3D咖啡拿鐵·············702日圓

惡魔蛋糕套餐
（附自選飲品）810日圓

裡頭的白巧克力慕斯和覆盆莓醬非常搭調。

春日町

SENDAI KOFFEE
せんだいこーひー

位於定禪寺通的小巷子裡，能夠遠離市區喧囂，在此放鬆小憩。店內為以古董家具做擺設的現代風格空間。除了自製甜點和咖啡以外，也供應豐富的正餐料理。

☎022-224-7403 ⏰12:00～19:00 休無休 ㏍仙台市青葉区春日町4-25 パストラルハイム春日町1F 🚇地鐵勾當台公園站步行10分 🅿免費 MAP附錄②P.7 C-2

➡店內每張椅子和桌子都不一樣

司康(2個)+香草冰淇淋 470日圓
咖啡 470日圓

司康每日更換口味，有原味和紅茶等，可以搭配單品咖啡享用。

也想吃吃看這價
巧克力蛋糕‥‥‥‥‥‥‥450日圓
康寶藍咖啡‥‥‥‥‥‥‥550日圓
夏威夷式漢堡排飯‥‥‥‥800日圓

仙台站西口

Cafe Pamplemousse
仙台店
かふぇぱんぷるむうすせんだいてん

散發著蜂蜜香氣的大片鬆餅是這裡的招牌甜點，餐點種類齊全，從有滿滿水果和奶油的甜點到正餐料理皆有供應。店內各處裝飾了玩具和雜貨等小物，充滿玩心的空間也相當有魅力。

☎022-208-8899
⏰11:00～22:00 休無休 ㏍仙台市青葉区中央1-7-18 日吉第一ビル3F 🚇JR仙台站步行5分 🅿使用附近的停車場 MAP附錄②P.4 F-3

➡書架上擺滿了繪本和文庫本

也想吃吃看這價
草莓&香蕉&小山狀的奶油‥1080日圓
自製混合咖啡‥‥‥‥540日圓
可以看見田園的午餐
(1日限定10份)‥‥950日圓

草莓&樹莓&覆盆莓&藍莓 972日圓

外層酥脆、中間鬆軟的鬆餅上點綴了莓果和堅果。

可以外帶的甜食也一併CHECK!

在此介紹可以在住宿地點享用，或是適合當成伴手禮的優秀甜點，在店裡內用也OK！

一番町

kazunori ikeda individuel
南町通店
かずのりいけだあんていうぃでゅえる みなみまちどおりてん

販售蛋糕、烘焙點心等正統法式點心，從中可以感受到甜點師池田一紀的獨創風格。店內附設有咖啡空間。

☎022-748-7411
⏰11:00～20:00(週六為10:00～、週日為10:00～19:00) 休不定休 ㏍仙台市青葉区一番町2-3-8 🚇地鐵青葉通一番町站步行3分 🅿使用附近的停車場 MAP附錄②P.5 D-5

Pink Lady 490日圓

將法國產草莓奶油和開心果奶油布蕾融為一體的點心。

本町

Pâtisseries Glaces Kisetsu
ぱていすりーぐらすきせつ

專門販賣使用當季食材的義式冰淇淋和閃電泡芙，可以在此享受到水果和蔬菜原本的香氣和味道。店內也設有內用空間。

☎022-302-6595
⏰11:00～19:00 休週一、有不定休 ㏍仙台市青葉区本町3-2-4 🚇地鐵勾當台公園站即到 🅿使用附近的停車場 MAP附錄②P.5 D-1

義式冰淇淋
(2種) 400日圓

50種以上的口味中，符合時節的6種口味會每日進行更換販售。

與伊達家有關的著名景點巡禮

坐LOOPLE仙台前往！

鮮豔美麗的靈屋、彷彿守護著仙台街道的騎馬雕像等，仙台市內分布著和初代仙台藩主伊達政宗有所淵源的歷史景點。搭乘便利的觀光循環巴士「るーぷる仙台（LOOPLE仙台）」，追尋伊達政宗的足跡，來一趟歷史散步吧。

經典行程　所需時間5小時

仙台站西口 ← ④ 大崎八幡宮（30分）[LOOPLE仙台] 27分 ← ③ 仙台市博物館（60分）[LOOPLE仙台] 21分 ← ② 仙台城跡（60分）[LOOPLE仙台] 3分 ← ① 瑞鳳殿（45分）[LOOPLE仙台] 4分 ← 仙台站西口 [LOOPLE仙台] 15分

LOOPLE仙台

復古循環巴士繞行包括與伊達政宗相關的著名景點在內的市中心觀光景點。只要購買可自由上下車的一日乘車券，就可以享受沿途設施的折扣等各式各樣的優惠。

☎022-222-2256（仙台市交通局）
⏰平日班次間隔20分，週六、日、假日、8月的班次間隔為15分鐘　¥1日乘車券（LOOPLE仙台專用）620日圓、兒童310日圓，LOOPLE仙台、地下鐵共通1日乘車券900日圓、兒童450日圓，1次乘車費用為260日圓、兒童130日圓　MAP 附錄②P.4 G-5

① 瑞鳳殿 ずいほうでん

祭祀藩祖伊達政宗的靈屋，依照本人遺言建於此地，華麗的桃山風格祠堂建築非常值得一看。附設的資料館內，可以在此觀看挖堀調查的紀錄電影和貴重的陪葬品。

☎022-262-6250
⏰9:00～16:30（16:50閉館），12～1月為～16:00（16:20閉館）
休無休　¥550日圓、高中生400日圓、中小學生200日圓　所仙台市青葉区靈屋下23-2　JR仙台站搭「LOOPLE仙台」，瑞鳳殿前下車，步行5分　P免費
MAP 附錄②P.7 C-6

Photo Point 📷

初夏的繡球花，秋天的紅葉，將參道和境內妝點得鮮明美麗。

➡在參道旁盛開的繡球花

➡色彩濃厚而華麗的紅葉

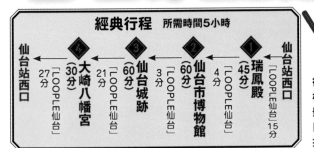

2001年的改建工程，復原了建造當時的鮮豔色彩

伊達政宗永眠其中的豪華輝煌靈屋

① 兩旁成排杉木的參道，訴說著藩政時代以來的歷史　② 瑞鳳殿資料館展示了三藩主的容貌肖像等資料

想在旅行前讀過　伊達政宗知道賺到小專欄

伊達政宗是這樣的人物

伊達政宗是初代仙台藩主，奠定了仙台藩62萬石經濟基礎。利用各式各樣的戰略和戰績度過了困境，曾和豐臣秀吉、德川家康等統一天下的大名一較高下。伊達政宗幼年時期因天花導致右眼失明，因此後來有了獨眼龍這個別名。

➡伊達政宗畫像 狩野安信作（仙台市博物館藏）

盔甲上新月的由來？

說到伊達政宗的象徵，就會想到他的頭盔上據說是新月還是弦月的裝飾。當時的「妙見信仰」相信能向月亮或星星祈求武運昌隆，據說伊達政宗頭盔上的裝飾也展現了這個信仰。

➡當時貼了金箔的裝飾，在戰場上也相當顯眼

「伊達政宗所孕育出的"伊達"文化」被認定為日本遺產

「日本遺產」是由日本文化廳所認定，得以訴說日本文化及建立的獨特文化的故事。伊達政宗確立的獨特文化保持傳統同時又有創新，傳承至現在的故事在2016年4月被認定為「日本遺產」。

➡瑞鳳店的裝飾體現了伊達政宗立志實現的華麗炫爛文化

和伊達政宗的騎馬雕像一起眺望仙台街道

照片提供3仙台觀光國際協會

Photo Point 📷

到了夜晚，騎馬像會打上燈光，眼前會出現如夢似幻的光景。燈光的色彩會依星期幾產生變化。

↪和夜景一起觀賞吧

伊達政宗奠定了仙台的基礎 其騎馬雕像守護著城市

3 仙台城跡

せんだいじょうあと

歷經約270年的伊達家居城城跡。現在遺留下來的遺跡為石牆構造和復原的脇櫓等。天守台上設有伊達政宗騎馬雕像，是能夠將仙台市街盡收眼底的絕佳觀景地點。

📞022-214-8259
（仙台市觀光課）🕐自由參觀 🏠仙台市青葉區川內1
🚃JR仙台站搭「LOOPLE仙台」，仙台城跡下車即到
Ｐ收費 MAP附錄②P.7 A-5

↪昭和42(1967)年修復完成的脇櫓

也順道到這裡逛逛

仙台城見聞館 せんだいじょうけんぶんかん

以原尺寸大小重現舉行儀式和政務的大廣間模型，和藩主所坐的「上段之間」地板等。也展示了挖掘調查和石牆工程當時的情況。

📞022-214-8544
（仙台市教育局文化財課）🕐9:00～17:00 🈳無休 Ｐ免費
MAP附錄②P.7 B-5

↑以展板和影像展示仙台城的資料

青葉城資料展示館 あおばじょうしりょうてんじかん

展示伊達家相關的貴重資料。重現仙台城和城下城鎮的CG影像，是花了17年製作的大作，臨場感十足。

📞022-227-7077
🕐9:00～16:30 (17:00閉館)、11月4日～3月為～15:30 (16:00閉館) 🈳無休 ¥700日圓、國高中生500日圓、小學生300日圓
MAP附錄②P.7 B-5

↪有仙台藩的盔甲等貴重的收藏品

2 仙台市博物館

せんだいしはくぶつかん

建於仙台城三之丸遺跡上，收藏了伊達政宗的鎧甲等約97000件的資料，其中也包含了伊達家的貴重文化財。也別錯過登錄為聯合國教科文組織的記憶遺產、同時也是國寶的慶長遣歐使節關係資料。

📞022-225-3074 🕐9:00～16:15（16:45閉館）🈳週一（逢假日則開館），假日翌日（逢週六、日、假日則開館）¥460日圓、高中生230日圓、中小學生110日圓 🏠仙台市青葉區川內26
🚃JR仙台站搭「LOOPLE仙台」，在博物館、国際センター前下車，步行3分
Ｐ免費 MAP附錄②P.7 B-5

↪重要文化財 黑漆五枚胴鎧甲（伊達政宗所使用）仙台市博物館藏※展示期間需洽詢
↪綜合展示室可以用觸碰式螢幕等設備，學習仙台歷史

展示關於仙台藩的貴重資料

4 大崎八幡宮

おおさきはちまんぐう

遵照伊達政宗的命令，召集當時名匠建造而成，施加精巧細緻裝飾的雄偉本殿，除了出色至極之外無法形容。本殿、石之間、拜殿結合為一體的權現造樣式建築為現存最古老，已被指定為國寶。

📞022-234-3606
🕐境內自由參觀 🏠仙台市青葉區八幡4-6-1
🚃JR仙台站搭「LOOPLE仙台」，大崎八幡宮前下車即到 Ｐ免費
MAP附錄②P.9 C-3

Photo Point 📷

注意鳥居上的神社名稱文字。授與所陳列著仙台名產松川不倒翁。

「八」字是面對面的鴿子

↪在境內找找看吧

伊達政宗所建設的輝煌華麗國寶社殿

↑樣貌莊嚴的御社殿

↪春季時節染井吉野等櫻花會在此盛放

還有很多伊達景點！

資福寺 しふくじ

也被稱為「繡球花寺」的名剎，繡球花盛開的時期為6月下旬～7月中旬。

📞022-234-5730
🕐自由參觀 🈳無休 ¥免費 🏠仙台市青葉區北山1-13-1 🚃JR北仙台站步行12分 Ｐ免費
MAP附錄②P.9 C-3

↑約1000株繡球花競相綻放

輪王寺 りんのうじ

有池泉迴遊式日本庭園，以三重塔為背景，可以欣賞到四季花朵之美。

📞022-234-5327 🕐8:00～17:00 🈳無休 ¥參拜費300日圓、小學以下免費 🏠仙台市青葉區北山1-4-1 🚃JR北仙台站步行15分 Ｐ免費
MAP附錄②P.9 C-3

↑以欣賞菖蒲的名勝為人所知

北山區域的花之寺社巡禮

仙台市郊外的北山區域，有很多建設為伊達家菩提寺的寺院，很推薦到這個區域散步，可以享受到四季不同的風情。

NHK節目「BURATAMORI」介紹過！四之谷用水

遵照伊達政宗的命令建造的水路，雖然現在幾乎都被掩埋起來了，但市內還保留有一部份的遺跡。

↪在大崎八幡宮可以看到水路遺跡

↪壹貳參橫丁內的水井現在仍然可以使用

充滿
看點！

充滿魄力的風景！

看點　閃耀生命光芒之海
大水槽中有生活在三陸海洋，約50種3萬隻生命力強大的魚類悠游其中。水槽寬14m、水深7.5m，魄力十足的規模令人驚訝。

仙台海洋森林水族館

充滿東北海洋魅力的水族館

像是巨型螢幕一樣的大水槽、海豚和海獅充滿魄力的表演等，館內有很多值得矚目的地方！也別忘了有可以接觸到海洋生物的自選行程。

1F 三陸的海洋世界就此展開

以日本海洋為主題的樓層，有潮間帶或海藻林（魚類的棲息地）等主題，可以欣賞到種類豐富的展示。重現了三陸海洋的大水槽，彷彿切下海洋的一部份一樣美麗，魅力十足。

非常實用INFO

有接駁車！
有連結JR中野榮站和水族館的免費接駁車，接駁車的時刻表和班次視時期而異，需事先確認。

入館券可在Web上購買！
最晚在前一天購買好Web入館券，當天不用在售票窗口排隊就可以入館，最適合週末或連假等時期。

當日再次入館也OK！
限於造訪當日可再次入館。在出口可以辦理再次入館手續，請向工作人員諮詢。

＼也別忘了這裡！／

可以在此悠閒觀賞的2樓區域
可以坐在2樓階梯空間仔細觀賞大水槽，因此就算帶著幼兒也能安心觀賞。

←也能悠閒地觀賞在大水槽舉行的活動

海鞘之森
抬頭即可看見海鞘在水槽內緊密附著在垂直垂下的繩子上，在大量的海鞘間悠游的魚群也值得一看。

↑像是從海底仰望海鞘一樣

仙台海洋森林水族館
せんだいうみのもりすいぞくかん

展示了約300種共5萬隻生物，館內有重現了三陸豐饒海洋的大水槽、海豚和海獅的表演等，充滿看點，吸引很多客人回訪。美食和伴手禮的選擇也相當豐富。

☎022-355-2222　⏰9:00～18:00（18:30閉館），夏季為→19:00（19:30閉館），冬季為→17:00（17:30閉館）※視時期變動　休無休　¥大人2100日圓、國高中生1600日圓、小學生1100日圓、幼童600日圓　所仙台市宮城野區中野4-6　交JR中野榮站步行15分　P免費
MAP 附錄②P.8 G-4

CLOSE UP!

感情很好的非洲小爪水獺夫婦

充滿魄力的全景空間

←由南國之海和黑白海豚等5個場景構成（示意圖）

可愛表情超受歡迎
前腳幾乎沒有爪子的非洲小爪水獺夫婦Kururi和Sora，靈巧地使用圓圓的指尖。非洲小爪水獺是相當少見的海洋生物，東北的水族館只有這裡看得到。

↑公水獺Sora

↑母水獺Kururi

「360度全景的光雕投影」
2017年7月開始使用光雕投影，將海洋生物投影至大水槽前的空間，光雕投影將牆壁、地板和天花板都變成了螢幕，可以欣賞到這個魄力十足的世界。

↑「鯨魚之海」會有15m長的座頭鯨出現

←和青空相互輝映的白色基調外觀

大跳躍

2F 充滿魄力的連續跳躍！

海洋森林運動場

舉行海豚及海獅表演的運動場，具備能容納約1000人的觀眾席，觀眾席會在表演開始前的20分鐘開放，瞄準1～3排！

也注意這裡！

→默契絕佳的水中表演

訓練員和海豚的深刻羈絆

由海豚將訓練員往上頂的大跳躍「Air Lift」等，不停做出高難度動作表演。

看點

海豚、海獅的表演

每天舉行的超人氣活動，海豚華麗的跳躍讓觀眾入迷，海獅可愛的特技表演也讓人一刻都不能移開目光。

1日4～7回，所需時間20分，免費

仙台海洋森林水族館

2F 展示特徵各異的各種生物

世界的海洋

展示世界各國的生物，例如：像熊貓一樣有著黑白配色的黑白海豚、長大後體長超過1m的綠蠵龜等，透過這些生物，可以感受日本與世界各地的羈絆。

←在水槽中悠遊的黑白海豚

也可以跟我拍紀念照喔！
※1張1000日圓

飼育的企鵝數量為東北之首

2F 水母浮游的夢幻光景

水母之癒

6個水槽內展示了不論顏色和形狀都多彩多姿的水母，光是看著水槽中悠悠飄浮的水母，就得到療癒的效果。水母的種類會依照季節有所變更。

→可以觀賞到海月水母和珍珠水母等品種

2F 可以和海洋的夥伴近距離接觸

海洋動物廣場

半戶外的廣場，可以在此近距離觀賞南海獅、企鵝和美洲河狸等動物，也可以從透明的玻璃階梯下方，觀看企鵝跳上跳下的模樣。

1F 可以享受到玩水的樂趣

海洋森林海灘

重現岩岸的區域，可以踏入水裡，因此也可以拿起系卷海星、皺唇鯊等生物仔細觀察。

←有海星等各式各樣的生物棲息於此

看點

舞台表演

觀覽區域會有南海獅和企鵝登場，可以享受和海洋生物近距離接觸的樂趣，也設有拍攝紀念照的專用照相區。

1日2～3次，所需時間20分，免費

→試著輕輕撫摸南海獅的背

海洋森林天婦羅蓋飯(附味噌湯)
980日圓

→在鯊魚肉和竹葉魚板等炸天婦羅上頭放上了可愛的海豚形狀海苔

午餐&伴手禮CHECK！

Ocean Parfait
1480日圓

→大尺寸的聖代，加了布丁、布朗尼蛋糕等，1個為3～4人份

| 1F・美食廣場 |
wakuwaku ocean わくわくおーしゃん
在店裡可以邊欣賞海豹和企鵝游泳的樣子邊享用餐點。

→可愛的Mollie玩偶共有3種款式

→柔軟的麻糬裡，包入滿滿的甜甜煉乳，溫和的甜味頗受好評

| 1F・館內商店 |
umimori shop うみもりしょっぷ
販售官方吉祥物「企鵝Mollie」的周邊商品等多樣商品。

松島・鹽竈

宮城的推薦區域 十多住一晚

東北樂天
金鷲隊

仙台
維加泰隊

和當地球迷一起
觀賞職業運動!

森林之都的職業運動,因加油方式非常用心而廣受歡迎,職業棒球比賽和日本職業足球聯賽,不論是誰都可以輕鬆觀賽,享受觀賽樂趣,和當地球迷一起為仙台的2大職業運動隊伍加油吧!

樂天生命Park宮城
こぼぱーくみやぎ

📞050-5817-8100(樂天棒球團)
🕐比賽舉辦時期為3月下旬~10月上旬 📍仙台市宮城野区宮城野2-11-6 🚉JR宮城野原站步行5分,比賽日在仙台站東口有接駁巴士行駛 Ⓟ收費(比賽日採預售制1500日圓~)
MAP 附錄②P.8 E-4

↪可以邊搭乘摩天輪邊觀看比賽

推薦①
從摩天輪上將球場盡收眼底
在Smile Glico Park
搭乘摩天輪!

公園座落於樂天生命Park宮城左側後方,從小孩到大人都能在此享受到遊玩的樂趣,園內有可以俯瞰球場的摩天輪,很受小朋友歡迎的遊樂設施「彈彈跳跳」、旋轉木馬等,遊樂設施種類豐富。

🕐比賽日和週六、日營業(詳細資訊請於球團網站確認) 🈺不定休 ¥入園500日圓、小學生以下300日圓(憑當日的比賽票根則可免費入園),遊樂設施需另外付費

▲Clutchena & Clutch & Switch

球隊吉祥物「Clutch」,是英文「緊緊抓住」的意思。在球場看到他的話,可以試著隨意跟他搭話。

東北樂天金鷲隊

東北樂天金鷲隊的主場為有著豐富遊樂設施的樂天生命Park宮城,運動場除了觀看棒球比賽以外,還有各式各樣的遊玩方式,非常吸引人。

在摩天輪上
將球場盡收眼底!

摩天輪

嶋選手
也很推薦

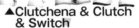
咖啡廳

↑發源於氣仙沼的咖啡廳「mother port coffee」開設的分店,可以享受到每天更換種類的混合咖啡

彈彈跳跳

↑可像在跳跳床耍玩跳上跳下遊戲的「彈彈跳跳」

©Rakuten Eagles

44

球場有屋頂
因此雨天也能舒服看球

仙台維加泰隊

仙台維加泰隊是日本職業足球聯賽中，支持者數一數二狂熱的球隊。到整個球場和球迷融為一體、被稱為「劇場型」的球場看看吧！

這裡是重點！
賽季是從2月下旬到12月左右喔！

▶維加泰君

Yurtec 仙台體育場
ゆあてっくすたじあむせんだい

☎022-375-7800 ⏰9:00～16:00（參觀需事先連絡）
🚫週一、比賽日和比賽前日不可參觀 📍仙台市泉區七北田柳78 🚇地鐵泉中央站步行4分 🅿使用附近的停車場
🗺附錄②P.9 D-1

體育場的觀賽重點在這裡！

在通稱「支持自」的區域熱情加油！
在體育場的後側、劃分為L字的支持者自由席和自由席後方，是加油聲最熱情的區域，近距離體驗熱情的加油行動吧！

⬆唱加油歌鼓勵選手

將體育場染成黃色！
透過體育場美食&加油周邊商品讓氣氛更熱烈！

熱情的加油聲讓體育場內的氣氛在比賽開始前就很熱烈，穿上維加泰的金黃色球衣、揮動圍巾毛巾，和球迷一起為球隊加油！

球員版球衣
14900日圓
非常合身的adidas製球衣，也很受球迷歡迎。

圍巾毛巾（BIG STAR）
（※設計可能會有所變動）
1650日圓
選手入場時舉起來、進球時揮動，活用幅度很大的商品。

Koyama Foods的炸義大利麵
300日圓
推薦當作啤酒下酒菜的一道。店裡也有販售和維加泰君聯名的商品。

棒球樂趣倍增！
參加BALL PARK TOUR 參觀球場
※有特級路線、興奮路線、經濟路線3種路線

BALL PARK TOUR 的這個部分好有趣！

可以從各種角度觀看棒球場和觀眾席、到牛棚的附近參觀等，能參觀平常不能進入的地方。詳細報名資訊請看球團網站！

茂木選手也想參加？

拍完紀念照行程就開始了
首先，參加的人全部一起拍紀念照，然後聽工作人員的說明，行程開始！

可以近距離觀賞天然草皮
可以近距離參觀包廂式座位、分隔式座位及天然草皮，根據不同路線，可以參觀各式各樣的地方。

到令人興奮的牛棚！
對戰隊伍選手練習投球的牛棚！可以到平常不能進入的地方進行近距離參觀。

豐富的美食&周邊商品魅力十足
用球場美食&加油周邊商品讓觀賽樂趣加倍

比賽時如果有加油周邊商品，觀看比賽會變得更有趣！

岸選手也很喜歡

炸葫蘆魚板 200日圓
魚板裹上麵衣後油炸而成，仙台必吃的點心。

噴射氣球(紅) 200日圓
在第7局放隊歌《羽ばたけ 楽天イーグルス》時，配合隊歌讓氣球飛上天空！

樂天金鷲隊加油棒 700日圓
作為加油必備的道具，是很受歡迎的周邊商品。

金鷲檸檬水（溫、冷）400日圓
炎熱的日子喝涼金鷲檸檬水，寒冷的日子喝溫金鷲檸檬水溫暖身體。

岸孝之 伊達便當 1000日圓
內有毛豆泥麻糬和牛舌等，滿滿的宮城仙台名產。由宮城縣出身的岸選手監製。

※價格可能有所變更

45

仙台市八木山動物公園

せるこほーむずーぱらだいすやきやま

從仙台站搭乘地鐵東西線12分，
八木山公園站即到

飼育了約130種550隻動物，為東北數一數二的動物園。除了在非洲園可以遇見大象、長頸鹿以外，在猛獸舍還可以隔著玻璃觀看老虎和北極熊，魄力十足。

📞022-229-0631　🕐9:00〜16:00 (16:45閉園)，11〜2月為〜15:00 (16:00閉園)　休週一 (逢假日則翌日休)　💰480日圓，中小學生120日圓　所仙台市太白区八木山本町1-43　🅿收費　MAP 附錄②P.9 C-5

可以近距離觀看
超人氣動物

↑猴子山展示了約50隻的群居日本獼猴

這個很受歡迎!
交流之丘
↑2017年7月開幕的體驗型設施，理念為和動物「接觸、感受、學習」

→重現疏林莽原的非洲園

伴手禮 CHECK

塑膠模型 (1隻)
1750日圓
↑真實重現動物模樣的模型

八木山動物公園
大象拉麵仙台辣味噌口味
(1個) 180日圓
↑全國各地的動物園拉麵系列第6彈

不是只有美食!

觀看、遊玩、盡情享受
娛樂景點

從仙台站稍微走遠一點，有很多大人小孩都能獲得樂趣的休閒設施，以及當地獨有的體驗活動景點！購買限定周邊商品和伴手禮，創造美好的旅行回憶吧。

在麵包超人的世界盡情玩耍

↓體驗型設施「細菌人秘密基地」

↑購物商場為免費入場

這個很受歡迎!
參加型活動
↓人氣迷你舞台
每天都會舉辦
瀨高劇場表演柳台

仙台麵包超人兒童博物館&購物商場

せんだいあんぱんまんこどもみゅーじあむあんどもーる

仙台站步行9分

重現麵包超人世界的體驗型博物館，和進駐周邊商品店家、美食街的購物中心結合在一起。會有麵包超人登場的舞台也很受歡迎。

MAP 附錄②P.6 G-3

📞022-298-8855　🕐10:00〜16:00 (17:00閉館)，購物商場〜18:00，麵包超人&PEKO廚房〜18:00 (19:00閉店)，有時期性變動　休需洽詢　💰1歲以上1296日圓 (博物館&細菌人秘密基地共通)　所仙台市宮城野区小田原山本丁101-14　🅿收費

伴手禮 CHECK

仙台限定麵包超人牛舌口味點心
648日圓
↑除了當作伴手禮，也很推薦當作點心享用

A4資料夾
(仙台限定圖樣)
270日圓
↑仙台七夕祭典的可愛設計很受歡迎

©やなせたかし/フレーベル館・TMS・NTV

挑戰手作竹葉魚板

↑可以參觀使用傳統製法手工製作魚板的過程

↑手作體驗教室需預約，從開始到魚板完成約45分

這個很受歡迎!
手工燒烤竹葉魚板體驗

↑如果只是想體驗手工燒烤竹葉魚板，不事先預約也沒問題。1片150日圓，燒烤完成後可以當場享用

鐘崎 魚板之國竹葉魚板館

かねざきかまぼこのくに ささかまかん

仙台站車程30分

食物與文化的博物館，介紹了竹葉魚板的歷史和製造工程等，也會舉辦手作魚板教室，可以體驗從揉捏魚肉到手工燒烤魚板的過程。

📞022-238-7170　🕐10:00〜18:00　休不定休　💰免費 (手作竹葉魚板體驗教室為1人500日圓)　所仙台市若林区鶴代町6-65　🅿免費　MAP 附錄②P.8 F-4

伴手禮 CHECK

大漁旗 (1片)
313日圓
↑使用高級魚石狗公和「伊達的美味鹽」等嚴選食材

竹葉魚板組合
(真空 味竹葉9包)
1100日圓
↑有毛豆泥、鮭魚、起司口味3種，包裝很可愛

仙台站搭乘JR仙石線 21分、
多賀城站搭乘免費接駁巴士 15分

KIRIN啤酒
仙台工廠
きりんびーる　せんだいこうじょう

透過五感享受的免費工廠參觀行程，可以試喝比較麥汁、體驗啤酒花香味等。試喝啤酒和無酒精飲料活動、販售齊全原創商品的工廠商店也很受歡迎。

↑附設有使用當地食材的自助式吃到飽餐廳

☎022-254-2992　⏰工廠參觀行程為9:30～15:30，餐廳為11:00～21:30（22:00閉店）　休週一（餐廳無休）　¥免費參觀　🚉仙台市宮城野区港2-2-1　Ｐ免費
MAP 附錄②P.8 H-4

這個很受歡迎！**工廠參觀行程**

↑所需時間70分的行程，可以觸摸啤酒的原料啤酒花、試喝啤酒和無酒精飲料

伴手禮CHECK

啤酒餅乾＆白巧克力（15片入）
860日圓
↑餅乾麵糰加入啤酒，因經過烘烤過程，餅乾不含酒精

柿種起司口味
（8袋入）580日圓
↑加了啤酒酵母的柿種，小朋友也容易入口的起司口味

觀看、觸摸
體驗宇宙的神秘

仙台站車程 25分

仙台市天文台
せんだいしてんもんだい

展示宇宙的魅力，可以實際體驗星象儀、觀察星空的天文設施。「Hitomi望遠鏡」也開放給一般民眾使用，口徑1.3m，可以觀察到肉眼無法看見、亮度較暗的星星。

☎022-391-1300　⏰9:00～16:30（17:00閉館），週六為～21:00（21:30閉館、展示室～17:00）　休週三、第3週二（逢假日則翌平日休）　¥展示室、星象儀（各1回）600日圓、套票1000日圓　🚉仙台市青葉区錦ケ丘9-29-32　Ｐ免費　MAP 附錄②P.14 G-5

↑在展示室可以利用太陽系模型和CG影像愉快地學習天文知識

伴手禮CHECK

太空食物:毛豆泥麻糬
680日圓
↑將仙台名產毛豆泥冷凍乾燥處理製成

宇宙糖果系列
地球糖果（草莓風味）、極光糖果
各216日圓～
↑在社群網站引起話題的星球圖樣糖果

©仙台市天文台

這個很受歡迎！**讓人感動的星象儀**

↑在數個活動當中，針對仙台星空進行解說的「星空的時間」最受歡迎

↑以白色為基調的近未來空間

推薦！**藝術景點**

欣賞芹澤設計的圖樣

→建於東北福祉大學校園的中央

仙台站搭乘JR仙山線 11分、東北福祉大前站步行 10分

東北福祉大學
芹澤銈介美術工藝館
とうほくふくしだいがくせりざわけいすけびじゅつこうげいかん

芹澤銈介創造出了美麗色彩及圖樣的世界，工藝館展示、收藏其作品和他以獨特審美觀從世界各地收集來的工藝品。

↑芹澤銈介住宅的客廳（重現）

☎022-717-3318　⏰10:00～16:00（16:30閉館）　休週日、假日、更換展示品期間、入學考試期間（需洽詢）　¥300日圓、學生200日圓、高中生以下免費　🚉仙台市青葉区国見1-8-1　Ｐ免費　MAP 附錄②P.9 C-3

嶄新的建築物令人印象深刻

→夜晚建築物會打燈

仙台站搭乘地鐵南北線 3分、勾當台公園站步行 6分

仙台媒體中心
せんだいメディアテーク

仙台的資訊文化推廣據點，定禪寺通上成排的櫸樹將有著大片玻璃牆的建築物襯托得更顯眼。館內有圖書館、藝廊和工作室。

↑另有文具、雜貨品項豐富的影像中心商店

☎022-713-3171　⏰9:00～22:00，圖書館為10:00～20:00、週六、日、假日為～18:00　休第4週四　🚉仙台市青葉区春日町2-1　Ｐ收費　MAP 附錄②P.5 A-1

綠意圍繞的藝術景點

→排列著雕刻作品的庭園「愛麗絲庭園」

仙台站搭乘地鐵東西線 10分、國際中心站步行 7分

宮城縣美術館
みやぎけんびじゅつかん

收藏和東北有所淵源的藝術家和國外藝術家的作品約6800件。附設有宮城縣出身的雕刻家佐藤忠良的紀念館。也會舉辦特別展和工作坊。

↑館外的美術作品開放拍照

☎022-221-2111　⏰9:30～16:30（17:00閉館）　休週一（逢假日則翌日休）　¥300日圓、大學生150日圓、高中小學生免費，特別展費用另計　🚉仙台市青葉区川内元支倉34-1　Ｐ免費　MAP 附錄②P.7 A-3

到這裡！

在觀光的忙碌旅程中，就算是短暫的空檔也想好好利用，在東北第一都市仙台，有能夠享用到時尚早餐的咖啡廳、品味絕佳的雜貨店、當地酒類豐富的居酒屋等，有很多想在早晨、白天、夜晚分別順道前往的店！

觀光之前……
早上 用美味的早餐開啟一天！

市中心有很多從早上就開始營業的餐飲店。早上較早抵達，或是純住宿的時候，不妨在觀光前到這些店吃早餐補充能量。

講究食材的咖啡廳與和食

仙台站西口 7:00OPEN

Picks Salad
びっくすさらだ

專賣外帶沙拉的店家，以葉菜類生菜為基底，可以從每日更換內容、16種以上的配料中，選擇5種配料和醬料，製作成符合自己喜好的一道沙拉。

〔內用〕〔外帶〕

☎022-263-5820
🕐7:00～17:00（準同仙台早市）休週日、假日 所仙台市青葉區中央4-3-1 仙台朝市 東四ビル1F 🚃JR仙台站步行5分 P使用附近的停車場
MAP 附錄②P.4 F-5

用新鮮蔬菜製作獨創沙拉

2017年4月 OPEN

沙拉（M）600日圓＋套餐（麵包、湯）250日圓
加了番茄和五穀雜糧，口感也很棒的沙拉，加上麵包和湯品套餐，提升滿足度。

這個也很推薦
加了煙燻鮭魚等配料的沙拉（M）600日圓

↑使用從早市進貨的新鮮蔬菜
↑位於仙台早市的入口

仙台站西口 平日 7:00OPEN

杜のごはん屋 チェリッシュ珈琲
もりのごはんやちぇりっしゅこーひー

供應齊全的日式及西式早餐料理，使用縣產食材的和式定食廣受好評，加100日圓即可將米飯換成浸泡發芽玄米。也很推薦店家提供的講究咖啡。

〔內用〕〔外帶〕

☎022-399-8368
🕐7:00～22:00（23:00閉店），週二7:00～10:30（11:00開店），週六、日、假日為11:30～22:00（23:00閉店）休無休 所仙台市青葉區中央3-1-18 🚃JR仙台站步行6分 P使用附近的停車場 MAP 附錄②P.4 F-4

赤城山麓自然卵的生雞蛋拌飯600日圓
早餐中最受歡迎的品項，可以直接品嘗到食材的美味，附宮城縣產的烤海苔和配菜。

↑從2樓的座位可以眺望青葉通成排的樹木

這個也很推薦
充滿鮮蝦美味的龍蝦醬咖哩飯套餐600日圓

吃得更豪華一點……

仙台站內 6:30OPEN

2017年7月 OPEN

FOREST KITCHEN with Outdoor Living
ふぉれすときっちんういず あうとどありびんぐ

位於仙台站東口的飯店餐廳，可以在優雅時尚的空間內，享用活用當季食材的自助式吃到飽料理。

〔內用〕〔外帶〕

☎022-794-8232
🕐6:30～9:45（10:00閉店）、11:30～14:30（15:00閉店）、17:00～22:00（23:00閉店）休無休 所仙台市青葉區中央1-1-1 Hotel Metropolitan Sendai East 3F 🚃直通JR仙台站 P使用附近的停車場 MAP 附錄②P.4 H-5

自助式吃到飽早餐 2400日圓
使用宮城的早晨現採蔬菜等，有大量使用當地食材的豐富料理。

使用當地食材的自助式吃到飽早餐

↑座位很多，給人開放感覺的店內

滿滿的水果與有機的穀片早餐

自製穀片780日圓＋手沖咖啡400日圓～
在店裡將燕麥烘烤冷卻後製成，連拍出漂亮照片這部分也替顧客包辦的人氣料理。

↑全部約15個座位的隨興空間

這個也很推薦
火腿起司可頌600日圓

一番町 7:00OPEN

darestore
であすとあ

包含三明治在內，從早上就可以吃到香蕉麵包等甜點，不妨搭配店家自行烘焙的特調咖啡一起品嘗。

〔內用〕〔外帶〕

☎080-2157-3002
🕐7:00～18:00，12～2月為8:00～ 休不定休 所仙台市青葉區一番町3-11-27 かねはち一番町ビル3F 🚃地鐵廣瀨通站即到 P使用附近的停車場 MAP 附錄②P.5 C-4

仙台站內 7:30OPEN

HUMMING MEAL MARKET COFFEE&BAR
はみんぐみーるまーけっと こーひーあんどばー

可以輕鬆順道前往的布魯克林風格咖啡廳，種類豐富的熟食、使用仙台人氣烘焙所咖啡豆的咖啡很受好評。

〔內用〕〔外帶〕

☎022-766-8382 🕐7:30～23:00，早餐為7:30～11:00 休準同S-PAL仙台東館 所仙台市青葉區中央1-1-1 S-PAL仙台 東館2F 🚃直通JR仙台站 P使用附近的停車場 MAP 附錄②P.4 H-5

早餐套餐A 540日圓
厚片吐司加上沙拉和其他甜點，一盤就讓人超滿足。

↑離票口很近非常方便

這個也很推薦
厚片雞蛋三明治410日圓

早晨、白天、夜晚
依時段分類的
徹底指南

必去觀光景點 ＋α

散步的空檔……
白天 找尋讓人看了開心的雜貨♪

豐富的
時尚木藝玩偶

旅行日曆各3132日圓
宮城的木雕玩偶工匠星定良與插畫家合作的商品，描繪了仙台的祭典和名產。

在旅行途中找到的中意物品，會成為有美好回憶的物品。CHECK 和仙台有所淵源的手工藝品和可愛的雜貨！

春日町 手作、藝術
Merry Merry Christmasland dia めりーめりー くりすますらんどでぃあ

集結了仙台和東京藝術家製作的手工雜貨和原創商品，販售文具和立體作品等豐富商品。

☎022-264-3010
🕐11:00～19:00 休無休
所仙台市青葉区春日町6-15 GIPビル1F 地鐵勾當台公園站步行5分 P使用附近的停車場 MAP附錄②P.5 A-1

這個也很推薦
火柴盒雜誌
各514日圓

↑店內擺滿藝術作品，就像玩具箱一樣

一番町 傳統工藝
光原社 こうげんしゃ

能感受到傳統工藝之美的器物、天然素材編成的籃子和篩網等，販售很多讓人想用在日常生活中的手工製品。

☎022-223-6674 🕐10:00～18:30（1～3月～18:00）休每月15日（逢週六、日、假日則營業）所仙台市青葉区一番町1-4-10 地鐵青葉通一番町站步行7分 P使用附近的停車場 MAP附錄②P.5 C-6

風情十足著名許多的和風餐具
↗陳列著許多的和風餐具

能感受到溫度的手工製品

琉球玩偶「鴿子麵包」（照片上）各1200日圓
飯糰麻雀（照片右下）900日圓
趣味十足表情可愛的琉球玩偶裝飾，在全國都很受歡迎。

這個也很推薦
彎曲薄木板「大館小判便當」8000日圓

一番町 香
仙台香房 露香 せんだいこうぼうろこう

販售50種以上原創香的專賣店，原創香的香氣展現了仙台的四季和祭典風情，燃燒後殘留的香味也不會改變，優良品質是其魅力所在。

☎022-211-6010 🕐11:00～18:30（週六、日、假日～18:00）休不定休 所仙台市青葉区一番町4-5-18 東一市場內 地鐵勾當台公園站步行5分 P使用附近的停車場 MAP附錄②P.5 C-2

↗也有販售線香台座和線香等商品

仙台四季香各1400日圓
包裝以七夕祭典的旗子為靈感，附玻璃珠香座，有6種香味。

仙台限定的原創香

這個也很推薦
香袋（大）1080日圓
（小）648日圓

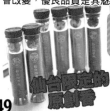

流行&可愛的
進口雜貨

「Fire-King」
馬克杯各5184日圓
50～60年代製造，耐熱玻璃古董馬克杯，設計也相當多樣化。

本町 室內裝飾品
3DAYS すりーでいず

經營理念為「讓人每天都享有週末三日的興奮心情」，販售多樣化的獨特進口雜貨、室內裝飾品等商品。

☎022-211-6588 🕐12:00～20:00 休無休 所仙台市青葉区本町2-9-17 石垣アパート1F 地鐵廣瀨通站步行7分 P使用附近的停車場 MAP附錄②P.4 E-2

販售國內外的獨特商品

這個也很推薦
「French Bull」
盤子（大）3024日圓
（小）1836日圓

充滿了
充滿玩心的商品

灰牛2925日圓～
將福島會津地區的工藝品「紅牛」，改成店家代表色灰、黃、白的設計。

↗也販售碗盤等餐具類用品多種

一番町 古董
Antique Show あんてぃーくしょー

販售家飾雜貨、餐具、飾品等很多時髦商品，也販售加入傳統工藝元素的原創商品。

☎022-266-0772 🕐11:00～19:00 休週四 所仙台市青葉区一番町1-4-26 ルミナビル1F 地鐵青葉通一番町站步行5分 P使用附近的停車場 MAP附錄②P.5 C-6

這個也很推薦
「bon boog」植物筆
1188～1944日圓

必去觀光景點＋α

松島・鹽竈

宮城的推薦區域

十多住一晚

必去觀光景點 +α 到這裡！

夜晚

觀光後……在仙台的2大橫丁

「文化橫丁」、「壹貳參橫丁」喝遍各間店

2個保留著昭和面貌的橫丁，是內行人才知道的景點。要不要去遍可以享用到名產美食和當地產酒的人氣店家，盡情享受漫漫夜晚呢？

步行30秒距離內的2個橫丁

壹貳參橫丁
いろはこちょう

前身為戰後攤販發起的中央公設市場，現在則有餐飲店和雜貨店等，擠滿了各種個性派商店。

MAP 附錄②P.5 D-5

文化橫丁
ぶんかよこちょう

被暱稱為「文橫」，以當地人長久以來喜愛的老牌餐飲店為中心，約有50間店鋪櫛比鱗次。

MAP 附錄②P.5 D-5

享受橫丁的方法

①去遍所有想去的店
2個橫丁距離很近，因此移動毫不費力。就算客滿，過一段時間再來也可能會有空位。

②享受和店員、常客聊天的樂趣
邊喝酒邊和當地人聊天也是橫丁的魅力之一，因此推薦坐可以輕鬆聊天的吧檯座。

深巷中名店雲集

文化橫丁

Ⓐ餃子元祖 八仙 22:30閉店
ぎょうざがんそはっせん

昭和28(1953)創業的老店，使用特製外皮，包入縣產豬肉、白菜、洋蔥、韭菜，用煎或是蒸等方法調理後，會搖身一變為令人驚艷的美味。

☎022-262-5291
🕐17:00～22:30（餃子售完打烊） 休週日、假日 所仙台市青葉区一番町2-4-13 地鐵青葉通一番町站即到 P使用附近的停車場

MAP 附錄②P.5 D-5

這個也很推薦
水餃
（1人份8個）640日圓

2→1樓為吧檯座，2樓有和式座位

這個也很推薦
蒸餃
（2人份16個）1160日圓

煎餃
（1人份8個）580日圓
已經事先調味，因此就算不沾醬也十分美味不膩口。也可以外帶。

酥脆、有彈性、多汁！
在地人氣名產煎餃

Ⓒあくび 24:00閉店

可以和宮城當地產酒一起好好品嘗口味樸實的料理，餐點以和食為基礎，每日更換內容。供應種類豐富的果實酒，也非常受到女性顧客的歡迎。

☎022-266-0604
🕐17:30～24:00 休週日 所仙台市青葉区一番町2-3-37 地鐵青葉通一番町站即到 P使用附近的停車場

MAP 附錄②P.5 D-5

能悠閒喝酒的實在居酒屋

這個也很推薦
沙拉 540日圓

特製燉煮內臟
540日圓
將豬內臟燉煮6小時以上的經典菜色，豬內臟吸收了信州味噌的濃醇香味和甘甜。

→自然的室內裝潢，讓人覺得非常舒適

Ⓑきむら 23:00閉店

使用了豬肉的串燒最為出名，老闆娘在石造的烤台上，將串燒燒烤至剛剛好的熟度。1串100日圓以下的便宜價格也讓人吃得開心。

☎022-227-0708
🕐17:00～23:00（售完打烊） 休週日、假日 所仙台市青葉区一番町2-4-17 地鐵青葉通一番町站即到 P使用附近的停車場

MAP 附錄②P.5 D-5

↑店內保留著濃厚的昭和風情

從創業時延續至今美味不變的豬肉串燒

這個也很推薦
酒
1杯200日圓！

豬五花肉97日圓
燒烤內臟86日圓
將柔軟的豬五花肉與口感彈脆的內臟，加上鹹甜的醬汁調味，也有只用鹽調味的串燒。

⒠ すけぞう ▣23:00閉店

細心製作的創作和食頗受好評，在居酒屋除了可以品嘗到大量當季食材的全餐料理以外，也有「すけぞう牛舌」（2160日圓）等豐富的單點料理。也供應很多少見的珍貴當地產酒。

☎022-227-5177
🕐17:30～23:00 休週日、假日、3月1日 🏠仙台市青葉区一番町2-3-28 🚇地鐵青葉通一番町站步行3分 Ｐ使用附近的停車場 MAP附錄②P.5 D-5

↑氣圍溫暖的空間，也設有吧檯座

すけぞう主廚精選全餐（5道）2700日圓
享用由前菜、小菜、生魚片、燒烤料理、燉煮料理組成的全餐，菜色隨季節變換，因此也有很多回頭客。

用細心製作的
和食料理搭配當地
日本酒

這個也很推薦
70種以上的日本酒排排站

水牛莫札瑞拉起司瑪格麗特DOC 1500日圓
有著濃郁奶香的莫札瑞拉起司，和有著恰好酸香的番茄醬汁是最佳拍檔。

⒡ Pizzeria Rocco びっつぇりあろっこ ▣14:00／23:00L.O.

利用石窯烘烤的拿坡里披薩很受歡迎，可以享受到表面酥脆、中心頗有嚼勁的口感。也供應使用當季食材的單點料理，搭配酒一起享用，讓人不知不覺一杯接一杯。

☎022-224-5733
🕐11:30～14:00（L.O.）、17:00～23:00（24:00閉店）休不定休 🏠仙台市青葉区一番町2-3-30 🚇地鐵青葉通一番町站即到 Ｐ使用附近的停車場 MAP附錄②P.5 D-5

↑店裡的6個座位就是店名的由來

這個也很推薦
杯裝葡萄酒1杯100日圓！

以合理價格
享用現烤披薩和葡萄酒

仿照英國酒吧打造的酒吧

小木屋派800日圓
使用牛絞肉的肉醬放在上面，加上馬鈴薯泥烘烤而成的英國料理。

⒢ Restaurant&Cafe EUR れすとらんあんどかふぇえうろ ▣14:00／22:30L.O.

可以放鬆享用義大利理和葡萄酒，料理活用了當地與當季的食材。也提供接受當天點餐的全餐料理和義大利麵等單點料理。

☎022-265-1740
🕐11:30～14:00（14:30閉店）、17:30～22:30（23:00閉店）（週日只有中午營業）休週一 🏠仙台市青葉区一番町2-3-30 🚇地鐵青葉通一番町站即到 Ｐ使用附近的停車場 MAP附錄②P.5 D-5

這個也很推薦
6種起司拼盤1200日圓

除了吧檯座以外，也有讓人放鬆的一般桌席

⒣ THE STEAMERS ざすてぃーまーず ▣14:30／翌1:00閉店

像是英國酒吧一樣的隨興酒吧，供應由英國當地家庭料理變化而成的料理，可以搭配威士忌和原創雞尾酒一起品嘗。

☎022-721-9250 🕐11:30～14:30、18:30～翌1:00（週六、日、假日僅晚上營業）休不定休 🏠仙台市青葉区一番町2-3-30 🚇地鐵青葉通一番町站即到 Ｐ使用附近的停車場 MAP附錄②P.5 D-5

這個也很推薦
有很多少見的珍貴威士忌

南側也享用正統義大利料理

半熟烤宮城產志波姬豬肩肉1800日圓
將柔軟的豬肉切成厚片，鎖住所有美味的一道料理，讓人好想配上紅酒一起享用。

以白色和木紋為基調的摩登空間

🚇
青葉通一番町站
地鐵東西線
青葉通
●藤崎
きむら
餃子元祖 八仙
文化橫丁
あくび
三林精肉店
Restaurant&Cafe EUR
THE STEAMERS
壹貳叁橫丁
Pizzeria Rocco
すけぞう
至仙台站→
サンモール一番街
南光院丁通

⒟ 三林精肉店 みつばやしせいにくてん

▣23:00（週日、假日為22:00）L.O.

供應豐富內臟料理的燒肉店，以合理價格供應優質肉品，醬汁加了大蒜，可以享受到舊時的燒肉美味。

☎022-713-0787
🕐17:30～23:00（24:00閉店），假日為17:00～22:00（23:00閉店）休週日（逢連假則休最後一日）🏠仙台市青葉区一番町2-3-41 🚇地鐵青葉通一番町站即到 Ｐ使用附近的停車場 MAP附錄②P.5 D-5

↑為每一桌各自使用炭火爐燒烤的類型

這個也很推薦
細打冷麵885日圓

享受用炭火燒烤的優質肉品

內臟全品項拼盤2052日圓
由13種內臟各取少量組成的拼盤，好好比較各種內臟的口感和脂肪的甘甜吧。

市區度假村&戶外活動方案

仙台市北部的泉花園市區內，分佈著購物中心和飯店，是相當受歡迎的戶外活動景點區域。不妨以「仙台皇家花園飯店」為據點，盡情享受綠意盎然的街道和大自然。

飯店專用的免費接駁巴士

仙台皇家花園飯店提供每日行駛的免費接駁巴士，只要是在飯店消費的客人，不論是誰都可以搭乘。上下車處為地鐵泉中央站前和仙台站東口巴士轉運站。

第1天

讓泉之岳和寬廣的田園風景療癒身心

在大自然中進行愉快的單車遊

10:20

沐浴在負離子中，爽快地騎自行車遊玩

通過竹林後，前方是光明瀑布

出發去騎自行車！

在飯店就能租借腳踏車，除了在飯店的周圍散步以外，也推薦朝泉之岳的方向稍微騎遠一點，一邊感受田園和林道的豐富自然一邊騎自行車遊玩。可以在飯店取得路線地圖。

☎022-377-1111 (仙台皇家花園飯店)
🕐6:00～22:00　¥1000日圓 (3小時)

12:30

天然酵母、無添加物的麵包 講究的料理讓人食指大動

在caslon紫山 享受午餐時間♪

以歐洲傳統的鄉土料理為中心，可以享受到朝麵包文化靠攏的單點料理。每一道料理都份量很多，因此點幾道料理一起分享才是 caslon 風格的享用方法。

☎022-377-8891
🕐11:00～18:30 (19:00閉店)
休無休　🏠仙台市泉区紫山1-1-4
Ｐ免費　MAP 附錄②P.13 A-4

超人氣caslon漢堡
大口品嘗100%藏王牛的極品漢堡肉
(附炸薯條1890日圓)

在豐富大自然環繞的空間裡度過美味片刻

14:00

下午輕鬆的享受半場高爾夫

享受走9洞的半場高爾夫

午後高爾夫

飯店步行 10分即可抵達，1人即可使用，就算不打球也可以同行 (限高中生以上)。

☎022-378-3311 (泉花園市區高爾夫俱樂部)
🕐14:00～14:30開始 (有季節性變動)　休1～2月的週一、二　¥(9洞) 平日4000日圓，週六、日、假日為5000日圓 ※置物櫃、淋浴間費用另計　🏠仙台市泉区明通1-1-1　Ｐ免費詳細資訊請參照官網　MAP 附錄②P.13 A-4

可以跟家族一起享受高爾夫球車兜風！
在夕陽西沉的30分間，可以搭乘自動行駛的高爾夫球車享受森林散步。請於仙台皇家花園飯店預約。(4～9月僅限住宿客)

戶外活動方案

第1天
10:00 抵達仙台皇家花園飯店
10:20 出發去騎自行車
11:45 回到飯店
12:30 在caslon紫山吃午餐
14:00 享受午後高爾夫
17:00 飯店check in
18:30 晚餐

第2天
8:30 享受早晨的庭園瑜珈
9:15 自助式早餐
11:30 泉之岳高空滑索

仙台皇家花園飯店交通資訊
🚄JR仙台站30分，東北自動車道泉IC 10分
🚌JR仙台站搭乘宮城交通巴士往泉花園市區方向，在寺岡六丁目・泉アウトレット下車即到

提供：三菱地所株式會社

度過優質時光

有美麗庭園的度假村飯店

17:00

仙台皇家花園飯店

仿照歐洲鄉村小房子打造的度假村飯店，高雅的室內裝潢讓人感受到其傳統和格調，推薦在有四季花朵妝點的庭園散步，或是參加豐富的戶外活動。

☎022-377-1111　🕐休視設施而異　📍仙台市泉區寺岡6-2-1　🅿免費　**MAP**附錄②P.13 A-4

推薦在這裡享用飯店晚餐

出色的度假村餐廳

在庭園搭起豪華露營帳篷，享用餐廳「CHEF'S TERRACE」的料理。餐廳也會配合季節推出萬聖節派對、在暖桌上吃火鍋等各式各樣的方案，最適合慶祝紀念日。午餐、晚餐各限定2組。

🕐需洽詢　¥1頂5000日圓，料理費用另計

因高人氣最好盡快預約

桂花苑

位於最高樓層的中華料理店，以講究的廣東料理為中心，可以品嘗到將食材原味發揮至最大限度的料理。

CHEF'S TERRACE

面朝庭園的餐廳，從自助式吃到飽的早餐、午餐到晚餐，都可以在此邊眺望庭園，邊度過美好的用餐時光。

七之森

供應活用山產及海產美味的現代鐵板料理，由廚師在眼前現煎的仙台牛牛排頗受好評。

在飯店觀察星空

飯店舉辦的「宇宙星象儀」活動，由擁有準星空解說員資格的工作人員，解說各季星星。在大廳休息室也可以品嘗到星座雞尾酒（800日圓）。

🕐週五、六、日，20:00～20:30（有時節性變動）　¥仙台皇家花園飯店住宿客免費

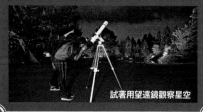

試著用望遠鏡觀察星空

也有可以眺望到太平洋的路線

穿過廣大的天空！令人興奮的空中散步

11:30

在泉之岳盡情享受大自然！

夏天的滑雪場，在纜繩裝上滑車一路滑下的高空滑索設施，有教練指導，因此可以安心遊玩。

☎022-379-3755（SPRING VALLEY泉高原滑雪場）　🕐5月下旬～10月下旬（期間中有部份遊樂設施不開放）　休需洽詢　¥2300日圓（仙台皇家花園飯店住宿客有優惠）　📍仙台市泉區福岡字岳山14-2　🅿免費　**MAP**附錄②P.14 G-3

第2天

8:30

早晨的庭園瑜珈體驗

在綠意盎然的庭園輕鬆體驗瑜珈，瑜珈老師會緩慢地重覆低難度姿勢，就算是初學者也可以安心體驗，邊深呼吸邊伸展身體，用爽朗的心情迎接新的一天吧。

🕐每天舉辦（10～3月在室內），8:30～9:10　¥1500日圓（仙台皇家花園飯店住宿客500日圓）

記得穿著方便活動的服裝參加

瑜珈讓身心都煥然一新

在多樣化商店用划算價格購物
仙台泉PREMIUM OUTLETS
せんだいいずみぷれみあむあうとれっと

仿照美國東北部街道風格打造的奢華空間，集結了時裝、雜貨等約80個人氣品牌。

☎022-342-5310　**MAP**附錄②P.13 A-4

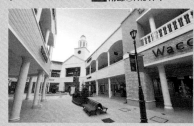

享受美食還是購買時裝都沒問題
泉花園市區Tapio
いずみぱーくたうんたぴお

鄰接暢貨中心的購物景點，約有80間店鋪，餐廳、咖啡廳和美食街店家選擇也相當豐富。

☎022-355-5500　**MAP**附錄②P.13 A-4

試著體驗農田的工作
農業體驗

採收原本香菇和南瓜、插秧、收割稻子等，可以體驗到四季的農業工作。也推薦親子一起參加。

☎022-377-1111（仙台皇家花園飯店）　¥仙台皇家花園飯店住宿客限定（最晚須在前一日預約）1200日圓～、小學生以下600日圓

也想順道去這裡

仙之

泉花園市區

松島・鹽竈

宮城的推薦區域

十多住一晚

仙臺居酒屋 おはな

●せんだいいざかや おはな　📞022-265-3872 美食

豐富的宮城嚴選食材

料理使用宮城近郊捕撈到的海鮮、市內契約農家送來的當季蔬菜，可以和品嚐酒師所選來自15家釀酒廠30種當地產酒一起品味。依時節不同，還可能喝到釀酒廠直送的秘藏品牌酒。

🕚11:30～14:00 (14:30閉店)、17:30～22:00 (23:00閉店)，週五、六為～23:00 (24:00閉店) 休週日 所仙台市青葉区中央2-5-1 三文字屋ビルB1 🚇地鐵廣瀨通站步行3分 Ⓟ使用附近的停車場

➡生魚片拼盤(2～3人份)2500圓，可以品嚐到剛處理好的新鮮海產

不論是品嚐美食還是購物都讓人好滿足
森林之都仙台的玄關口

仙台站周邊

●せんだいえきしゅうべん

區域指南

西口有購物大樓和種類豐富的餐飲店，東口則有娛樂景點和棒球場等，附近總是聚集許多人而熱鬧非凡。

MAP
附錄②P.4～6
住宿資訊
P.62-63～
洽詢電話
☎022-268-6251 (仙台觀光國際協會)

伊達のいろり焼 蔵の庄 総本店

●だてのいろりやき くらのしょうそうほんてん　📞022-268-2488 美食

將東北當季食材美味發揮至最大限度的料理

除了包含仙台芹菜火鍋在內的鄉土料理外，將金華鯖魚、牛舌等當地食材用炭火仔細燒烤的圍爐裏燒烤也相當出名。也供應種類豐富的東北各地當地產酒。

🕚16:00～23:30 (24:00閉店) 休無休 所仙台市青葉区中央1-8-38 AKビル4F 🚉JR仙台站即到 Ⓟ使用附近的停車場

➡仙台芹菜火鍋(11～2月)2～3人份2300日圓

旬房 街道 青葉

📞022-222-0018 美食

享受東北當季的美味和當地產酒

可以用合理的價格品嚐使用新鮮當季魚類、當地產蔬菜的料理。店裡駐有品酒師，建議請品酒師從種類豐富的當地產酒中挑選搭配料理的酒。

🕚11:30～14:00 (14:30閉店)、17:00～22:00 (23:00閉店) 休週日 (逢假日則翌日休) 所仙台市青葉区中央2-4-7 エンドウビル2・3F 🚉JR仙台站步行8分 Ⓟ使用附近的停車場

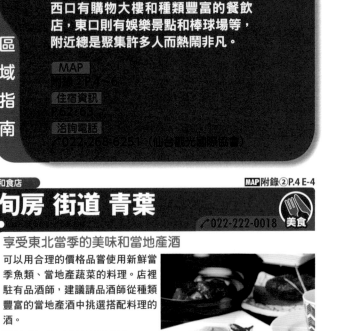

➡生魚片拼盤(5樣)2500日圓。在讓人放鬆的店內空間細細品味當季鮮魚

三陸魚貝 地酒 伊達路

📞022-227-9333 美食

別出心裁的當季料理

採古民宅風格的溫馨店內，可以一次吃到所有仙台名產，搭配當地酒，享用燒烤牛舌、三陸的新鮮海鮮、味道豐富的宮城地產蔬菜等料理。

🕚11:30～14:00 (14:30閉店)、17:00～22:00 (23:00閉店) 休週日 (逢假日前日則翌日休) 所仙台市青葉区中央2-4-8 🚇地鐵廣瀨通站步行7分 Ⓟ使用附近的停車場

➡除了全餐料理以外，也有燒烤牛舌1200日圓、3樣生魚片拼盤1500日圓等豐富的單品料理

漁亭浜や S-PAL店

📞022-266-6651 美食

將鮮魚製成豪華生魚片或季節海鮮蓋飯

在仙台重現曾經開在名取市閖上的料理店美味。供應大方使用當季海鮮的生魚片拼盤和季節海鮮蓋飯等，可以品嚐到新鮮的海產料理。適合搭配料理的當地產酒選擇也很豐富。

🕚11:00～22:00 (23:00閉店) 休準同S-PAL仙台公休日 所仙台市青葉区中央1-1-1 S-PAL仙台 本館B1 🚉JR仙台站即到 Ⓟ使用契約停車場

➡鮭魚炊飯定食(時價)在9月下旬～10月下旬的限定期間可以品嚐得到

仙台站周邊

松島・鹽竈

十多住一晚 宮城的推薦區域

かき小屋 飛梅 仙台站前店

牡蠣料理店　　　　　　　MAP 附錄②P.4 G-3

☎022-224-2240　美食

一整年都可以享用到石卷產牡蠣

位於仙台站旁的正統牡蠣小屋，可以品嘗到石卷直送的三陸海產。店家引以為傲的牡蠣只使用嚴選的牡蠣，鮮度超群。烤扇貝和烤海膽等料理也很受歡迎。

🕐16:00～24:00，週六、日、假日為12:00～
休無休
所仙台市青葉區中央1-6-39 菊水ビル仙台站前館2F
🚉JR仙台站即到
🅿使用附近的停車場

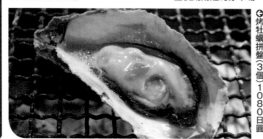

➡烤牡蠣拼盤（3個）1080日圓

奧州魚河岸酒屋 天海のろばた 本店

和食店　　　　　　　　　MAP 附錄②P.4 G-3

☎022-721-0345　美食

三陸當季鮮魚的豪邁拼盤

「師傅精選生魚片拼盤」由擁有30多年資歷的師傅嚴選食材，包含豪邁的鮪魚魚背在內滿滿的三陸鮮魚。常態供應宮城的當地酒類等20種以上的日本酒。

🕐17:00～23:00 (24:00閉店)
休無休
所仙台市青葉區中央1-6-1 Herb SENDAI 6F
🚉JR仙台站步行5分
🅿使用附近的停車場

➡師傅精選生魚片拼盤（2～3人份）2000日圓～，照片為5人份

たんや善治郎 仙台站前本店

牛舌店　　　　　　　　　MAP 附錄②P.4 G-3

☎022-723-1877　美食

極厚牛舌叫人食指大動

堅持以手工切片、灑鹽的牛舌，肉質柔軟、一咬就斷，搭配烘焙麥子的芳香麥飯一起品嘗吧。店內也設有下嵌式座位，整體氛圍讓人好放鬆。

🕐11:00～22:30 (23:00閉店)
休無休
所仙台市青葉區中央1-8-38 AKビル3F
🚉JR仙台站即到
🅿使用附近的停車場

➡牛舌定食1998日圓

伊達の旬菜 みわ亭

和食店　　　　　　　　　MAP 附錄②P.4 G-3

☎022-711-7611　美食

在令人放鬆的空間享用當季美味

可以盡情享用仙台牛、當地蔬菜和現撈海鮮等宮城縣產當季美味。店家貼心周到的服務也是其魅力所在，在有著純粹和式平靜氛圍的店內仔細品嘗講究的料理吧。

🕐11:30～14:00 (14:30閉店)、17:30～22:00 (23:00閉店)，週日、假日為～20:00 (21:00閉店)
休無休　所仙台市青葉區本町1-1-1 アジュール仙台2F
🚉JR仙台站步行5分
🅿使用附近的停車場

➡仙台牛鐵板燒1800日圓

CLOSE UP

仙台的廚房 聚集了蔬菜水果和鮮魚

戰後不久，攤販在因空襲而被燒光的車站前開始擺設攤位，這也是早市起源。現在也有很多蔬菜水果、鮮魚、熟食等店家櫛次鱗比。2017年4月，早市內的東四市場改裝重新開幕（→P.10）。

仙台早市
●せんだいあさいち
☎022-262-7173
（仙台早市商店街振興組合）
🕐8:00～18:00（視店鋪而異）　休週日、假日（部份店鋪會營業）
所仙台市青葉區中央4-3-28
🚉JR仙台站步行5分
🅿使用附近的停車場
MAP 附錄②P.4 F-5

➡各個店家都擺滿了東北各地的新鮮食材

別館 すが井

星鰻料理店　　　　　　　MAP 附錄②P.4 G-3

☎022-265-1963　美食

極品星鰻的多樣化創作料理

星鰻料理的專賣店，使用厚而鬆軟的天然星鰻。包含廣受歡迎的「盒裝星鰻飯定食」在內，有天婦羅蓋飯、生魚片、壽司、高湯玉子燒等，可以品嘗到約40種的星鰻料理。

🕐11:30～14:00 (14:30閉店)、17:00～22:30 (23:00閉店)
休週日、假日　所仙台市青葉區中央1-7-6 西原ビル5F
🚉JR仙台站步行5分
🅿使用附近的停車場

➡盒裝星鰻飯定食1250日圓，推薦最後將星鰻飯做成茶泡飯品嘗

採訪memo　「活用四季鮮魚的鄉土料理」市中心分布著可以品嘗到縣內各地鄉土料理的店家。其中在秋季可吃到將鮭魚肉和鮭魚卵放在飯上一起品嘗的「鮭魚炊飯」，是發源自亘理町荒濱的鄉土料理，從冬季到春季可吃到的「北寄貝飯」、夏季的「星鰻飯」也很值得推薦。

OGGI DOMANI

●おっじどまーに　　　☎022-214-6380　　美食

時尚的正統酒館

不論是想喝酒、想用餐還是想喝下午茶，各種時候都可以輕鬆順道前往這間酒館。使用了東北食材的義大利料理、西班牙風的多樣化小吃頗受歡迎。晚上連店外都會有站著喝酒的客人，非常熱鬧。

🕐15:00～翌2:00，週一為17:00～
休無休
所仙台市青葉区中央1-8-33 大正園ビル1F
🚃JR仙台站步行3分
Ｐ使用附近的停車場

後方也有一般桌席，前方為站立式吧檯座，

仙台焼き鳥とワインの店 大魔王

●せんだいやきとりとわいんのみせだいまおう　☎022-302-3090　美食

使用嚴選宮城縣產食材

店家引以為傲的烤雞串使用宮城縣產的嫩雞，味噌和醬油等調味料也堅持使用縣內產品。適合搭配烤雞肉串50種以上的葡萄酒以杯裝或瓶裝的方式供應。

🕐15:00～翌0:30（翌1:00閉店），週五、六、假日前日為～翌1:30（翌2:00閉店），週一為17:00～
休無休
所仙台市青葉区中央1-8-29 JYビル1F
🚃JR仙台站步行5分
Ｐ使用附近的停車場

◎使用雞腿肉、蔥等多樣化食材的烤雞串190日圓～

ん bistro

●んびすとろ　　　☎022-211-1881　　美食

在巷子裡享用家庭式法國料理

位於橫丁・仙台銀座的大人風格酒館。將新鮮蔬菜和熟成後的「とりば豚」等講究食材燒烤過的法國風味炭烤料理享有高人氣。晚上也供應全餐料理。

🕐11:30～13:30（14:30閉店）、17:30～22:30（23:30閉店），週六、假日為17:30～21:30（22:30閉店）
休週日
所仙台市青葉区中央3-10-3 仙台銀座内
🚃JR仙台站步行5分
Ｐ使用附近的停車場

◎香草炭烤とりば豚1620日圓～，照片為2～3人份

酒の穴 鳥心

●さけのあなとりじん　　☎022-222-6919　　美食

著名菜色為用備長炭燒烤的烤雞串

酒類商店直營的店家，用炭火燒烤的雞肉香氣四溢、口味清爽。常態供應20種以上的純米酒，此外，也有夏季的生酒和冷酒等種類豐富的季節限定酒類。

🕐17:30～22:00（23:00閉店），週六為17:30～21:30（22:30閉店）
休週日、假日
所仙台市青葉区錦町1-2-18 定禅寺HILL1F
🚃JR仙台站步行10分
Ｐ使用附近的停車場

◎店內流淌著巴洛克音樂，有著時尚而沉靜平穩的氛圍

RIGOLETTO TAPAS LOUNGE

●りごれっとたぱすらうんじ　☎022-716-0678　美食

執行地產地消方針的西班牙風義大利料理

店內掛著閃亮的水晶吊燈，供應西班牙風義大利料理，除了30種以上的小盤料理、西班牙小菜以外，柴窯披薩、生麵義大利麵等，使用當地食材的地產地消料理也引人矚目。

🕐11:30～翌1:30（翌2:00閉店）
休無休
所仙台市青葉区中央1-6-1 Herb SENDAI 1・2F
🚃JR仙台站步行3分
Ｐ使用附近的停車場

◎能輕鬆品嘗的小盤西班牙小菜320日圓～，正統義大利麵640日圓～

Charcoal Jus

●ちゃこーるじゅす　　☎022-266-3345　　美食

用炭火燒烤的方式享用宮城嚴選食材

使用三陸海域的新鮮海鮮、濃厚美味的仙台牛、當地產的有機蔬菜入菜的料理品項齊全，特別推薦能讓食材原味發揮至最大限度的炭火燒烤料理，請搭配葡萄酒一起盡情享用吧。

🕐17:00～24:00（翌1:00閉店）
休週一，每月休1次週日
所仙台市青葉区中央1-8-31 名掛丁センター街2F
🚃JR仙台站步行3分
Ｐ使用附近的停車場

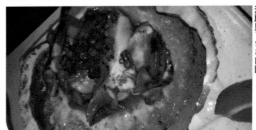

◎宮城縣產 奶油醬油燒烤 活扇貝798日圓

鯛魚燒店

うす皮たい焼き鯛きち 名掛丁店

●うすかわたいやきたいきちなかけちょうてん

🛍購物 📞022-224-7233

MAP附錄②P.4 F-4

薄薄外皮包著滿滿餡料

販售種類豐富的鯛魚燒，鯛魚燒酥脆的薄皮中包著紅豆或奶油等餡料。冷藏後再食用的鮮奶油鯛魚燒、含毛豆泥麻糬的鯛魚燒（週六、週日、假日限定）也廣受好評，有時候甚至要排隊才買得到。

🕐10:30～19:30（麵糊用完打烊）
休無休
🏠仙台市青葉区中央2-1-30須田ビル1F
🚃JR仙台站步行5分
🅿️使用附近的停車場

↳生鮮奶油鯛魚燒（1個）160日圓～，極品毛豆泥鮮奶油鯛魚燒200日圓等商品也很受歡迎

雜貨店

Simple & Warm Daimaru

●しんぷるあんどうぉーむだいまる

🛍購物 📞022-222-7679

MAP附錄②P.4 E-2

將生活妝點得更豐富的家飾

配合每個人的生活提出設計方案，造型美麗又好用的設計款家具、為每天的生活增添色彩的北歐雜貨等，商品種類豐富齊全。

🕐10:00～19:00 休無休
🏠仙台市青葉区本町2-6-32
🚃地鐵廣瀨通站步行3分
🅿️使用附近的停車場

↳販售重視木製品質感的溫柔氛圍家具

展示

繪畫和傳統木芥子

CLOSE UP

展示代表日本近現代美術創作者的繪畫和傳統木芥子、全世界的蝴蝶標本約14000件。博物館商店也販售木芥子周邊商品、蝴蝶和昆蟲類的鑰匙圈。

KAMEI美術館

●かめいびじゅつかん

📞022-264-6543
🕐10:00～16:30（17:00閉館） 休週一（逢假日則開館）
¥300日圓、高中生以下和65歲以上免費
🏠仙台市青葉区五橋1-1-23カメイ五橋ビル7F
🚃地鐵五橋站步行3分
🅿️使用附近的停車場

↳展示室陳列著五花八門的木芥子

MAP附錄②P.6 F-5

洋食店

WEST POINT

●うえすとぽいんと

🍴美食 📞022-264-3404

MAP附錄②P.4 G-3

吐司挖洞製成的麵包焗烤

位於大樓地下室的懷舊風洋食店，可以品嘗到番茄肉醬義大利麵等經典洋食料理。招牌菜為份量滿點的麵包焗烤，散發奶油香味的古早味廣受好評。

🕐11:30～14:30（15:00閉店）、18:00～22:00（23:00閉店） 休不定休
🏠仙台市青葉区中央1-7-2 アールアイビルB1 🚃JR仙台站步行5分
🅿️使用附近的停車場

↳厚約10cm，蘆筍鮮蝦麵包焗烤980日圓

咖啡廳

いたがき本店

●いたがきほんてん

☕咖啡廳 📞022-291-1221

MAP附錄②P.6 G-3

水果店直營的甜點咖啡廳

對水果無所不知的老字號水果店的附設咖啡廳，大量使用從全國各地進貨的當季水果的蛋糕、聖代種類齊全，可以充分享受到水果的鮮美和甘甜。

🕐9:00～19:00、週六、日、假日為～18:30 休無休
🏠仙台市宮城野区二十人町300-1
🚃JR仙台站步行7分
🅿️免費

↳水果冰淇淋布丁1026日圓，濃厚的布丁和有著清爽甜味的水果是最好的搭配

咖啡廳

cafe haven't we met opus

●かふぇはぶんとうぃーめっとおーぱす

☕咖啡廳 📞022-263-0581

MAP附錄②P.4 E-4

隱藏在室內商店街深處的隱密咖啡廳

位於安靜到不像是在市中心的地點，在現代風格的空間內，可以一邊享受悠閒時光，一邊品嘗簡單優質的飲品及甜點、三明治等餐點。

🕐11:00～20:00 休週三
🏠仙台市青葉区中央2-2-29 三好堂ビル2F
🚃JR仙台站步行5分
🅿️使用附近的停車場

↳超濃巧克力蛋糕486日圓（前方）、肉桂卡布奇諾594日圓（後方）

牛たん料理 雅

ぎゅうたんりょうりみやび

☎ 022-268-0715 美食

獨創的創意牛舌料理

可以透過多樣化的原創料理品嘗牛舌的美味。將生吃用牛舌烤至半熟的「燒烤牛舌」（1300 日圓），以及「炙烤半熟牛舌」都廣受好評，「炙烤半熟牛舌」使用1條牛舌中只能取得少量的稀少部位。

🕚11:30～13:30 (L.O.)、17:30～21:30 (L.O.食用完閉店)
🈺週日、一 (週日逢假日日，假日前日則營業) 🏠仙台市青葉区一番町2-6-17 內ヶ崎ビルB1
🚇地鐵青葉通一番町站步行3分
🅿使用附近的停車場

⊙加上大量的蔥花和麻辣醬汁，炙烤半熟牛舌2800日圓

因為購物景點和美食而熱鬧滾滾的
仙台市中心

一番町

以室內商店街為中心，集結了時裝大樓和許多美食景點的區域。從室內商店街稍微走遠一點，巷子裡的個性派商店也不能錯過。

| MAP |
| 住宿資訊 |
| 洽詢電話 |

區域指南

中国料理 シノワズリー啓樹

ちゅうごくりょうりしのわずりーけいじゅ

☎ 022-265-7453 美食

配料滿滿的創意中華冷麵

創作型中華料理店，摩登風格的氛圍頗受女性顧客歡迎。色彩鮮艷的冷麵加了薑，讓人食指大動。自製辣油和芝麻調和而成的「冷擔擔麵」（1350日圓）也非常受歡迎。

🕚11:30～14:30 (15:00閉店)、17:00～21:00 (22:00閉店)
🈺第1、3週一 🏠仙台市青葉区一番町3-7-1 電力ビルB1
🚇地鐵廣瀨通站即到
🅿使用附近的停車場

⊙加了海蜇皮的鮮蝦酪梨生薑風味冷麵（5～9上旬供應）1620日圓

酒菜 雷蔵

☎ 022-712-0766 美食

輕鬆享受當地酒和創作和食

可以享受到使用宮城當季食材的創作和食、多種當地酒和果實酒。一個人也能輕鬆踏入，隨興的氛圍是其魅力所在，可以在下嵌式的吧檯座悠閒放鬆地用餐。

🕚11:30～14:30、17:00～23:00 (23:30閉店) 🈺週日
🏠仙台市青葉区一番町3-6-12 菊地ビルB1
🚇地鐵廣瀨通站步行3分
🅿使用附近的停車場

⊙現炸的最軟雞肉可樂餅700日圓，很受女性歡迎

濃厚鶏そば シロトリコ

☎ 022-393-6676 美食

美味滿點的濃厚雞白湯

雞白湯拉麵的專賣店，濃稠、濃厚的湯頭充滿雞肉美味，很適合搭配比較細的直麵一起吃。可以加入桌上放的黑色七味粉、水果醋和肉味噌，享受味道的變化。

🕚11:00～15:00、17:00～23:00、週六、日、假日為11:00～21:00 (L.O.為各30分前)
🈺無休
🏠仙台市青葉区木町通1-1-23 永沼ビル1F
🚇地鐵北四番丁站步行7分
🅿使用附近的停車場

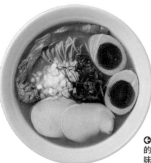

⊙濃厚而不膩口，最受歡迎的濃厚雞肉蕎麥麵（鹽）含調味半熟蛋890日圓

新富寿司

☎ 022-222-2594 美食

比較白肉魚的口感

座落於文化橫丁的老店，使用當天從石卷港進貨的魚、從契約農家進貨的米 Sasanishiki 等，利用嚴選食材製作的握壽司廣受好評。醃漬海鮮蓋飯使用以昆布醃漬過的4種白肉魚。

🕚18:00～23:00 (L.O.食材用完閉店)
🈺週日、假日
🏠仙台市青葉区一番町2-4-12
🚇地鐵青葉通一番町站步行5分
🅿使用附近的停車場

⊙仙台醃漬海鮮蓋飯1620日圓，僅於能取得4種白肉魚的日子供應

西點店

購物

けんと一番町店

☎022-215-5054

份量十足的手作餅乾

由夏威夷籍第三代日裔老闆手工製作,味道樸實的餅乾很受歡迎。常態供應30種以上的口味,期間限定的品項也不容錯過。餅乾的包裝時尚,最適合用來送禮。

🕚11:00～18:30　休無休
所仙台市青葉区一番町2-5-12 一番町中央ビル1F
地鐵青葉通一番町站即到
P使用附近的停車場

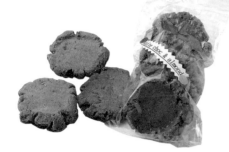

➡餅乾（1袋）430日圓～,溫和的口味非常吸引人

雜貨店

購物

ペチカ堂

☎090-7662-1529

⬆KarelCapek的女孩茶（50g）1296日圓

帶有溫度的雜貨和紅茶

店家位置隱密,販售可愛雜貨和 KarelCapek 紅茶等適合送禮的商品。此外也有店主親自挑選的器皿,以及出自仙台點心職人之手的烘焙點心等商品可供挑選。

🕚11:00～19:00
休不定休
所仙台市青葉区一番町1-14-30 VIBES一番町3F
地鐵青葉通一番町站步行5分
P使用附近的停車場

以森林之都為概念的綠色餃子

CLOSE UP

白天是味噌拉麵專賣店,晚上則是供應煎餃的居酒屋,皮和餡料都加了仙台產雪菜的當地美食「仙台青葉煎餃」享有高人氣,白天晚上都可以點,晚上可以沾仙台味噌特製醬汁品嘗。

一番五郎
●いちばんごろう

☎022-222-8808
🕚11:00～14:45（15:00閉店）、17:30～23:30（24:00閉店）、週日為11:00～14:45（15:00閉店）　休無休　所仙台市青葉区一番町2-3-30
地鐵青葉通一番町站即到
P使用附近的停車場
MAP附錄②P.5 D-5

➡仙台青葉煎餃（5個）410日圓,可以感受到蔬菜的甘甜,具有嚼勁的口感也很棒

關東煮、和食店

MAP附錄②P.5 B-1

美食

おでん三吉

☎022-222-3830

完整吸收高湯精華的關東煮

在仙台說到「關東煮」最先想到的名店。使用沙丁魚乾和日高昆布熬煮的高湯,風味高雅。常態供應秋刀魚漿、韭菜丸、章魚等25種關東煮。

🕚17:00～22:30（23:00閉店）,5～9月為18:00～21:30（22:00閉店）,週五、六、假日前日為～22:30（23:00閉店）
所仙台市青葉区一番町4-10-8
地鐵勾當台公園站即到
P使用附近的停車場

➡關東煮拼盤（2～3人份）2808日圓,關東煮單品為129日圓

法國料理

MAP附錄②P.5 D-3

美食

BAR & RESTAURANT LA·PAIX

☎022-263-5788

由在國外磨練的廚師所製作的法國料理

由想像力豐富的廚師所製作,活用食材原味的多樣化料理廣受好評。以法國料理的歷史和傳統為基礎,可以輕鬆享用到外觀也相當美麗的單點料理和全餐料理。葡萄酒約有200瓶以上,品項豐富。

🕚11:30～14:30（15:00閉店）、17:30～22:00（最後入店為21:30,22:30閉店）　休不定休　所仙台市青葉区一番町3-7-1 電力ビルB1
地鐵廣瀨通站即到
P使用附近的停車場

➡可自選菜色的午間全餐1944日圓～,價格合理

咖啡廳

MAP附錄②P.5 D-4

咖啡廳

prettissimo tisaneriche

☎022-281-9224

外觀也很可愛的自製蛋糕

仿照法國風格打造的咖啡廳,氛圍相當自然。供應塔、戚風蛋糕等約7種自製蛋糕,每日更換品項。可搭配原創的混合花草茶一起品嘗。

🕚10:00～19:30（20:00閉店）
休無休
所仙台市青葉区一番町3-1-16 PARM-CITY131ビル3F
地鐵青葉通一番町站步行3分
P使用附近的停車場

➡焦糖蘋果塔594日圓

採訪memo 「在室內商店街舉辦的市集「伊達美味市場」」在SUNMALL一番町商店街,會定期舉辦集結宮城和東北商品的市集,販賣麵包、點心、蔬菜、手作雜貨等。舉辦日期請參照官網。

東洋軒本店
●とうようけんほんてん
☎022-261-5565　美食

營業至深夜的廣東料理店

以廣東料理為中心，料理種類多樣而齊全的中華料理老店，一整年都可以品嘗到的中華冷麵、當地美食麻婆豆腐炒麵都頗受好評。營業至深夜，因此就算是較晚的時間也可以順道前往。

🕐11:30～翌3:45（翌4:00閉店），假日為～21:45（22:00閉店）　休無休
所仙台市青葉区国分町2-3-19
地鐵廣瀬站歩行10分
P使用附近的停車場

◆特製麻婆豆腐炒麵860日圓，麵條上淋上了大量的特製麻婆豆腐

國分町
●こくぶんちょう

區域指南

從江戶時代開始作為仙台商業中心繁盛至今，聚集了2000間以上的餐飲店，是東北首屈一指的鬧區，有很多營業至深夜的店，最適合愉快地喝一杯。

MAP　附錄②P.5
住宿資訊　P.62·63
洽詢電話
☎022-268-6251（仙台觀光國際協會）

Ostra de ole
●おすとらであおーれ
☎022-796-7579　美食

漁夫經營的牡蠣吧

由提出三陸產牡蠣美味吃法的石卷漁夫所經營的店家。使用每天早上從海邊直接送來的牡蠣，鮮度超群，可以生吃、焗烤、用香蒜橄欖油煮等，透過各式料理盡情享受牡蠣的鮮美滋味。

🕐17:00～翌0:30（翌1:00閉店）　休不定休
所仙台市青葉区国分町2-1-3 エーラクフレンディアビル1F
地鐵廣瀬站歩行5分
P使用附近的停車場

◆集結了當季的牡蠣，不選產地
5 piece套餐1080日圓

定禅寺通の和食 無垢とうや
●じょうぜんじどおりのわしょく むくとうや
☎022-263-6069　美食

使用當地產食材的和食及日本葡萄酒

可以欣賞定禪寺通上成排欅樹的和食店，用稻草炙燒的生魚片、仙台牛炙燒壽司、用米油油炸的天婦羅等著名菜色，活用食材原味而廣受好評。也十分推薦國產葡萄酒或日本酒。

🕐17:30～翌0:30（翌1:30閉店），假日為～23:00（24:00閉店）　休無休　所仙台市青葉区国分町3-3-5 リスズビル2F
地鐵廣瀬通站歩行5分
P使用附近的停車場

◆當季全餐料理3600日圓，不預約也OK

牛たん 一福
●ぎゅうたんいっぷく
☎022-265-7914　美食

元祖味噌漬牛舌享有高人氣

作為味噌醃漬牛舌的元祖店家廣受好評。花1週用味噌醬汁慢慢醃漬入味的牛舌，味道甜鹹、口感充滿彈性，可以享受到和經典鹽味不同的深層風味。

🕐11:30～22:30（23:00閉店）
休週日（逢假日前日則翌日休）
所仙台市青葉区国分町2-10-4 魚好ビル1F
地鐵勾當台公園站歩行5分
P使用附近的停車場

◆燒烤味噌漬牛舌定食1550日圓。也有涼拌生牛舌薄片、牛肉丸子等豐富的創作料理

海鮮割烹 魚旨処 しゃりきゅう
●かいせんかっぽう うおうまどころ しゃりきゅう
☎022-393-4322　美食

放鬆地享用美味的魚和酒

由師傅每天早上從石卷購入嚴選當季海鮮，三陸產新鮮海鮮握壽司一個100日圓起，除此之外，也有使用藏王的豆腐、仙台牛等特產的豐富單點料理。

🕐18:00～翌3:00　休週日
所仙台市青葉区国分町2-12-4 セブンビレッジビル1F
地鐵勾當台公園站歩行4分
P使用附近的停車場

◆非常受歡迎的握壽司拼盤（極）3240日圓

咖啡廳　　MAP附錄②P.5 B-1

Ganesh Tea Room

●ガネッシュティールーム

☎022-263-2467

咖啡廳

仙台紅茶製造商的直營店

印度正規拍賣的茶葉「新茶的紅茶」很受歡迎，推薦加上3種甜點的細心沖泡紅茶套餐。可以欣賞定禪寺通上成排櫸樹的吧檯座很受歡迎。

🕙10:00～20:00　　休無休
🏠仙台市青葉区国分町3-3-3 第3菊水ビル3F
🚇地鐵勾當台公園站即到
🅿使用附近的停車場

➡特別蛋糕套餐1296日圓

法國料理　　MAP附錄②P.5 B-3

Restaurant Chez papa

●れすとらんしぇぱぱ

☎022-264-1061

美食

大人風格的隱密餐廳

隱密的法國料理餐廳，雖然位於國分町，卻靜謐並帶著一股成熟氛圍。老闆兼主廚製作的料理，就連醬汁都加入蔬菜熬煮，溫和而具有深度的味道非常受歡迎。

🕙11:45～13:30（14:00閉店）、17:30～21:00（22:00閉店）　休週日、假日
🏠仙台市青葉区国分町2-2-11 オパール仙台ビル1F
🚇地鐵廣瀨通站步行7分
🅿使用附近的停車場

➡色彩鮮豔的晚間全餐4320～10800日圓

飯店　　MAP附錄②P.5 B-3

國分町CURE KOKUBUNCHO

●サウナ＆カプセルホテル キュア国分町

☎022-713-8526

住宿

三溫暖很受好評的膠囊旅館

建於鬧區的便利膠囊旅館，明亮的館內除了三溫暖以外，也有大浴場和露天浴池，可以不住宿純泡湯。以合理的價格住宿，確實地消除旅行疲勞。限男性住宿泡湯。

🕙24小時　　¥1泊3580日圓～、不住宿純泡湯750日圓～　休無休
🏠仙台市青葉区国分町2-8-33
🚇地鐵勾當台公園站步行5分
🅿收費（1000日圓／1泊）

➡館內很乾淨，可以度過舒適的住宿時光

啤酒吧　　MAP附錄②P.5 B-3

AMBER RONDO

●あんばーろんど

☎022-211-5686

美食

有著種類豐富精釀啤酒的啤酒吧

除了日本，老闆也親自前往比利時和德國等地的酒廠進貨，店內有種類齊全的啤酒。為了讓客人享受到最大程度的啤酒味道和香氣，進口啤酒以各品牌的專用酒杯供應。

🕙18:00～24:00（翌2:00閉店），週五、六、假日前日為～翌2:00（翌4:00閉店）　休無休　🏠仙台市青葉区国分町2-5-7 YS51ビル2F
🚇地鐵廣瀨通站步行5分
🅿使用附近的停車場

➡試著多喝幾種特徵豐富的啤酒互相比較

被音樂圍繞的
森林之都

CLOSE UP

以定禪寺通等城市各處為舞台舉辦的音樂祭，整座城市都會充滿爵士樂、流行音樂、搖滾樂等各種類型的音樂。每年約有700組職業或業餘的音樂家參加。

定禪寺街頭爵士音樂祭 in 仙台

●じょうぜんじすとりーとじゃずふぇすてぃばるいんせんだい

☎022-722-7382
（定禪寺街頭爵士音樂祭協會）
🕙9月中旬的週六、日，11:00～20:00　🏠仙台市青葉區定禪寺通、市公所前市民廣場等市內多處　🚇地鐵勾當台公園站即到　🅿使用附近的停車場
MAP附錄②P.5 C-1

➡市中心區域設有約50個舞台

漢堡　　MAP附錄②P.5 B-2

ほそやのサンド

☎022-223-9228

美食

長久以來受仙台人喜愛的漢堡

昭和25（1950）年創業的老字號漢堡專賣店。點餐後才開始煎的漢堡肉，使用100%國產牛肉，保留了牛肉原有美味的味道頗受好評，和麵包、蔬菜也有著絕佳的平衡。

🕙11:30～21:45（22:00閉店），週日、假日～19:45（20:00閉店）
休無休　🏠仙台市青葉区国分町2-10-7 大內ビル1F
🚇地鐵勾當台公園站步行5分
🅿使用附近的停車場

➡ほそや漢堡350日圓，樸實的味道很受歡迎

採訪memo　「宮城的精釀啤酒」發揮地區特色的精釀啤酒盛行，使用船形山系天然水的加美町「Yakurai啤酒」，使用當地產米和麥的角田市「仙南精釀啤酒」等，不論哪種都可以在「AMBER RONDO」品嚐到。

仙台的市中心飯店

在仙台市內，盡情享受美食、觀光和購物樂趣後，回到舒適的市中心旅館消除旅行的疲勞，在此介紹可以配合目的選擇的優秀飯店！

仙台華盛頓酒店
仙台ワシントンホテル

浴室附有坐著洗澡的空間，很受帶著幼兒的家庭客好評。餐點以「用早餐遊覽宮城」為理念，主要使用當地的食材，致力於地產地消。

☎022-745-2222
🏠仙台市青葉区中央4-10-8
🚃JR仙台站步行3分
🅿收費（1泊1000〜1500日圓）

MAP 附錄②P.4 G-6

↩最適合當作觀光據點的地理位置

DATA
共223間
¥ ⑤13392日圓〜
　 ⑦20628日圓〜
🕐IN14:00
　 OUT11:00

推薦重點
舒服的客房裡設置了原創寢具，能帶來舒適的睡眠

❶客房小巧又功能齊全，也有女性專用客房 ❷只有3間的「宮城客房」 ❸全部客房皆採用廁所和浴室分離的獨立型 ❹早餐為堅持使用宮城食材的日式及西式自助式吃到飽

位於仙台站旁，交通格外方便
❶

高雅的都市型飯店

推薦重點
為了讓客人有舒適的睡眠，使用原創的枕頭

↑立地十分便利，也非常靠近室內商店街
↩給人開闊感覺的轉角雙床房

三井花園飯店仙台
三井ガーデンホテル仙台

離國分町等鬧區很近，位於市中心的高雅飯店。最高的樓層有大浴場「SPA 悠月」，最適合消除旅行所帶來的疲勞。早餐可以品嘗到竹葉魚板和紫蘇捲等鄉土料理。

☎022-214-1131
🏠仙台市青葉区本町2-4-6
🚃地鐵廣瀬通站即到　🅿收費（1泊1200日圓，需預約）
MAP 附錄②P.5 D-2

DATA
共224間
¥ ⑤8000日圓〜
　 ⑦12000日圓〜
🕐IN15:00 OUT11:00

ANA Holiday Inn仙台
ANAホリデイ・イン仙台

位於仙台站東口，方便當作觀光據點的市中心飯店。早餐場地6時30分開放，很受一大早出發的顧客好評。也有簡單的純住宿方案、以單人房價格訂下雙床房的方案等五花八門的各種方案。

☎022-256-5111
🏠仙台市若林区新寺1-4-1　🚃JR仙台站步行6分
🅿收費（1泊1260日圓）
MAP 附錄②P.6 F-5

DATA
共165間
¥ ⑤6900日圓〜
　 ⑦9000日圓〜
🕐IN14:00 OUT11:00

↩距離仙台站東口很近

推薦重點
舒適的客房內設有席夢思床鋪和大螢幕電視

→天花板挑高的寬敞客房

有多樣齊全方案的市中心飯店

推薦重點
有許多會讓女性顧客感到開心的設備

設施完善的女性專用樓層

仙台站西口

仙台蒙特埃馬納酒店

ホテル モンテ エルマーナ仙台

走高架步道直通JR仙台站的飯店，立地非常方便。設有女性專用的禁煙樓層，基本化妝品和洗髮精等飯店備品也十分齊全。可在住宿者專用的浴場緩緩地消除旅途疲勞。

☎022-721-7501
🏠仙台市青葉区花京院1-2-15
🚃JR仙台站步行3分 🅿收費(1泊1300日圓)
MAP附錄②P.4 G-2

DATA
共275間
¥Ⓢ6000日圓～
Ⓣ11000日圓～
IN15:00 OUT11:00

① 時尚的標準雙床房
② 大浴場「Public Bath 青根」
③ 櫃檯位於2樓

仙台站東口

威斯特酒店 仙台

ホテルビスタ仙台

從仙台站東口步行4分即可抵達飯店，交通方便。早餐為日式及西式自助式吃到飽，可以品嘗到使用了牛舌等仙台美食的料理。

☎022-385-6222
🏠仙台市宮城野区榴岡1-7-3到 🅿收費(1泊1000日圓～)
MAP附錄②P.6 F-4

DATA
共238間
¥Ⓢ14000日圓～
Ⓣ25000日圓～
IN15:00 OUT10:00

推薦重點
有能品嘗到仙台美食的住宿方案

裝潢時尚的舒適空間

← 氛圍沉穩的高級雙床房

仙台站東口

仙台東大都會大飯店

ホテルメトロポリタン仙台 イースト

位於JR仙台站東口，適合觀光和商務等目的各異的住宿客。供應使用縣產食材豐富料理的自助式吃到飽早餐很受好評。飯店內也有各種餐廳＆酒吧。

推薦重點
直通車站，因此晚上才入住也不必擔心

☎022-268-2525
🏠仙台市青葉区中央1-1-1
🚃JR仙台站即到
🅿收費(1泊1200日圓)
MAP附錄②P.4 H-5

→ 全部客房皆禁煙，帶著小朋友一起入住也能舒適地度過住宿時光

直通仙台站，交通超方便！

DATA
共282間
¥Ⓢ25000日圓～
Ⓣ30000日圓～
IN15:00 OUT12:00

仙台站西口

Richmond Hotel 仙台

リッチモンドホテル仙台

全部的客房皆採用將羽絨被以床單包裹起來的鋪床方式。自助式吃到飽的早餐非常受歡迎，供應竹葉魚板和牛舌咖哩等名產美食。

☎022-722-0055
🏠仙台市青葉区花京院1-4-12
🅿收費(1泊1300日圓)
🚃JR仙台站步行8分
MAP附錄②P.4 G-1

DATA
共344間
¥Ⓢ6000日圓～
Ⓣ13500日圓～
IN14:00 OUT11:00

→ 有10種房型

自助式吃到飽的早餐廣受好評

推薦重點
備有潔淨舒適的床鋪和大桌子

仙台郊外

Sealuck Pal飯店 仙台

ホテルシーラックパル仙台

位於仙台東側的郊外，不論到機場或仙台港都很方便。有休閒、商務取向等各種住宿方案，在設有寬敞床鋪的客房可以悠閒度過住宿時光。

☎022-288-8639
🏠仙台市若林区六丁の目東町5-12
🚃地鐵荒井站步行15分
🅿免費
MAP附錄②P.8 F-5

建於郊外的飯店，價格合理

→ 位於仙台東部道路仙台東IC旁

DATA
共176間
¥Ⓢ5980日圓～
Ⓣ8800日圓～
IN15:00 OUT11:00

推薦重點
設有完善的免費停車場，推薦作為開車觀光的據點

依主題分類

秋保人氣景點

想和溫泉一起享受的

秋保溫泉（→P.68）是名列「日本三湯」之一的著名溫泉，魅力在於著名的景點都分佈在步行或騎自行車可抵達的範圍內，就算只有半天也可以玩得相當盡興。以觀光服務處為據點，試著隨意逛工藝工作室和風景名勝吧。

將旅行的回憶化作實體
物品創作體驗

↑商店販售玻璃作品

➔隔天完成，也可以用郵寄（運費另計）

完成了～MY風鈴！

體驗導覽

吹玻璃體驗
選擇圖案的顏色，體驗吹玻璃、製作成型等作業過程。

| 所需時間30分 |
| 最晚需在前一天預約 |
| 3000日圓 |

↑會有1對1的指導幫助

🚶 從秋保·里中心步行4分

製作原創的玻璃作品
ガラス工房 元
がらすこうぼうげん

玻璃工藝藝術家佐藤元洋的藝廊兼商店。可在附設的工作室體驗吹玻璃和挑戰製作風鈴、杯子、小酒杯、小碗等玻璃器物。

📞022-398-4123 🕐10:00～17:00 休週二 所仙台市太白区秋保町湯元枇杷原西18 P免費 MAP附錄②P.15 A-6

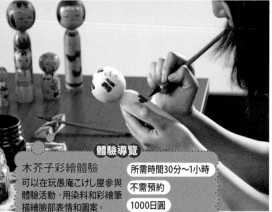

🚴 從秋保·里中心騎自行車7分

輕鬆挑戰傳統工藝
秋保工藝之里
あきうこうげいのさと

想買這個♪

➔百想木芥子1200日圓（右）、小寸木芥子1000日圓（左）

木芥子、仙台櫃子、藍染等傳統工藝的工作室集結於此，除了能購買作品外，還提供各種體驗，可參觀工匠製作過程，這些活動也很吸引人。

📞022-398-2673（玩愚庵こけし屋）🕐9:00～17:00 休無休（工作室有定休日，需洽詢）所仙台市太白区秋保町湯元上原54 P免費 MAP附錄②P.15 A-6

↑相連的7種、9間工作室

體驗導覽

木芥子彩繪體驗
可以在玩愚庵こけし屋參與體驗活動，用染料和彩繪筆描繪臉部表情和圖案。

| 所需時間30分～1小時 |
| 不需預約 |
| 1000日圓 |

🚴 從秋保·里中心騎自行車5分

實際感受萬花筒的美麗世界
仙台萬花筒美術館
せんだいまんげきょうびじゅつかん

展示世界各地的萬花筒藝術家的作品，可以實際觀看欣賞萬花筒。美術館附設的商店售有種類豐富、價格平實的萬花筒。

📞022-304-8080 🕐9:30～16:30（17:00閉館）休無休 ¥900日圓、高中小學生450日圓 所仙台市太白区茂庭松場1-2 P免費 MAP附錄②P.15 B-6

↑產示室陳列了很多少見的萬花筒

看起來這麼美！

↑體驗活動所製作的作品範例

體驗導覽

天然石手作萬花筒
可以選擇天然石和小裝飾物等零件，製作自己喜歡的萬花筒。

| 所需時間30分～1小時 |
| 不需預約 | 3890日圓 |

首先順道到這裡

便於作為觀光據點

秋保·里中心
あきうさとせんたー

附設觀光服務處的觀光設施。4～11月可以免費租借自行車 MAP附錄②P.15 A-6

📞022-304-9151 🕐9:00～18:00 休無休 所仙台市太白区秋保町湯元寺田原40-7 園JR仙台站搭乘宮城交通巴士往秋保溫泉方向，秋保溫泉的里センター下車即到 P免費

↑館內設有完善的投幣式置物櫃

➔4～11月的週六、週日、假日還可以享受足湯

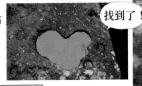

體驗導覽

溪谷散步

設有完善的散步道，可以享受四季不同的風景。

| 所需時間30分 |
| 不需預約 |
| 免費 |

➡自然形成的岩石凹洞「覗橋♡心型」

找到了！

想要稍微走遠一點去看看！

🚌 從秋保・里中心搭巴士25分

➡被指定列入「日本的瀑布百選」

氣勢磅礴傾瀉而下的著名瀑布

秋保大瀑布
（あきうおおたき）

落差55m、寬6m的雄壯瀑布。除了從賞瀑台欣賞，也設有到瀑布潭的散步道，可以近距離感受瀑布的磅礴水聲和水花。

📞022-398-2323（秋保溫泉鄉觀光服務處）
🕐自由參觀 📍仙台市太白区秋保町馬場大滝地内
Ⓟ免費 **MAP** 附錄②P.14 F-5

🚶 從秋保・里中心步行即到

邊眺望清澈的河流和瀑布邊散步

磊峽
（らいらいきょう）

流經溫泉街的名取川沿岸，有長約1km的美麗溪谷風景，試著尋找愛心形狀的岩石凹洞「覗橋♡心型」吧。

📞022-398-2323（秋保溫泉鄉觀光服務處）
🕐自由參觀 📍仙台市太白区秋保町湯元枇杷原地内
Ⓟ利用秋保・里中心的停車場 **MAP** 附錄②P.15 A-6

這裡也不可錯過！**矚目景點**

🚲 從秋保・里中心騎自行車6分

齊全豐富的秋保伴手禮

秋保Village
（あきうう゛ぃれっじ）

販售豐富地產蔬菜、食品、伴手禮的觀光物產館。美食街的露台設有足湯，可以邊泡腳邊享用在店內購買的飲品及食物。

📞022-302-6081
🕐9:00～18:00（茶っぽりん為10:00～16:00）休無休 📍仙台市太白区茂庭中谷地南32-1 Ⓟ免費

MAP 附錄②P.15 B-6

體驗導覽

悠閒～地泡足湯

茶專賣店所經營的獨特設施，加了大量茶湯的足湯。

| 所需時間10分～ |
| 不需預約 |
| 免費 |

➡秋保甘酒花ばれん（190ml）313日圓（左）、仙台味噌蜂蜜蛋糕648日圓（右）

🚶 從秋保・里中心步行5分

參觀仙台唯一的酒莊

秋保釀酒廠
（あきうわいなりー）

也設有釀造場和商店，販售葡萄酒、使用縣產蘋果的蘋果酒和下酒菜等商品，也有提供杯裝葡萄酒和輕食。

📞022-226-7475
🕐9:30～17:00
休週二
📍仙台市太白区秋保町湯元枇杷原西6
Ⓟ免費
MAP 附錄②P.15 A-6

美味～

➡葡萄酒（紅、白、粉紅）各2160日圓

體驗導覽

收費試飲＆參觀釀造

供應約7種杯裝葡萄酒，可以隔著玻璃觀看釀造作業過程。

| 所需時間10分～ |
| 不需預約 |
| 試飲200日圓～，參觀免費 |

石窯烘烤的正統拿坡里披薩

森のオーブン Dottore
（もりのおーぶんどっとーれ）

可以品嘗到用天然酵母製成的拿坡里披薩，也供應迷你尺寸，可當輕食享用。

📞022-797-5681 🕐11:00～16:00（17:00閉店）休週三 📍仙台市太白区秋保町湯元字釜土1 🚌JR仙台站搭宮城交通巴士往秋保溫泉方向，秋保溫泉湯元下車，步行3分 Ⓟ免費

MAP 附錄②P.15 A-6

➡更棒的瑪格麗特披薩1850日圓（附飲品）

要排隊的名產萩餅

秋保おはぎ本舖 さいち
（あきうおはぎほんぽさいち）

1日平均可以售出5000個以上的萩餅，萩餅堅持不使用人工添加物，大顆且甜味溫和。

📞022-398-2101 🕐9:00～19:30 休第2、4週三 📍仙台市太白区秋保町湯元薬師27 🚌JR仙台站搭宮城交通巴士往秋保溫泉方向，薬師下車即到 Ⓟ免費

MAP 附錄②P.15 A-5

➡秋保萩餅（2個入）216日圓

可以順道前往的美食景點

作並著名景點指南

作並溫泉（→P.69）的魅力就在於可以邊眺望廣瀨川和美麗的群山邊享受溫泉。附近分布著威士忌蒸餾所、寺院和風光明媚的著名瀑布等綠意盎然的觀光景點，不妨在豐富的大自然中舒緩身心，遊覽這些風景名勝。

What's 日果威士忌？

由打下日本威士忌基礎的竹鶴正孝所創，昭和15（1940）年發售威士忌時，因當時的公司名稱「大日本果汁株式會社」的簡稱為「日果」，而命名為「日果威士忌」。

↑竹鶴正孝和妻子Rita因連續劇《阿正與愛莉》而掀起話題

↑像是歐洲庭園一樣的氛圍

CHECK 1 參觀蒸餾所

遊覽平常無法參觀到的蒸餾塔等地，解說員會一邊解說威士忌的製造工程和歷史。
⏰9:00～11:30、12:30～15:30（每15～30分舉辦一次，所需時間約1小時）
💴免費參觀，可在官方網站上先行預約（10名以上需預約）

↑蒸餾2次後就會有輕盈的果香

↑原酒裝入酒桶內，在貯藏庫熟成

←試飲區準備了威士忌酒2種、蘋果酒和無酒精飲料

CHECK 2 可以用便宜價格試喝約30種的威士忌

可在付費試飲區喝到少見的威士忌和蘋果酒，1杯100～500日圓，不參觀工廠也可以試喝。

←聞香氣著名陳列的樣品酒可試酒

CHECK 3 購買限定伴手禮！

除了仙台工廠限定的5種威士忌以外，還有販售巧克力等豐富的點心類商品。

酒桶咖啡豆巧克力 1000日圓
將咖啡豆裹上巧克力製成。

單一桶51度（500ml）2600日圓
酒精濃度較高，味道厚重濃醇。

宮城峽蒸餾所限定調和威士忌（500ml）3000日圓
華麗而帶有果香的威士忌。

綠意圍繞的威士忌蒸餾所

日果威士忌仙台工廠 宮城峽蒸餾所
にっかういすきーせんだいこうじょうみやぎきょうじょうりゅうしょ

很有情調的紅磚建築威士忌工廠，境內綠意環繞，就像是自然公園一樣，可以在其中舒適地漫步。任何時候皆可參觀工廠，參觀後還可享受免費試飲。

📞022-395-2865 ⏰9:00～16:30 🏠不定休
🏣仙台市青葉区ニッカ1 🚃JR作並站步行30分（週六、日、假日有接駁車）🅿免費
MAP 附錄②P.15 B-2

↑建設為繼北海道余市後的第2蒸餾所

2017年3月OPEN！ 遊 客 中 心

2017年3月新設立的遊客參觀設施，以展板和影像展示日果威士忌的歷史和製法等，可以實際感受單一麥芽原酒的顏色和香氣，週六、週日、假日還會舉辦付費試喝威士忌的講座（需預約）。

↑設置專區舉辦期間限定的企劃展

↑以淺顯易懂的方式展示說明威士忌的製法過程

↑可以近距離觀看實際在使用的酒桶

有大大小小瀑布的廣瀬川著名瀑布 CHECK

鳳鳴四十八瀑布
ほうめいしじゅうはちたき

瀑布的名稱由來，據說是因為其優美的水聲就像鳳凰的鳴叫聲一樣。大大小小無數的瀑布交疊流瀉而下的風景，魄力十足，也可以從展望台或步道眺望瀑布。

📞022-392-2111（仙台市青葉區宮城總合支所城市營造推進課）
🚶自由參觀　📍仙台市青葉區作並棒目木　🚉JR作並站車程4分　🅿免費
MAP附錄②P.15 B-2

↻讓清冽的水聲洗滌心靈

四季風景非常美麗
春天的新綠及秋日的紅葉時節，聳立的險峻溪谷會染上鮮明的色彩。

→供奉著著阿彌陀如來的寶軸（秘軸）

→作為祭祀平貞能並祈求永遠和平的象徵而建立

當地人熟悉的如來

定義如來（極樂山西方寺）
じょうぎにょらいごくらくさんさいほうじ

祭祀平貞能所安置的阿彌陀如來，據說能帶來好姻緣、子嗣和安產等，而有許多香客前來參拜。不可錯過能感受到歷史氛圍的山門與高29m的五重塔。

📞022-393-2011　🚶自由參拜　📍仙台市青葉區大倉上下1　🚉JR作並站車程40分　🅿免費　MAP附錄②P.14 F-4

CHECK
定義豆腐店的「三角定義油豆腐」
鬆軟芳香、味道樸實的油豆腐是這裡的招牌，可以坐在店外的桌椅或長凳上品嘗。

📞022-393-2035　🕐8:00～17:00
🈺不定休　📍仙台市青葉區大倉下道1-2
🚉JR作並站車程40分　🅿免費
MAP附錄②P.14 G-4

↑位於參道上的人氣店家

三角定義油豆腐 130日圓
在店內一個一個手工油炸而成

惹人憐愛的樸素作並木芥子

平賀こけし店
ひらがこけしてん

製作作並木芥子的工作室，作並木芥子特徵為溫柔的眼睛和纖細的身體。工作室有豐富且可愛多彩的原創木芥子和迷你木芥子，也可以參觀工房。

📞022-395-2523　🕐7:00～19:00　🈺不定休　📍仙台市青葉區作並元木13　🚉JR作並站車程5分　🅿免費　MAP附錄②P.15 A-1

鬆鬆木芥子(右)2200日圓～
迷你木芥子(左上)1000日圓～
可愛的木芥子是很受歡迎的伴手禮。

CHECK
嘗試彩繪體驗
推薦參加傳統的作並木芥子彩繪體驗當作旅行的回憶（700日圓，最晚需在3天前預約）。

→也有很多原創木芥子

有著引以為傲足湯的觀光交流設施

湯之街作並 觀光交流館Lasanta
ゆのまちさくなみかんこうこうりゅうかんらさんた

位於國道48號旁的設施，設有觀光服務處、商店、輕食區等。從威士忌酒桶流出的源泉放流足湯非常有名，可以輕鬆享受到作並的著名溫泉。

📞022-391-4126　🕐9:00～17:00　🈺無休　📍仙台市青葉區作並元木2-7　🚉JR作並站車程5分　🅿免費
MAP附錄②P.15 A-1

市↻也會舉辦農夫市集等活動

CHECK
附設咖啡廳的甜點
境內的「L'Albero」咖啡廳，可以品嘗到「溫泉蛋霜淇淋」（500日圓）等甜點。

→泡獨特的足湯消除旅途的疲勞吧

甜點使用講究的小麥製作

小麥屋CAFE Coco Bran
こむぎやかふぇここぶらん

咖啡廳供應使用自家栽培小麥製作的甜點，活用現磨小麥奶香味的冰淇淋，蘋果石榴果汁「金星之泉」很受歡迎。

📞022-395-8812
🕐11:30～17:00
🈺平日不定休　📍仙台市青葉區作並棒目木10　🚉JR作並站車程4分　🅿免費
MAP附錄②P.15 B-2

↑自製的小麥冰淇淋550日圓、金星之泉600日圓

自製的鹹派很受歡迎

Les Copains de Campagne
レコパン ドゥ カンパーニュ

在小木屋風格的店內，可以品嘗到加了蔬菜和香草的自製歐風家庭料理，甜點種類豐富，也很推薦在此喝下午茶。

📞022-395-3110　🕐11:00～19:30（20:00閉店，平日14:00～17:00僅供應下午茶和輕食）　🈺不定休　📍仙台市青葉區作並川原17-1　🚉JR作並站車程3分　🅿免費
MAP附錄②P.15 B-2

↑Les Copains鹹派（附沙拉）770日圓

使用蔬菜的柴窯披薩

Pizzeria vegetariana L'Albero
ぴっつぇりあべじたりあなあーなあるべろ

使用農家直接送來新鮮蔬菜的披薩和義大利麵很受歡迎，用柴窯烘烤的披薩口感很有彈性，可以充分享受到蔬菜的美味。

📞022-392-9570　🕐11:00～15:30（16:00閉店），17:00～21:00（22:00閉店），週六、日、假日為11:00～21:00（22:00閉店）　🈺週假日則營業　📍仙台市青葉區上愛子白沢23-1　🚉JR陸前白沢站車程3分　🅿免費　MAP附錄②P.14 G-5

↑披薩或義大利麵加前菜拼盤的套餐1850日圓

以溫泉為傲的旅館

秋保溫泉・作並溫泉

從仙台市中心到2個溫泉地交通非常方便，秋保溫泉位於名取川沿岸，作並溫泉則位於廣瀨川上游河畔，可以邊讓清澈河流的潺潺水聲療癒身心，邊悠閒地享受溫泉。

在館內享受溫泉巡禮

↑溫泉自豪之處
透過各有不同風情的大浴場享受秋保之湯。

秋保

新水戶屋飯店
【ホテルニュー水戶屋】

寬永年間創業的老字號飯店，除了有露天浴池、岩石浴池、檜木浴池等16種浴槽的大浴場「藥師之湯」以外，還有3種包租浴池，在館內可以盡情享受溫泉巡禮。使用大量鄉土食材的料理也很受好評。

☎022-398-2301
🏠仙台市太白區秋保町湯元藥師102 🚌JR仙台站搭宮城交通巴士往秋保溫泉方向，秋保溫泉湯元下車即到（有JR仙台站接送服務，需預約）
🅿免費　MAP附錄②P.15 A-5

DATA
¥1泊2食 16890日圓～
🕐IN14:30 OUT11:00

露天浴池	包租浴池
房間用餐	
不住宿溫泉	1080日圓

↑設有游泳池等設施的大型飯店 ↑包租浴池「流芳」（45分3240日圓），從窗戶可以欣賞到四季不同的風景

↑大浴場有滿月浴池和陶器浴池

泡與伊達家有淵源的著名溫泉

↑有室外庭園和附露臺的房型很受歡迎

溫泉自豪之處
寬敞的大浴場，源泉放流的露天浴池很受好評。

DATA
¥1泊2食 19590日圓～
🕐IN15:00 OUT11:00

露天浴池	包租浴池
房間用餐	
不住宿溫泉	附餐點4174日圓～，需預約

↑陽光灑入，富有情調的「名取之御湯」

秋保

伝承千年の宿 佐勘
【でんしょうせんねんのやどさかん】

傳統而高雅的溫泉旅館，據說曾是伊達家泡溫泉的地方。男女分別有專用的大浴場和露天浴池，可以在此享受到秋保有名的溫泉。使用從全國各地進貨嚴選食材的料理也頗受好評。

☎022-398-2233 🏠仙台市太白區秋保町湯元藥師28 🚌JR仙台站搭宮城交通巴士往秋保溫泉方向，秋保溫泉湯元下車即到（有JR仙台站接送服務，需預約）🅿免費
MAP附錄②P.15 A-5

秋保

仙台 秋保溫泉 岩沼屋
【せんだいあきうおんせんいわぬまや】

寬永2（1625）年創業的溫泉旅館，承繼了創業當時的傳統。供應使用當季食材、風味豐富的宴席料理。溫泉刺激少、觸感溫和，可以度過讓人心情放鬆的時光。

溫泉自豪之處
在寬敞的「神嘗之湯」被木頭的香氣環抱其中。

↑全木造的「神嘗之湯」，可以眺望到日本庭園

☎022-398-2011
🏠仙台市太白區秋保町湯元藥師107 🚌JR仙台站搭仙台西部ライナー巴士往秋保溫泉方向，佐勘前下車即到（有JR仙台站接送服務，需預約）
🅿免費　MAP附錄②P.15 A-6

DATA
¥1泊2食 17430日圓～
🕐IN15:00 OUT10:00

露天浴池	包租浴池
房間用餐	
不住宿溫泉	1270日圓、週二、四為女性限定入浴日

傳統的旅館有著沉穩的氛圍

↑堅持使用當季食材的和食宴席料理

被美麗森林環繞的
優質空間

⬆融入自然的露天浴池

瑞鳳飯店
【ホテル瑞鳳】

有像是圍繞著日本庭園的露天浴池，在這裡可以享受到打湯、立湯等6種溫泉。純數寄屋建築樣式的奢華客房、日式及西式中共55種料理的自助式吃到飽晚餐也非常受歡迎。

☎022-397-1111 🏠仙台市太白区秋保町湯元除26-1 🚌JR仙台站搭宮城交通巴士往秋保溫泉方向，磊々峽下車即到(有JR仙台站接送服務，需預約) Ｐ免費 **MAP**附錄②P.15 B-6

⬆位於名取川沿岸的大型飯店

DATA
¥1泊2食 15350日圓~
⏱IN15:00 OUT10:00
露天浴池 　　包租浴池
房間用餐
不住宿溫泉 　1330日圓

温泉自豪之處
泡露天浴池時，可以一邊欣賞四季風景。

⬆露天浴池位於美麗的日本庭園中

在6種露天浴池內盡情享受溫泉

温泉自豪之處
露天浴池位於河川沿岸，可感受到療癒的森林氣息。

清水飯店
【ホテルきよ水】

離溫泉街有一段距離，建於名取川沿岸的靜謐之處，在露天浴池泡湯時，可以一邊傾聽河川的潺潺水聲，非常舒適。由熟練的廚師所製作、大量使用當地食材的料理也廣受好評。

☎022-397-2555 🏠仙台市太白区秋保町湯元平倉1 🚌JR仙台站搭乘宮城交通巴士往秋保溫泉方向的，秋保溫泉湯元下車，步行20分(有JR仙台站接送服務，需預約) Ｐ免費 **MAP**附錄②P.14 G-5

DATA
¥1泊2食 21600日圓~
⏱IN15:00 OUT10:00
露天浴池 　　包租浴池
房間用餐
不住宿溫泉 　附毛巾1350日圓

⬆13張榻榻米以上的寬敞客房，從客房可以看得見溪流

Yuzukushi Salon 一之坊
【ゆづくしさろんいちのぼう】

在景觀美妙的「廣瀬川源流露天浴池」中，有清澈河流溫泉和立湯等，可以在大自然中盡情享受溫泉。在1樓的沙龍，可以免費品嘗到現磨咖啡豆沖的咖啡和甜點。

☎022-395-2131 🏠仙台市青葉区作並長原3 🚌JR仙台站搭仙台市營巴士往作並溫泉方向，作並溫泉元湯下車即到(有JR作並站接送服務，需預約) Ｐ免費 **MAP**附錄②P.15 A-1

DATA
¥1泊2食 19224日圓~
⏱IN15:00 OUT11:00
露天浴池 　　包租浴池
房間用餐
不住宿溫泉 　1500日圓，週六、日、假日2000日圓

温泉自豪之處
有3個源泉、不同風情的8種浴池、可以盡情享受溫泉。

引流了3個源泉的溫泉度假村
⬆廣瀬川源流露天浴池中的4個浴槽和艾草蒸氣浴池

充滿野外風情的天然岩石浴池特別出名

⬆天然岩石浴池(混浴)位於清澈的河流岸邊

温泉自豪之處
在擁有特殊風情的天然岩石浴池，邊享受大自然邊泡湯。

鷹泉閣 岩松旅館
【ようせんかくいわまつりょかん】

創業220年，有5個源泉的老字號旅館。在留存創業當時氛圍的2個天然岩石浴池，可以體驗到和廣瀬川融為一體的感覺的女性專用清澈河流溫泉、大浴場等6種溫泉可盡情享受泡湯樂趣。

☎022-395-2211 🏠仙台市青葉区作並元木16 🚌JR仙台站搭仙台市營巴士往作並溫泉方向，作並溫泉元湯下車即到(有JR作並站接送服務，需預約) Ｐ免費 **MAP**附錄②P.15 A-1

DATA
¥1泊2食 11880日圓~
⏱IN15:00 OUT10:00
露天浴池 　　包租浴池
房間用餐
不住宿溫泉 　附毛巾1270日圓，週六、日、假日1570日圓

華乃湯飯店
【ホテル華乃湯】

可以享受河畔浴池、山邊浴池、景觀浴池等男女各4種的溫泉巡禮，也有源泉放流的包租露天浴池和客房露天浴池。使用早上現採無農藥蔬菜的創作料理吃到飽非常受歡迎。

☎022-397-3141 🏠仙台市太白区秋保町湯元除33-1 🚌JR仙台站搭宮城交通巴士往秋保溫泉方向，磊々峽下車，步行3分(有JR仙台站接送服務，需預約) Ｐ免費 **MAP**附錄②P.15 B-6

DATA
¥1泊2食 11880日圓~
⏱IN15:00 OUT10:00
露天浴池 　　包租浴池
房間用餐
不住宿溫泉 　900日圓

温泉自豪之處
可以在風情各異4個露天浴池中，享受自然湧出的溫泉。

被雄偉的大自然所環繞的露天浴池

⬆邊傾聽溪流的水聲邊享受溫泉

山寺巡禮

險峻岩山上的山寺境內，分佈著不少看點。爬上1015階的石階後，眼前就是詩人松尾芭蕉也不禁於此詠嘆出名句的絕景。山寺作為斬斷惡緣的寺院，自古以來一直是人們的信仰中心，前往造訪這個開運景點吧。

斬斷惡緣的開運景點

作為斬斷惡緣的寺院，山寺自古以來一直是人們的信仰中心，因為能斬斷惡緣，而吸引了很多祈求良緣和幸福的香客造訪。

參拜前先CHECK!

冬季也可以參拜嗎?

參道的階梯會除雪，因此冬季也可以前往參拜，但需要穿著長靴或短靴前往。如果遇上大雪，也可能因為無法進行除雪而無法參拜。

有服務處嗎?

山寺觀光服務處（☎023-695-2816）提供山寺的地圖等齊全資訊。觀光導覽需事先預約，到達一定人數則截止（導覽費用2000日圓）。

氛圍莊嚴的殿堂
守護著延曆寺的法燈

1 こんぽんちゅうどう 根本中堂

延文元（1356）年由初代山形城主重建的殿堂，據說是日本最古老的山櫸木建築物。堂內的法燈，據說是在約1200年前從比叡山延曆寺分火至這裡，現在也持續燃燒。

↗歇山頂建築樣式的根本中堂，是國家指定重要文化財

3 におうもん 仁王門 仁王所守護的櫸木門

使用櫸木建造的優美仁王門於嘉永元（1848）年重建。左右安置了2尊木造的仁王像，據說是運慶十三代的後裔平井源七郎的作品。

←不論是在紅葉、新綠，還是雪景下都很優美的仁王門

步行15分

步行3分

刻在巨大岩壁上的
無數個供奉用長木板

2 みだほら 彌陀洞

歷經漫長歲月，自然風化的岩石表面，刻出了約4.8m的阿彌陀如來的形狀，據說只要能辨認出其形象，幸福就會造訪。無數個供奉用長木板也給人神秘的感覺。

↖試著找找阿彌陀的身影

想更了解松尾芭蕉!

やまでらばしょうきねんかん 山寺芭蕉紀念館

可以參觀到芭蕉的親筆作品等貴重資料。為了紀念芭蕉在「奧之細道」旅行時曾造訪了山寺，在芭蕉造訪山寺的第300年設立了紀念館。也推薦在茶室享用抹茶（500日圓）。

☎023-695-2221 ⏰9:00～16:30（17:00閉館）🈺不定休 💴400日圓、高中生以下免費 📍山形縣山形市山寺南院4223 🚃JR山寺站步行8分
MAP 附錄②P.15 D-4

↑收藏了芭蕉親筆所寫的文句和信件等資料

芭蕉與山寺

和弟子曾良展開雲遊各地之旅的俳句詩人松尾芭蕉是在元祿2（1689）年造訪山寺的。被靜寂中只有蟬聲響徹山寺的光景所感動，而留下了『寂靜呀 滲入岩石的蟬聲』的詩句。

山寺（寶珠山立石寺）

●やまでら（ほうじゅさんりっしゃくじ）

在貞觀2（860）年，據說由慈覺大師開山的靈山。石階不斷綿延的參道上，有大大小小的堂宇，可以欣賞到四季不同的風景。

☎023-695-2843
⏰8:00～17:00 🈺無休 💴300日圓、中學生200日圓、4歲～小學生100日圓 📍山形縣山形市山寺4456-1 🚃JR山寺站步行5分 🅿使用附近的停車場 **MAP** 附錄②P.15 D-4

仙台市區
稍微走遠一點
山寺巡禮
松島・鹽竈
宮城的推薦區域
十多住一晚

4 開山堂・納經堂

建於突出的懸崖上
有歷史淵源的殿堂

かいさんどうのうきょうどう

祭祀慈覺大師的開山堂、紅色的小納經堂
並排而立，在這裡可以看到山寺的門前町。
因為可以看到山寺代表性的風景，所以也
是很受歡迎的攝影景點。

步行**1**分

5 五大堂

令人感動的風景靜待於此
山寺首屈一指的觀景點

ごだいどう

舞台建築樣式的殿堂，往下俯瞰可以將山
寺的門前町和山村風景盡收眼底。為求天
下太平，祭祀著五大明王的道場，在開山
30 年後由慈覺大師的弟子安然所建立。

☝令人感動的風景，讓攀登石階的疲勞都煙消雲散

山寺的絕景景點之一

開山堂
安置了慈覺大師的木
造雕像，很有歷史的
殿堂，僧侶現在早晚
也會供奉食物和香。

納經堂
山內最古老的建築物，根
據比叡山所流傳下來的傳
說，其正下方的入定窟埋
葬了慈覺大師的首級。

步行**5**分

6 奧之院・大佛殿

登至頂峰參拜
高5m的主佛

おくのいんだいぶつでん

從五大堂再往上攀登至頂峰，正面右側
為奧之院，左側為大佛殿。奧之院祭祀
釋迦如來，多寶如來，大佛殿的主佛、高
5m 的阿彌陀如來像也千萬不可錯過。

☝境內有名列日本三大燈籠的燈籠

5 五大堂
4 開山堂
4 納經堂
6 奧之院・大佛殿
金乘院
胎內堂（不可參拜）
性相院
百丈岩
観明院
3 仁王門
彌陀洞
2 彌陀洞
立岩
山門
鐘樓
念佛堂
宝物殿
日枝神社
芭蕉句碑
清和天皇の御宝塔
芭蕉・曽良像
對面石
山寺觀光服務處
立合川
公園
宝珠橋
郵局
仙山線
山寺站
山寺芭蕉紀念館

所需時間90分
從山門開始，不斷綿延的 1015
階石階，來回所需時間約 90 分。
雖然途中有較陡的斜坡，但堂宇
和奇岩怪石等可看之處也很多。

參拜後小憩片刻

品嘗著名板蕎麥麵

手打ちそば 美登屋 てうちそばみとや

使用的蕎麥粉以山形產蕎麥粉為主，加上國內產混
合而成，手打蕎麥麵芳香而有嚼勁。板蕎麥麵很受
歡迎，也有供應季節限定的蕎麥麵。

☎023-695-2506
🕐10:30～16:00（視時期而
異）休不定休 🏠山形縣山
形市山寺4494-5 🚃JR山
寺站步行5分 🅿免費
MAP附錄②P.15 D-4

☝板蕎麥麵1360日圓

享受山形的鄉土料理

楽水庵いずみや らくすいあんいずみや

位於參道附近，可以用餐和購買伴手禮的店家。店
內可以品嘗到四季不同的鄉土料理，招牌菜「芋煮
定食」使用了大量的牛肉和芋頭，份量十足。

☎023-695-2524
🕐9:30～16:00 休無休
🏠山形縣山形市山寺4417
🚃JR山寺站步行3分
🅿免費
MAP附錄②P.15 D-4

☝芋煮定食1500日圓

伴手禮就買名產諸越餅

商正堂 しょうせいどう

販售用炭火烘烤乾燥，印了山寺字樣的手作諸越餅。入口
便會瞬間融化，能感受到紅豆粉甜味和香氣在口中擴散
開來。甜度適中的金鍔（1個170日圓）也很受歡迎。

☎023-695-2048 🕐1月1～
3日、3月～11月23日、8:00～
17:00 休期間中無休 🏠山
形縣山形市山寺4437 🚃JR
山寺站步行5分 🅿免費

☝諸越餅（1片）80日圓

鹽松竈島·

●まつしま しおがま

五大堂 P.77

伊達家的名剎

政宗投注熱情重建的瑞巖寺和五大堂，是松島代表性的景點，非常值得一看

瑞巖寺 P.76

松島的絕景咖啡廳

在可以將美麗松島灣盡收眼底的咖啡廳，度過閒適時光

咖啡廳＆餐廳 P.82

松島·鹽竈的關鍵字

牡蠣 P.78

星鰻 P.78

松島美食

松島的兩大美食為鮮味豐滿的牡蠣和鬆軟飽滿的厚實星鰻

風浪平穩的風景名勝—松島的海灣內約有大大小小 260 個島嶼，也有許多和伊達家相關的景點，例如瑞巖寺和五大堂等。鹽竈是有許多壽司名店的海港城市，包含鹽竈神社在內，有傳統釀酒廠和老宅邸等老建築，很推薦在復古的街道散步漫遊。

MAP
附錄②P.13

洽詢處
☎ 022-354-2618
（松島觀光協會）
☎ 022-364-1165
（鹽竈市觀光物產協會）

從仙台前往的交通方式

 開車　 鐵路

開車	鐵路
仙台站東口	仙台站
㉓ 10km	仙石線 30分
仙台港北IC	本鹽釜站
三陸自動車道 13km	仙石線 10分
松島海岸IC	松島海岸站
⑭ 3km	

鹽竈的壽司

包含從鹽釜港捕撈的生鮪魚在內，以新鮮度超群為傲的海鮮握壽司

壽司＆海鮮蓋飯 P.90

鹽竈散步

鹽竈神社守護著海港城市鹽竈，在復古的街道上悠閒散步

鹽竈神社 P.92

遊覽船

在藍色大海上爽快地巡遊，近距離欣賞眾多島嶼海域的風景之美

松島環島觀光船 P.74

可嘗到海邊現烤海鮮的美食之路
松島海岸站周邊
まつしまかいがんえきしゅうへん　◎P.88

從站前延伸出去的路上，聚集了很多餐飲店，用炭火燒烤的海鮮等外帶美食很受歡迎。

↑懷舊風情的車站周邊有許多可用餐好去處

頗有風采的伊達家菩提寺
瑞巖寺周邊　◎P.76
ずいがんじしゅうへん

瑞巖寺是松島代表性的名勝，也是觀光時不可忽略的景點。也很推薦到旁邊的圓通院眺望其美麗的庭園。

↑本堂的內部可以欣賞到壯麗的襖繪

彷彿從陸地突出海上的佛堂
五大堂周邊　◎P.77
ごだいどうしゅうへん

穿過塗了朱漆的橋後，就可以欣賞到莊嚴的五大堂建築，以及可以將海灣盡收眼底的絕景。遊覽船的起點和終點也在附近。

↑佛堂四面的十二生肖雕刻也不可錯過

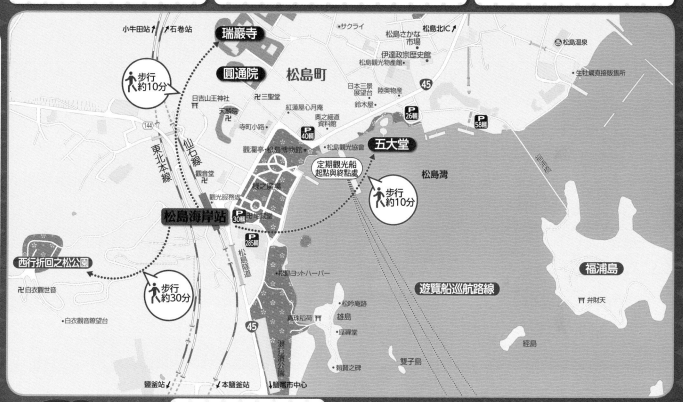

松島周邊MAP

一人獨佔松島的遼闊全景
大高森　◎P.84
おおたかもり

被稱為松島四大觀，可以眺望到米其林三星絕景的觀景點之一。

◎從山頂的展望台，可將魄力十足的多島嶼之美盡收眼底

歷史悠久的鹽竈神社門前町
鹽竈　しおがま
◎P.90

◎可捕撈到三陸豐富海產的鹽釜港

作為知名的壽司街廣為人知，也是充滿活力的海港都市。在鹽竈神社門前町充滿風情的街道上散步也非常愉快。

逛街的訣竅

① **景點聚集在車站周邊**

除了瑞巖寺和五大堂等松島代表性的景點以外，餐飲店和遊覽船的乘船處等也在車站的步行範圍內。鹽竈除了車站前有眾多壽司名店以外，從門前町散步到鹽竈神社也讓人開心。

② **善用自駕或巴士前往絕景景點**

因為風景名勝「松島四大觀」、櫻花名勝「西行折回之松公園」等景點位於郊外，必須開車前往。搭乘巴士移動時，因為巴士班次較少，要先仔細規劃再出遊。

松島觀光協會觀光服務處
まつしまかんこうきょうかいかんこうあんないじょ
觀光服務處備有觀光手冊等許多觀光情報。位於遊覽船中央棧橋旁，搭遊覽船去水上巡航前順路前往也非常方便。
☎022-354-2618　圖8:30～17:00、冬季～16:30
困無休　圖松島町松島町內98-1　圆JR松島海岸站步行7分　圖使用附近的停車場　MAP P.88 B-2

松島觀光導覽　まつしまかんこうがいど
位於瑞巖寺總門旁，有導覽員負責解說導覽（收費）瑞巖寺和五大堂，因此很推薦想學習更多相關知識的人參加。
☎022-354-3218　圖8:00～17:00（視時節而異）　困無休　圖松島町松島町內88 瑞巖寺總門入口　圆JR松島海岸站步行10分　圖使用附近的停車場
MAP P.88 B-1

鹽竈觀光物產服務處　しおがまかんこうぶっさんあんないじょ
可以索取散步地圖和市內壽司店手冊等觀光情報，玄關處的黑板會介紹當日的活動資訊，可以前往確認一下。
☎022-362-2525　圖10:00～16:00　困無休　圖鹽竈市海岸通15-1　圆JR本鹽釜站內　圖使用附近的停車場　MAP P.93 A

仙台站
電車40分
(Matsushima)

松島

位於海上的多島嶼之美，日本三景之一

海灣內有大大小小各種形狀島嶼突出海面的風景名勝，也是保留了許多和伊達家有淵源景點的區域，因而有很多遊客從各地前往造訪。

MAP 附錄②P.12

Access

🚃 仙台站搭JR仙石線40分，松島海岸站下車

🚗 三陸自動車道仙台港北IC車程15km

搭乘遊覽船進行島嶼絕景巡禮！

松島灣 水上巡航

風浪平穩的海灣內，海面上約有大大小小260個島嶼，遊覽這些島嶼的水上巡航就是松島觀光的精髓。邊聽船上導覽員的解說，邊近距離欣賞由松樹的綠意、加以點綴而富有變化的島嶼景色。

\ 繞海灣一圈 /

所需時間50分　松島環島觀光船

搭乘 仁王丸路線！

仁王島是巡航路線的主要景點，也是松島灣代表性的島嶼，不可錯過。
🕘9:00～16:00(11～3月為～15:00，暑假、黃金週為～16:30)　¥1500日圓、小孩750日圓(2樓綠之室為2100日圓，小孩1050日圓)

START

松島觀光棧橋
まつしまかんこうさんばし
觀光船的起點和終點，購票處附設在觀光服務處內。從棧橋上可以眺望到五大堂和福浦橋。

松島環島觀光船
まつしましまめぐりかんこうせん
邊聽導覽員解說松島灣海面上形狀各具特色的島嶼的名稱由來等故事，邊進行絕景巡禮的觀光遊覽船。

☎022-354-2233　🕘仁王丸路線以外的其他路線隨時出發　休無休(天候惡劣時休止)　¥視路線而異　📍松島町松島町內85　🚃JR松島海岸站步行7分　Ｐ使用附近的停車場
MAP P.88 B-2

乘船前先CHECK!

① 雖然遊覽船各船皆無休息日，但視天候狀況可能停止行駛，請事前先確認。

② 為了保護自然景觀，現在已經禁止餵食海鷗，請注意不要攜帶餌食餵食海鷗。

③ 可以攜帶飲料上船，有的船上也有販售飲料。

松島灣海上巡航MAP

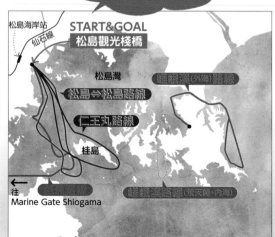

松島海岸站
仙石線

START&GOAL
松島觀光棧橋

松島灣

松島⇔松島路線

仁王丸路線

桂島

往
← Marine Gate Shiogama

松島

松島灣水上巡航

並排的兩個島看起來感情很好

↑看起來像是依偎在一起

1 雙子島 ふたごじま

雙子島名稱的由來，是因為細長的鮫島和圓圓的龜島，在波浪間的島嶼模樣看起來感情很好。

伊達政宗所喜愛的島

↑松樹孤零零地生長在此

發出像是鐘聲的聲音

↑海洞的形狀看起來像是小判金幣

肚子有點餓就享受船內美食♪

內販售松島當地啤酒和宮城當地酒等酒精飲料、下酒菜和冰品，可以邊欣賞絕景邊品嘗。

↑下酒菜竹葉魚板（3片入）350日圓

↑松島啤酒（Helles）700日圓

↑販售冰淇淋和當地產酒

2 千貫島 せんがんじま

島的名稱來自於伊達政宗所說的：「如果有人能將這座島搬至居所內，就給他千貫錢」。

3 鐘島 かねしま

特徵為因海水侵蝕而形成的4個洞穴，海浪打來時會發出像是鐘聲的聲音。

自然豐富的島嶼，過橋就可以抵達

福浦橋又被稱為相遇結緣之橋

代表松島的自然造景

彷彿仁王像一樣的形狀非常獨特

GOAL 松島觀光棧橋

5 福浦島 ふくうらじま

福浦島生長多彩的花草，是植物的寶庫。穿過全長252m的朱漆橋樑就可以到達島上（通行費用200日圓）。

4 仁王島 におうじま

受到侵蝕的集塊岩島嶼，最上面的泥岩就像是頭部一樣，像是仁王像一樣的強壯模樣令人印象深刻。

還有！ 松島灣遊覽路線

在海灣內悠閒地繞行一圈、到外海享受狂野的海景，松島灣有各式各樣的遊覽路線，依目的或所需時間，選擇最適合自己的路線吧。

悠閒地遊覽松島灣

所需時間50分 松島↔松島路線

起點和終點皆為松島觀光棧橋，慢慢的繞海灣一圈，近距離欣賞灣內名勝和島嶼，是熱門路線。

NEW松島觀光船
にゅーまつしまかんこうせん

☎022-355-0377 🕐9:00～16:00
🈔無休 💴1500日圓、小孩750日圓（綠之室2100日圓、小孩1050日圓）📍松島町松島町內98-1 🚉JR松島海岸站步行5分 Ⓟ使用附近的停車場 🗺MAP P.88 B-2

周遊松島和鹽竈

所需時間50分 芭蕉路線

連接鹽釜港和松島的路線，鹽釜港為芭蕉旅行時所到過的景點。路線會在水深2m的淺海航行，因此可以欣賞到魄力十足的景色。

丸文松島汽船 まるぶんまつしまきせん

☎022-365-3611 🕐鹽竈啟航9:00～15:00、松島啟航10:00～15:00 🈔無休（天候惡劣時休止）💴1500日圓、小孩750日圓（2樓綠之室2100日圓、小孩1050日圓，3樓一等室2900日圓、小孩1450日圓）📍松島町松島町內98-1 🚉JR松島海岸站步行5分 Ⓟ使用附近的停車場 🗺MAP P.88 B-2

欣賞日本三大溪之一的嵯峨溪

所需時間60分 嵯峨溪(外海)路線

遊覽只有在外海才能欣賞到的粗曠斷崖和形狀各具特色的小島，視天候狀況而定，有時只在內海航行。

奧松島遊覽船（嵯峨溪遊覽）
おくまつしまゆうらんせんさがけいゆうらん

☎0225-88-3997 🕐8:45～16:00（10～3月為～15:00）🈔無休（天候惡劣時休止，需在當日洽詢）💴嵯峨溪路線2000日圓、小學生1500日圓（大人5名以上即啟航）📍東松島市宮戶深海地先 🚉JR野蒜站車程10分 Ⓟ免費 🗺MAP附錄②P.13 D-4

瑞巖寺 【國寶】

ずいがんじ

於天長5（828）年，由慈覺大師建立，歷經戰國時代的混亂後，由伊達政宗招集名工匠，親自決定營建範圍，投注熱情進行重建。經過6年半的大型修復工程，於2016年再度開放拜觀的本堂，非常值得一看。

☎022-354-2023　MAP P.88 A-1
🕐8:00～16:30（17:00閉門），3、10月為～16:00（16:30閉門），12、1月為～15:00（15:30閉門），2、11月為～15:30（16:00閉門）　休無休
¥700日圓、中小學生400日圓
所松島町松島町內91
➡JR松島海岸站步行7分
Ｐ使用附近的停車場

➡歇山頂建築樣式本瓦葺的莊嚴本堂

華麗之處
庫裡是禪寺的廚房，千鳥破風樣式的曲線和唐草雕刻很有特色。

⬆大屋頂上有歇山頂建築樣式的煙囪

➡在境內可以求到的不倒翁籤（200日圓）很受歡迎

↓步行即到

伊達家的菩提寺將桃山樣式建築的精華推向巔峰

光彩亮麗的襖繪

華麗之處
方丈樣式的房間加上書院共有10間，二重折上小組格天井和襖繪也值得一看。

「室中孔雀之間」襖繪上的孔雀描繪得十分美妙

「文王之間」後方是藩主的房間「上段之間」

➡描繪了紅白茶花和天女的「上上段之間」

造訪華麗的名剎 松島

步行5分以內的王道景點

從藩政時期開始，松島就和伊達家有深厚的淵源。有將桃山樣式建築的精華發揮至極致的瑞巖寺、美麗庭園的寺院、風雅的賞月名勝等，遊覽充滿情趣的景點，享受歷史散步。

高雅的靈屋建築和風光明媚的石庭

建於庭園後方的三慧殿

華麗之處
佛具門上的畫作，描繪著據說是支倉常長帶回的玫瑰。

試試看！ 結緣觀音&佛珠製作體驗

可以在祈求良緣的「結緣木芥子」（500日圓）上，寫上願望供奉。在本堂可以選擇自己喜歡的石頭，享受「佛珠製作體驗」（1000日圓～）。

➡將願望交給可愛的木芥子

➡據說所選的天然石會暗示選的人的未來

圓通院 【重要文化財】

えんつういん

在本堂後側，建有伊達政宗之孫光宗的靈廟「三慧殿」。因為其佛具描繪了當時很少見的西洋玫瑰，庭園中又有玫瑰盛開，因此又被稱為「玫瑰寺」。紅葉季（10月底～11月底）舉行的夜間點燈也非常夢幻。

☎022-354-3206　MAP P.88 A-1
🕐8:30～17:00（12～3月為9:00～16:00）、佛珠製作體驗為9:00～16:00（12～3月為～15:00）
休無休　¥300日圓、高中生150日圓、中小學生100日圓　所松島町松島町內67　➡JR松島海岸站步行5分　Ｐ使用附近的停車場

➡「雲外天地之庭」中白砂和青苔組成的枯山水非常美麗

松島和伊達家有什麼關係？

伊達政宗非常喜愛松島的絕景，甚至海灣內也有政宗親自取名的小島。包含政宗投注心血重建的伊達家菩提寺、瑞巖寺在內，還有五大堂和觀瀾亭等，松島有許多和伊達家有所淵源的歷史遺跡。

➡伊達政宗甲胄像，頭盔前方的裝飾令人印象深刻，展示於瑞巖寺寶物館

五大堂

重要文化財

ごだいどう

五大堂是松島灣的象徵,建造成像是向海面突出的樣子。慶長9(1604)年,伊達政宗在重建瑞巖寺前,先重建了五大堂,因此五大堂也是東北地方現存最古老的桃山樣式建築。裡面安置的秘佛五大明王像,每33年才會開放參拜一次。

☎022-354-2023(瑞巖寺)
🕗8:00〜日落 🈳無休 ¥免費
🏠松島町松島町內111 🚃JR松島海岸站步行10分
🅿使用附近的停車場 MAP P.88 B-2

↑五大堂四面裝飾的細緻雕刻為必看之處

華麗之處

屋簷下的蛙股構造雕刻成十二生肖的浮雕,可以試著找找自己的生肖。

走過朱漆橋梁,前往松島的象徵

↑通過從腳下可看見大海的朱漆鏤空橋梁前往五大堂

華麗之處

簡潔明朗的茶室,移建時沒有改動一石一木。從外側走廊望去的松島就像畫一樣。

在歷史悠久的茶室
欣賞絕景和抹茶

步行5分

步行3分

觀瀾亭・松島博物館

重要文化財

かんらんていまつしまはくぶつかん

觀瀾亭原是伏見桃山城的一個房間,為伊達政宗從豐臣秀吉領受而來,後來由江戶藩邸移建至松島,是藩主用來納涼或賞月的殿堂,可以在這裡邊欣賞風景邊品嘗抹茶。附設的博物館展示了大名曾使用的器物和武器等貴重物品。

☎022-353-3355 MAP P.88 B-2
🕗8:30〜17:00(11〜3月為〜16:30) 🈳無休
¥200日圓,高中、大學生150日圓、中小學生100日圓
🏠松島町松島町內56
🚃JR松島海岸站步行5分
🅿使用附近的停車場

↑從外側走廊眺望給人沉穩感覺的松島風景

↑中秋節時,會舉辦風雅的賞月會

↑當季和菓子和抹茶套餐(400日圓〜)

要了解伊達政宗的一生就到這裡!

陸奧伊達政宗歷史館 みちのくだてまさむねれきしかん

→用等身大小的蠟像造戰爭場面,魄力十足

透過等身大小200座以上的蠟像重現伊達政宗波瀾壯闊的一生。25個名場景中不論哪一個都給人強烈的臨場感,館內也有穿著盔甲體驗(最晚需在前一日預約),以及木芥子的彩繪體驗。

☎022-354-4131
🕗9:00〜16:30(17:00閉館) 🈳無休 ¥1000日圓、中小學生500日圓
🏠松島町松島普賢堂13-13 🚃JR松島海岸站步行10分 🅿免費
MAP P.88 B-1

松島觀光協會
牡蠣小屋
まつしまかんこうきょうかいかきごや

可以盡情享用新鮮牡蠣吃到飽，吸引眾多客人造訪。帶殼蒸烤的牡蠣，口感鮮彈、十足美味。只在冬季營業，附牡蠣飯的全餐最晚需在前一天中午前預約。

豪邁地大口享用堆成小山的牡蠣

◎牡蠣堆成小山的樣子非常棒

☎0120-733-530
（預約專用9:00～16:00）
🕐10月下旬～3月中旬（每年不同）：10:45～當日牡蠣用完打烊
📋需洽詢
🏠松島町松島東浜12-1
🚃JR松島站步行15分
🅿免費
MAP P.88 C-1

◎當地顧客也很多，建議早點預約

50分鐘烤牡蠣吃到飽
（附牡蠣飯）
3200日圓（需預約）
期間／10月下旬～3月中旬（預定）
用鐵板蒸烤帶殼牡蠣，牡蠣用鏟子豪邁盛裝的樣子也值得矚目。

◎新鮮生食美味的牡蠣

生牡蠣
（3個）1000日圓
期間／全年
大顆牡蠣新鮮且帶有鮮彈口感，吃的時候潮香味和香濃味道會在口中擴散開來。

星鰻
6～9月為盛產期

注意松島牡蠣和星鰻這時特別好吃！

松島的牡蠣從10月上市，天氣越冷越美味，特徵為將美味濃縮在較小的身軀中。6～9月盛產的星鰻，鬆軟飽滿的口感和細緻的味道為其魅力所在。

南部屋
なんぶや

◎店內很寬敞，2樓也有座位

可以品嘗到主要為宮城縣產的牡蠣料理。用特製醬油醬汁燉煮而成的「牡蠣蓋飯」、烤帶殼牡蠣等料理也很受歡迎。

品嘗鹹甜醬油醬汁的招牌蓋飯

牡蠣蓋飯
1400日圓
期間／全年
在白飯上鋪上滿滿燉煮得鹹甜的牡蠣，灑在牡蠣上面的柚子，其清爽香味讓牡蠣吃起來更加美味。

☎022-354-2624　🕐10:00～16:00 (L.O.)
🚫週三　🏠松島町松島町內103
🚃JR松島海岸站步行10分
🅿使用附近的停車場
MAP P.88 B-1

たからや食堂
たからやしょくどう

◎店內有著舒服而令人心情平靜的氛圍

包含新鮮的海產在內，使用契約農家直送的米和自製味噌等，是對食材十分講究的店家。招牌料理「星鰻蓋飯」可以品嘗到用鹹甜醬汁烤得芳香的星鰻。

☎022-354-2520
🕐10:00～15:30　🚫週三
🏠松島町松島浪打浜10
🚃JR松島海岸站即到
🅿使用附近的停車場
MAP P.88 A-2

品嘗相當少見的烤星鰻 松島

星鰻蓋飯
1600日圓
期間／全年
有時中午前就會賣完的人氣菜色。星鰻因為放不進碗內，會另外盛裝。附有味噌湯和醃漬小菜。

大到超出容器 魄力十足的招牌天婦羅鰻魚飯

大漁
だいりょう

可以用實惠價格品嘗到份量滿點的蓋飯或定食。向當地漁夫直接進貨的松島產星鰻是脂肪程度恰到好處的逸品。新鮮的星鰻特有的鬆軟口感也是其特徵之一。

星鰻天婦羅飯
1050日圓
期間／全年
將大條厚實的星鰻像是要覆蓋住整個容器一般放在飯上，沒有腥味的白肉魚和自製醬汁十分對味。

☎022-353-2235　🕐11:00～15:00（16:00閉店）週六、日為～16:00（16:30閉店）
🚫週四
（逢假日則翌日休）🏠松島町磯崎長田80-47
🚃JR高城町站步行10分　🅿免費
MAP 附錄② P.13 C-3

◎除了簡易的和式座位，也有桌椅座位

松島

牡蠣、星鰻

一定要預約的牡蠣料理專賣店

松島海岸站周邊

かき松島こうは
かきまつしまこうは

經營理念為「一整年都能盡情享受牡蠣」，供應多樣豐富的料理，也販售伴手禮，特別推薦味道醇厚的瓶裝「油漬牡蠣」（1296日圓）。

☎022-353-3588
🕚11:30〜15:00（閉店）
🈺不定休 📍松島町松島浪打浜10-14
🚃JR松島海岸站即到
🅿使用附近的停車場
MAP P.88 A-2

全牡蠣白金午餐
2700日圓
期間／全年
牡蠣飯三吃和烤牡蠣等，午餐菜色豐富多樣。

↖店內氣氛休閒

↑位於圓通院參道對面

瑞巖寺周邊

洗心庵
せんしんあん

可以品嘗到牡蠣、星鰻和牛舌等宮城獨特菜色的餐廳。除了正餐以外，也可以品嘗到毛豆泥麻糬和葛切等甜點。離瑞巖寺和圓通院很近，推薦參拜後可以來這裡休息一下。

☎022-354-3205
🕙10:00〜15:00〈L.O〉
🈺無休 📍松島町松島町內67
🚃JR松島海岸站步行5分
🅿使用附近的停車場
MAP P.88 A-1

多汁美味的炸牡蠣滑蛋蓋飯

牡蠣蓋飯
1100日圓
期間／全年
炸牡蠣加上滑蛋而成 牡蠣的醇厚美味和雞蛋的溫和味道，在各個年齡層都很受歡迎。

★★★
松島的2大美食
Two major gourmet

10〜3月為
盛產期

牡蠣

說到松島必吃的美食，就會想到牡蠣和星鰻。三陸壯闊的大海所孕育出的兩大名產，不論哪個都是濃縮美味的逸品。前往名店品嘗引以為傲的當季創意料理吧。

五大堂周邊

松島寿司幸
まつしますしこう

長年受到松島在地人喜愛的壽司店，招牌料理為「生星鰻壽司」，將醃漬得恰好的新鮮星鰻用鹽進行簡單調味，米飯則使用自家栽種的米Sasanishiki。

☎022-355-0021
🕚11:00〜15:00〈L.O〉、17:00〜20:45（21:00閉店）
🈺週三（逢假日則營業）📍松島町松島町內88-1 🚃JR松島海岸站步行5分
🅿使用附近的停車場 MAP P.88 B-1

盡情享受松島產星鰻 生魚片握壽司

各（1貫）400日圓
期間／全年
生星鰻彈脆的口感和煮星鰻多汁美味，推薦一起享用評比兩種壽司。

↑壽司使用種類豐富的近海新鮮海鮮

肥美的極上星鰻蓋飯

松島星鰻蓋飯
1730日圓
期間／全年
使用一整條的大條星鰻，份量十足。星鰻上均勻淋上芳香的醬汁。

五大堂周邊

味処 さんとり茶屋
あじどころさんとりちゃや

料理活用在近海捕獲的海鮮，包括牡蠣和星鰻在內，可以在此品嘗到多樣化的海鮮料理。「松島星鰻蓋飯」在白飯上豪邁地鋪上均勻淋上醬汁的星鰻，1日限定20份，是需預約才能吃到的人氣料理。

↑從2樓座位可將松島灣風光盡收眼底

☎022-353-2622 MAP P.88 B-1
🕦11:30〜15:00（閉店）、17:00〜20:30（21:00閉店）🈺週三 📍松島町松島仙隨24-4-1 🚃JR松島海岸站步行10分 🅿免費

十多往一晚宮城的推薦區域

→也可以在松島玉手箱館內品嘗

最適合沿著海岸散步時的
邊走邊吃美食 SELECTION

從松島海岸站到五大堂的道路為松島觀光的主要街道，這裡有許多外帶美食人氣店家！在這裡邊欣賞眼前的廣闊海洋，邊享用松島的獨特美食、海邊燒烤和著名點心吧。

牢牢鎖住美味的
名產海邊燒烤

五大堂周邊

A 松島 串や
まつしまくしや

位於松島玉手箱館 1 樓的海鮮燒烤專賣店。加上醬汁燒烤的扇貝和海螺散發香氣，吸引路過的行人。還有仙台名產牛舌串燒等，多樣化的品項魅力十足。

☎022-355-0090（松島玉手箱館）
🕙10:00～17:00　🈺週三
📍松島町松島町內75-14 松島玉手箱館1F
🚃JR松島海岸站步行6分
🅿使用附近的停車場
MAP P.88 B-2

這個也很受歡迎！

烤海螺串500日圓
→很有嚼勁的海螺，越細嚼越能感受到海螺的美味在口中擴散開來

烤牛舌600日圓
→將肉汁滿溢的多汁牛舌做成串燒，可以更輕鬆地品嘗，因此人氣正急速攀升中

最推薦！

烤扇貝（1支）500日圓
將厚而柔軟的扇貝用炭火燒烤而成，鹹甜的醬汁和扇貝溫和的甜味十分對味。

要趁熱吃喔！
→親切的老闆提供現烤的燒烤海鮮

最推薦！

牡蠣咖哩麵包 300日圓
松島限定的豪華咖哩麵包裡有完整的2顆牡蠣。牡蠣的美味和咖哩的鹹味非常對味。

包了完整的多汁牡蠣

五大堂周邊

C Pensee 松島店
ぱんせまつしまてん

縣內有 11 間店鋪的麵包店，松島店販售包了完整牡蠣的「牡蠣咖哩麵包」、毛豆泥餡的「毛豆泥菠蘿麵包」（200日圓）等等。

☎022-353-2844
🕙10:00～17:00（有季節性變動）
🈺無休　📍松島町松島町內75-14 松島玉手箱館1F
🚃JR松島海岸站步行6分
🅿使用附近的停車場
MAP P.88 B-2

→時常大排長龍的人氣店家

最推薦！

松島牡蠣漢堡 350日圓
麵包由宮城縣產米Sasanishiki的米粉製成，中間夾著奶油牡蠣可樂餅的當地食材漢堡。

夾著酥酥脆脆的牡蠣可樂餅

福浦橋周邊

B 松島さかな市場
まつしまさかないちば

市場販售產地直送的新鮮海鮮和水產加工品共 1500 種類以上的商品。2 樓設有食堂，可以用便宜的價格品嘗到鮮度超群的壽司和海鮮料理，非常受歡迎。

☎022-353-2318　🕙8:00～17:00、餐廳為～15:00(L.O.)　🈺無休
📍松島町松島普賢堂4-10
🚃JR松島海岸站步行10分
🅿免費
MAP P.88 B-1

→多日皆因許多觀光客而熱鬧滾滾

Ｅ 松島蒲鉾本舖 總本店
まつしまかまぼこほんぼそうほんてん

販售種類豐富的竹葉魚板，魚板使用品質優良的魚漿製成，在店內可以品嘗到現炸的招牌商品炸豆腐魚板「むう」（2個200日圓），除此之外，也可以享受親手燒烤竹葉魚板的樂趣。

☎022-354-4016
🕘9:00～17:00
（12～4月為～16:00）
休無休
所松島町松島町內120
🚉JR松島海岸站步行9分
Ｐ使用附近的停車場
MAP P.88 B-1

↑店內也有販售東北的民俗藝品

Ｄ げんぞう

販售味道香濃的烤帶殼牡蠣和芳香的牛舌串燒等，可以輕鬆品嘗仙台和松島的名產。也很推薦牡蠣、扇貝和紅皿貝等海鮮與冷酒的套餐。

☎022-354-0810
🕘10:00～17:00、12～3月為10:30～16:30
休不定休　所松島町松島町內110
🚉JR松島海岸站步行10分
Ｐ使用附近的停車場
MAP P.88 B-1

←店舖旁設有用餐區

牡蠣和牛奶的濃醇在口中擴散

最推薦！
牡蠣巧達濃湯 400日圓
巧達濃湯使用浸漬過羅勒油醋和大蒜的牡蠣，醇厚的奶油湯頭滿是牡蠣的鮮美滋味！

最推薦！
親手燒烤竹葉魚板體驗（1支）200日圓
烤至膨脹成軟軟胖胖、表面呈現焦黃色的模樣就完成了，剛烤好特別美味。

挑戰親手燒烤竹葉魚板

↑店內附設有迷你咖啡廳

Ｆ Cafe&Shop たいかん亭
かふぇあんどしょっぷたいかんてい

「大觀莊」飯店的姊妹店。1樓販售義式冰淇淋、牛舌餡餅、伴手禮品，2樓和4樓為景觀良好的餐廳，2樓提供洋食、4樓則為和食，推薦在這裡享用午餐。

☎022-354-3191　🕘9:00～17:00，2、4樓的餐廳為11:00～14:30（15:00閉店）、週六、日、假日為～15:00（15:30閉店）　休冬季（1～2月）、不定休
所松島町松島町內98-9
🚉JR松島海岸站步行10分
Ｐ使用附近的停車場
MAP P.88 B-1

加了藻鹽的清爽義式冰淇淋

最推薦！
藻鹽義式冰淇淋
杯裝380日圓、甜筒400日圓
牛奶義式冰淇淋加上鹽竈的藻鹽，恰到好處的鹹味是亮點。

松島邊走邊吃MAP
包含五大堂附近的公營停車場在內，沿路上也零星分布著收費停車場。

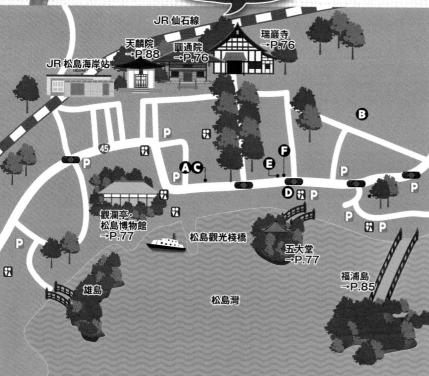

JR 仙石線
瑞巖寺 →P.76
天麟院 →P.88
圓通院 →P.76
JR 松島海岸站
觀瀾亭・松島博物館 →P.77
松島觀光棧橋
五大堂 →P.77
福浦島 →P.85
雄島
松島灣

能看到松島灣
給人奢侈感覺的立地

重點在這裡！
面對松島灣的露台座
能將海岸風景盡收眼底的露台座，是可以獨佔松島多島嶼之美交織而成的絕景貴賓席

五大堂周邊

松島散步的休息時間♪
立地良好的
咖啡廳&餐廳

可以將美景盡收眼底的咖啡廳、開在車站前的餐廳等，松島有很多立地良好的時尚餐飲店！先來了解一下咖啡廳裡景觀特別好的位置和推薦餐點。

↑登上階梯後，會看到很大的木芥子在門口迎接客人

←在咖啡廳感受涼爽海風的同時享用茶品

DATEMON
水果煎餅
550日圓
鬆軟的煎餅中間夾著味噌奶油，恰到好處的鹹味加倍凸顯了甜味。

SHOBIAN CAFE
しょうびあんかふぇ

由松島的人氣竹葉魚板店「松島蒲鉾本舖」所經營的咖啡廳，供應使用新鮮魚漿製成的漢堡等，竹葉魚板店獨有的料理廣受好評。立地良好，常常一開店就擠滿了客人。

☎022-354-4016（松島蒲鉾本舖）
🕙10:30～16:00（17:00閉店），有時節性變動　🈳不定休
📍松島町松島町內68 2F
🚉JR松島海岸站步行8分
🅿使用附近的停車場　MAP P.88 B-1

漢堡拼盤
600日圓
以魚漿和鮪魚薄片製作而成，讓人意猶未盡的美味。

也很推薦
1樓販賣的甜點和魚板喔

↑松島名牌點心Datemon（119日圓），有紅豆餡和紅豆奶油餡2種口味

堆成小山的海鮮義大利麵
1944日圓
麵條使用很有彈性的義大利產扁麵，可以充分享受到海鮮濃厚的美味。

杏仁酒提拉米蘇
594日圓
提拉米蘇使用有杏仁香味的利口酒，口味濃醇。利口酒的種類隨季節更換。

松島海岸站周邊　**2017年6月OPEN**

松島イタリアン Toto
まつしまいたりあんとと

位於松島海岸站前，走隨興風格的義大利料理餐廳。料理使用松島、鹽竈、南三陸的海鮮，菜色種類豐富，義大利麵和釜燒披薩特別受歡迎。在店家都較早結束營業的松島區域，這間店是晚餐時間也可以造訪的寶貴店家。

☎022-355-8537　🕙11:00～20:30（21:00閉店）　🈳無休
📍松島町松島浪打浜10
🚉JR松島海岸站即到
🅿使用附近的停車場
MAP P.88 A-2

開在車站前！
透過義大利料理品嘗宮城的海鮮

重點在這裡！
店內裝潢仿照南義風格
店內裝飾著義大利的彩繪器皿、地圖和多彩多姿的雜貨，有著輕鬆流行的氛圍，也有很多人會將店內的照片上傳至社群網站

←店內明亮而給人開闊的感覺，2樓也設有座位

→黃色遮雨棚和紅色偉士牌機車是其標誌

82

邊眺望五大堂
邊悠閒享受咖啡時光

重點在這裡！
能將五大堂盡收眼底的窗邊座位
店內的大片玻璃窗令人印象深刻，
從店內可以將松島的象徵——五大
堂盡收眼底。

↑透過大片的玻璃窗
欣賞風景

→位於聚集了很多觀
光客的主要街道旁

松華堂布丁
480日圓
和蜂蜜蛋糕相同，布丁
使用講究的雞蛋製作而
成，可以享受到醇厚的
甜味。

五大堂周邊

松華堂菓子店
しょうかどうかしてん

立地良好的點心店，從店裡可以
看得到松島灣。點心使用品質優
良的材料細心製作而成，招牌商
品為蜂蜜蛋糕和布丁。店內也販
售伴手禮用的蜂蜜蛋糕，除買來
送禮外，買來自己吃的人也很多。

☎022-355-5002
⏰10:00～17:00（17:30閉店），視
時節而異 休週二 所松島町松島町
內109 2F 🚉JR松島海岸站步行8
分 P使用附近的停車場
MAP P.88 B-1

松華堂
蜂蜜蛋糕套餐
670日圓
手作的蜂蜜蛋糕，特徵
為口感濕潤、溫和的甜
味會在口中擴散開來。

位於巷子裡的夏威夷咖啡廳

重點在這裡！
能感受到涼爽微風
吹拂的露台座
設於木製棧板的露台座空間，
一到夏天就會有木槿花盛開，
令人心情平和。

↑在南國風情中放鬆小憩

松島觀光物產館周邊

カフェ JIRO
かふぇじろー

位於海岸通旁巷子內住宅區的隱密咖
啡廳。「混合咖啡」（400日圓）用虹
吸式咖啡壺沖泡，可以品嘗到咖啡的醇
厚風味和咖啡豆的特別之處，因而廣受
好評。店內也會不定期舉辦現場演奏。

☎090-3124-4561
⏰7:30～17:30（18:00閉店）
休週四、日 所松島町松島垣ノ内
13-2 🚉JR松島海岸站步行13分
P免費
MAP P.88 C-1

起司蛋糕
380日圓
口味濃醇的烘焙起司
蛋糕。蛋糕品項每日
更換。

\份量滿點！享用著名聖代！/

五大堂周邊

伊達かふぇ【だてかふぇ】

陸奧伊達政宗歷史館附
設的咖啡廳，以政宗盔
甲為主題的原創聖代
「政宗聖代」，是份量十
足的一道甜品。

政宗聖代780日圓
聖代上面插的旗子
可以帶回家當作紀念

☎022-354-4131
（陸奧伊達政宗歷史館）
⏰9:00～16:00（L.O.）休無休
所松島町松島普賢堂13-13
🚉JR松島海岸站步行10分 P免費
MAP P.88 B-1

瑞巖寺周邊

Cafe ALBERT
カフェ アルバート

人氣咖啡廳，手沖咖啡和無酒精調酒
很受觀迎，細心維護的庭園和美麗的
室內空間也非常吸引人。邊傾聽用黑
膠唱片播放機播放的爵士樂，邊享受
片刻奢侈咖啡時光。

☎080-5386-3978
⏰10:00～17:00
休週一 所松島町松島町內
🚉JR松島海岸站步行15分
P免費
MAP P.88 B-1

↑店內裝飾的黑膠唱片也是必看之處

在綠意閃耀的綠色庭園內
度過療癒身心的片刻

↑位在巷子裡的獨棟建築
咖啡廳

香草冰淇淋和
紅酒煮覆盆莓
450日圓
含有大量香草籽的
香濃冰淇淋，加上
酸甜的覆盆莓。

重點在這裡！
可以近距離
觀賞庭園景致的露台座
可以眺望到閃閃發亮美麗綠色庭園
的露台座，邊感受從樹葉間灑下的
陽光，邊悠閒地小憩片刻。

↑老闆自己製作
的玻璃容器植栽

松島四大觀
絕景巡禮

松島四大觀是得以將松島的多島嶼之美盡收眼底的觀景地點。四個景點各有不同的魅力，可以欣賞到讓人感動的景色，留下旅行的紀念回憶。松島四大觀在為外國人觀光客量身打造的旅行指南《米其林日本綠色指南》中，獲得了三星評價，出發欣賞三星的絕景吧。

絕景一覽無遺
松島首屈一指的遼闊全景

觀景重點

最佳時刻	9:00～11:00、15:30～16:00
最佳季節	10～2月
攝影景點	大高森瞭望台（停車場步行約20分）

松島海岸站車程30分

① 大高森（壯觀）
おおたかもり（そうかん）

位於宮戶島上海拔106m的小山，山頂的瞭望台可以欣賞到廣闊的全景景觀，日落時染成金色的風景非常美麗。遊步道上沒有街燈，因此不要忘了自己攜帶燈具。

☎ 0225-87-2322（東松島市觀光物產協會）
🏠 自由參觀　📍 東松島市宮戶大高森
🚃 JR野蒜站車程15分　🅿 免費
MAP 附錄②P.13 D-4　**‖GOAL‖**

大高森遊步道
MAP

→在山頂的瞭望台眺望絕景

↑遊步道走約8分鐘就有長椅，可在這裡小憩一會

→登山路線有表登山口和西登山口這2條，從表登山口到山頂較近，步行約20分可達

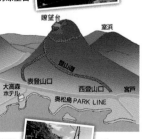

‖START‖

↑360度的廣闊全景景觀是松島首屈一指的絕景

天空和大海都被染成橙色，日落景色非常美麗！

↑即將沉下海面的夕陽將松島灣染成了一片金黃

出門前先 CHECK

四大觀是什麼？
松島灣內海面上有260多個島嶼，四大觀是從東南西北眺望松島灣的4個觀景點的總稱，4個景點可欣賞到各異其趣的絕景。

移動方式為？
4個瞭望台都相隔了一段距離，因此必須自駕移動，若要搭乘巴士，需做好周詳的事前調查準備。

穿什麼服裝比較好？
通往各個景點的道路都是坡道，建議穿著好活動的衣服，鞋子記得要穿慣穿的運動鞋。

可以欣賞到夜景或是雪景嗎？
夜景和雪景也是松島的魅力之一，雖然每個景點都能欣賞到夜景和雪景，但不管是哪個景點，路上的街燈都不多，移動時要特別留意。

眺望往來的船隻和美麗的島嶼

松島海岸站車程35分

2 多聞山（偉觀）
たもんざん（いかん）

代崎斷崖位於七濱町北端，太平洋的強烈風浪打向斷崖的雄偉風景，被稱為「偉觀」。也可以以松島島嶼為背景，眺望來往鹽釜港的大小船隻。

📞022-357-7443（七濱町觀光協會）
🚶自由參觀　📍七ヶ浜町代ヶ崎浜
🚃JR松島海岸站車程35分　🅿免費
附錄②P.13 C-4

↑靜靜佇立的毘沙門堂後方就是廣闊的絕景

觀景重點
最佳時刻	10:00～16:00
最佳季節	4月中旬～7月
攝影景點	多聞山展望台（停車場步行約15分）

↑純白的航行痕跡也很美麗

扇形展開的優美海灣

↓早晨的太陽將扇形灣口和島嶼染上了色彩

松島海岸站車程5分

4 扇谷（幽觀）
おうぎたに（ゆうかん）

從山頂眺望到的松島灣口，看起來像一個扇形，因而有扇谷之名。到山頂的階梯約3分就可以爬完，是四大觀中最容易抵達的地方。紅葉時期看起來更有一種高幽深的風情。

📞022-354-2618（松島觀光協會）
🚶自由參觀
📍松島町松島桜岡入
🚃JR松島海岸站車程5分
🅿免費
🗺附錄②P.13 C-4

觀景重點
最佳時刻	10:00～15:00
最佳季節	7月～11月上旬
攝影景點	扇谷展望台（停車場步行約3分）

↑從展望台可以欣賞到寧靜沉穩的風景

自古以來就飽受讚譽的優美風景

松島海岸站車程15分

3 富山（麗觀）
とみやま（れいかん）

大仰寺座落在生長著茂盛大棵松樹和杉樹、海拔116m的山頂上，因供奉有奧州三觀音、富山觀音而為人所知。從靜寂的寺院庭園眺望出去的松島灣特別優美，自古以來被譽為是「麗觀」。

📞022-354-2618
（松島觀光協會）🚶自由參觀　📍松島町手樽三浦　🚃JR松島海岸站車程15分　🅿免費
🗺附錄②P.13 D-3

觀景重點
最佳時刻	10:00～15:00
最佳季節	7～8月
攝影景點	富山展望台（停車場步行約20分）

能帶來良緣的紅色橋梁

松島海岸站步行15分

攝影景點　松島境島觀光船

福浦橋
ふくうらばし

通往福浦島，全長252m的朱漆橋樑，走在充滿和風氛圍的橋上眺望松島灣時，特別可以感受到臨場感。

📞022-354-5708（松島町產業觀光課）
🚶8:00～17:00（冬季為～16:30）　¥200日圓、小孩100日圓　📍松島町松島仙隨39-1　🚃JR松島海岸站步行15分　🅿使用附近的停車場
🗺P.88 C-2

↑又被稱為「相遇之橋」的結緣景點

↑夜間點燈後，搖身一變為夢幻景色

惹人憐愛的櫻花華麗綻放

松島海岸站車程5分

西行折回之松公園
さいぎょうもどしのまつこうえん

傳說中西行法師在這裡與童子的禪問中敗北，而放棄前往松島。園內可以眺望到松島灣，也是知名的櫻花名勝。

↑在留有西行傳說的公園賞玩紅葉

📞022-354-5708（松島町產業觀光課）　🚶自由參觀　📍松島町松島犬田地內　🚃JR松島海岸站車程5分　🅿免費
🗺附錄②P.13 C-4

攝影景點　西行折回之松公園眺望台

↑粉色櫻花對面就是廣闊的松島灣

這裡也不可錯過！

超級推薦絕美風景

松島的絕景飯店

在松島市街分布著立地良好的飯店，從飯店的露天浴池、客房都可以欣賞到美麗的大海和眾多綠意盎然的島嶼。月夜裡的海上島嶼和染上朝陽顏色的大海等，都是只有在松島才能觀賞到的風景。盡情享受日本數一數二的名勝風景，邊悠閒地放鬆身心吧。

散發東方氛圍 以景觀為傲的飯店

絕景重點
屋頂上的瞭望浴池可一覽松島灣的絕景。

松島溫泉 元湯 海風土酒店
松島溫泉 元湯 ホテル海風土

2

融合了和風氛圍和異國風峇里島風情的高級度假村飯店。可以邊在屋頂上的展望露天浴池泡溫泉，邊欣賞松島灣四季的風光。使用三陸海產等嚴選食材的和式宴席全餐料理也廣受好評。

☎022-355-0022 所松島町松島東浜5-3 🚃JR松島海岸站步行15分（有JR松島海岸站接送服務）P免費 MAP P.88 C-1

DATA
¥1泊2食 19150日圓～
IN15:00 OUT11:00
露天浴池　包租浴池
房間用餐
不住宿溫泉　1300日圓（12:30～14:30，有定休日）

3

1 景觀良好的瞭望浴池「みはらしの湯」2 部分客房設有面向松島灣的露台 3 充分發揮當季食材美味的季節宴席料理
1

松島大觀莊飯店
ホテル松島大觀莊

休息室的大片玻璃窗、露天浴池的大浴槽、海景客房等等，館內各處皆可以欣賞到散布著小島的美麗松島灣風景。包含人氣自助式吃到飽在內，也可以品嘗到正統中華料理、和風宴席料理與創作料理等菜色，種類多樣齊全。

☎022-354-2161 所松島町松島犬田10-76 🚃JR松島海岸站步行15分（有JR松島海岸站接送服務）P免費 MAP P.88 A-3

DATA
¥1泊2食 15012日圓～
IN14:00 OUT11:00
露天浴池　包租浴池
房間用餐
不住宿溫泉　附毛巾800日圓

1
1 因飯店位於高台上，客房望去的視野絕佳 2 很靠近大海的露天浴池

邊泡露天浴池 邊將多島嶼之美盡收眼底

絕景重點
露天浴池的前方就是廣闊松島灣風景，精彩萬分！
2

花心之湯 新富亭旅館
花ごころの湯 新富亭

1

位於前往新富山瞭望台的半山腰，景觀良好的和風飯店。從海景客房的窗邊，可以越過街道看到風浪平穩的廣闊松島灣，度過愜意的住宿時光。除了露天浴池以外，還有給人開闊感覺的大浴場、包租浴池2個。

☎022-354-5377 所松島町松島垣ノ內38-1 🚃JR松島站步行7分（有JR松島海岸站接送服務，需預約）P免費 MAP附錄②P.13 C-3

絕景重點
從海景客房和屋頂上的瞭望台，可望見松島的大海。

DATA
¥1泊2食 10800日圓～
IN15:00 OUT10:00
露天浴池　包租浴池
房間用餐
不住宿溫泉　附毛巾860日圓、附餐點5076日圓～

令人放鬆的溫泉飯店 充滿木質特有的溫度

1 可以品嘗到使用三陸食材的宴席料理 2 包租浴池的檜木香氣給人十分愜意的感覺
2

浴池→有著福浦島就近在眼前，天然溫泉的露天

深受明月、朝陽、海洋感動的天然溫泉飯店

絕景之館飯店
ホテル 絶景の館

位於高台上，可以俯瞰架在海上的朱漆福浦橋，以及滿是美麗綠意的福浦島。全部的客房皆面海，其中限定四間附有露天浴池，頗受好評。除白天的絕景外，晚上倒映著月影的海景也擁有高人氣。

☎022-354-3851　松島町松島東浜4-6
🚃JR松島站步行15分(有JR松島海岸站接送服務)　P免費　MAP P.88 C-1

絕景重點
邊享受泡露天浴池的樂趣，邊欣賞福浦島。

DATA	
¥1泊2食 12500日圓～	
IN15:00　OUT10:00	
露天浴池	包租浴池
房間用餐	
不住宿溫泉	800日圓、附毛巾 1100日圓

在松島海站旁泡美肌溫泉

大松莊飯店
ホテル大松荘

位於JR松島海岸站旁的飯店，交通便利性超群。全部的客房皆面海，可以將松島灣的絕景盡收眼底。像住在家裡一樣的親切服務也很受好評。可以在房間用餐，使用當季海鮮的料理很受歡迎。在大浴場和露天浴池則能享受泡湯樂趣。

☎022-354-3601
松島町松島町內25
🚃JR松島海岸站即到(有JR松島海岸站接送服務，需預約)　P免費
MAP P.88 A-2

↳鹼性單純溫泉的泉水溫和親膚

絕景重點
客房全部面海，可以欣賞到松島灣風光。

DATA	
¥1泊2食 13000日圓～	
IN14:30　OUT10:00	
露天浴池	包租浴池
房間用餐	
不住宿溫泉	

絕景重點
有可欣賞絕景的包租露天浴池，和可一望月夜大海的足湯。

←可以望見大海的包租露天浴池，附立湯

座落於海邊的絕景溫泉飯店

小松館 好風亭
こまつかんこうふうてい

像是守護著海岸旁的松樹一樣，座落在海邊的絕景溫泉飯店。膚觸清爽的天然溫泉泡起來很舒適，泡溫泉的同時還可以眺望松島灣的小島。可以欣賞月夜大海景色的足湯也很特別。包括松島海產料理在內的午餐使用種類豐富的豪華嚴選東北食材。

☎022-354-5065　松島町仙隨35-2　🚃JR松島海岸站車程5分(有JR松島海岸站、JR松島站接送服務)　P免費　MAP P.88 C-1

DATA	
¥1泊2食 17280日圓～	
IN15:00　OUT10:00	
露天浴池	包租浴池
房間用餐	
不住宿溫泉	附餐點5400日圓～

松島灣風景盡在眼前亞洲風情空間的度假村

絕景重點
從給人開闊感覺的大浴場，可將松島灣盡收眼底。

1 從「OCEAN BATH」大浴場的大片玻璃窗可以欣賞大海
2 大量使用當地海產的料理

松島BREEZBAY海濱度假村
ブリーズベイ シーサイドリゾート松島

位於景觀良好的高台上的亞洲風格飯店。有可以感受到綠意生氣的舒適「GARDEN BATH」、南國情調的半露天浴池、可以遠望到松島灣的「OCEAN BATH」等，浴池種類豐富。夏季的海鮮燒烤、冬季的海鮮鍋頗受歡迎。

☎022-353-8333　松島町松島犬田1-10
🚃JR松島海岸站步行10分(有JR松島海岸站接送服務)　P免費　MAP P.88 A-2

DATA	
¥1泊2食 11380日圓～	
IN15:00　OUT11:00	
露天浴池	包租浴池
房間用餐	
不住宿溫泉	

可以看見通往福浦島的朱漆橋樑

絕景重點
露天浴池和客房陽台都可以欣賞到絕景。

1 露天浴池可以將松島的多島嶼盡收眼底　2 面海的和式客房皆有陽台

松島世紀大飯店
松島センチュリーホテル

可以從面海的客房眺望日本三景松島的代表性建築五大堂，以及有朱漆橋樑連結的福浦島。飯店自豪的溫泉「太古天泉」是松島第一個湧出的天然溫泉，可以充分享受到透明且膚觸良好的溫泉。

☎022-354-4111　松島町松島仙隨8
🚃JR松島海岸站步行10分(有JR松島海岸站接送服務)　P免費　MAP P.88 C-1

DATA	
¥1泊2食 18360日圓～	
IN15:00　OUT11:00	
露天浴池	包租浴池
房間用餐	
不住宿溫泉	

和食店	

かきとあなご 松島 田里津庵
● かきとあなごまつしま たりつあん　☎022-366-3328　美食

搭配絕景享用牡蠣和星鰻
可以邊眺望松島灣的美麗風景邊用餐。招牌料理為炸得酥脆的炸牡蠣、加上特製醬汁的星鰻三吃。平日限定的午間全餐也非常受歡迎。

🕐11:00～15:30 (16:00閉店)　休不定休　所利府町赤沼井戶戶132-2　🚉JR陸前濱田站步行10分　🅿免費
◎究極的炸牡蠣全餐平日1900日圓～

美術館	

藤田喬平玻璃美術館
● ふじたきょうへいがらす びじゅつかん　☎022-353-3322　觀賞

鑑賞美麗的玻璃工藝
「松島溫泉 松島一の坊」飯店附設的玻璃美術館，展示了藤田喬平的作品，藤田喬平是玻璃工藝的領域中，初次獲得文化勳章的藝術家，代表作＜飾筥＞系列為必看之作。

🕐9:30～17:00、企劃展最終日為～13:30、月底最終日為～15:30　休不定休　¥1200日圓、高中小學生700日圓　所松島町高城浜1-4　🚉JR松島站步行10分　🅿免費
◎建築物整體都加上了藝術裝飾

孕育出多島嶼之美
風光明媚的日本名勝

松島

● まつしま

大大小小260多個島嶼構成的風景魅力十足，也有很多富有歷史的建築物和海鮮美食店家。

MAP	P.88、附錄②P.13
住宿資訊	P.86・87
洽詢電話	☎022-354-2618 (松島觀光協會)

和食店	

レストラン七海
● れすとらんななみ　☎022-355-0022　美食

搭配松島風景品嘗和風宴席料理
「松島溫泉旅館 海風土飯店」內的餐廳，給人平靜沉穩的感覺。一般桌席可以邊欣賞松島灣景色，邊享用餐點。使用大量新鮮海鮮類食材的午餐非常受歡迎。

🕐11:00～13:00 (14:00閉店)、18:00～20:00 (21:30閉店)※中午、晚上皆需預約　休無休　所松島町松島東浜5-3 ホテル海風土2F　🚉JR松島海岸站步行10分　🅿免費
◎季節限定午餐2700日圓～

資料館	

松島懷舊館
● まつしまれとろかん　☎022-355-0280　觀賞

懷舊的昭和世界
展示大正、昭和時代的電影海報、雜誌、教科書、馬口鐵玩具等物品的資料館。設有體驗區域，可以實際體驗到尪仔標紙牌、棋子和彈珠台等以前的遊戲。

🕐9:00～17:00　休無休　¥350日圓、國高中生250日圓、小學生150日圓　所松島町松島町內112 陸奧物產大樓2F　🚉JR松島海岸站步行10分　🅿使用附近的停車場
◎展示了眾多令人懷念的雜貨

寺社	

天麟院
● てんりんいん　☎022-354-3418　觀賞

政宗的女兒五郎八姬永眠的寺院
祭祀伊達政宗長女五郎八姬的菩提寺，和圓通院、陽德院並稱為松島的三靈廟。除了五郎八觀音以外，還有被稱為天麟院洞窟群的5個洞窟，立有伊達家的供養塔。

🕐8:00～17:00　休無休　所松島町松島町內51　🚉JR松島海岸站步行4分　🅿使用附近的停車場
◎作為很多貓咪聚集的貓寺，也非常受歡迎

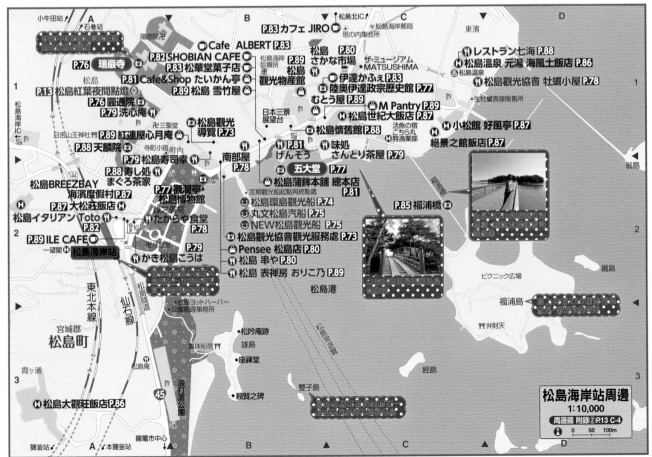

松島海岸站周邊
1:10,000
周邊圖 附錄②P.13 C-4
0 50 100m

松島觀光物產館

物產館　　　　　　　MAP P.88 B-1

● まつしまかんこうぶっさんかん
☎ 022-290-7331 購物

松島伴手禮的品項齊全豐富

位於松島中心區域的物產館，附設廣闊的停車場。除了陳列了眾多松島伴手禮和東北名產的購物樓層以外，2樓還有人氣餐廳「松島浪漫亭」供應海鮮蓋飯。

🕐 9:00～17:00　休無休　所松島町松島普賢堂13-1　🚉 JR松島海岸站步行10分　P收費

➔可購物也可用餐，是松島觀光據點的地方，最適合當作松島觀光據點

むとう屋

販酒處　　　　　　　MAP P.88 B-1

● むとうや
☎ 022-354-3155 購物

要選購宮城產的日本酒就到這

堅持日本酒只販售宮城縣的當地產酒，使用松島產酒米釀造而成的原創純米大吟釀「松島の吟風」（720ml 2468日圓）很受歡迎，也有販售使用了松島產梅子釀造的限定日本酒。

🕐 9:00～18:00　休不定休　所松島町松島普賢堂23　🚉 JR松島海岸站步行10分　P使用附近的停車場

➔松島草莓拉格啤酒520日圓（照片右）使用當地產的草莓，很受歡迎

松島 表禅房 おりこ乃

和食店　　　　　　　MAP P.88 B-1

● まつしまおもてぜんぼう おりこの
☎ 022-355-1755 美食

同時品味松島的當季食材和絕景

位於大樓2樓的和食餐廳，可欣賞到松島灣的絕景。店內料理用料豪邁而風味細緻，能嘗到松島名產星鰻和牡蠣。特別推薦超級豪華的海鮮蓋飯、天婦羅蓋飯、鰻魚盒飯等菜色。

🕐 10:30～18:00　休無休（12～2月為月休2日）
所松島町松島町內75-14 松島玉手箱館2F　🚉 JR松島海岸站步行7分　P使用附近的停車場

➔松島天婦羅蓋飯1650日圓，鋪上了星鰻和牡蠣天婦羅

松島溫泉 松島一の坊

飯店　　　　　　MAP附錄② P.13 C-3

● まつしまおんせん まつしまいちのぼう
☎ 022-353-3333 住宿

全部客房皆為海景房

地理位置絕佳，眼前就是遼闊的松島灣。設有7000坪的廣大水上庭園，是很受歡迎的溫泉度假村，在最上層的露天浴池可盡情享受松島灣的絕景。

🕐 IN15:00 OUT11:00　¥ 1泊2食 平日23544日圓～，假日前日27000日圓～　所松島町高城浜1-4　🚉 JR松島海岸站車程10分（有JR松島海岸站、JR松島站接送服務，需預約）　P免費

➔有不同風情男女分開的露天浴池，各

M Pantry

伴手禮店　　　　　　MAP P.88 C-1

● えむぱんとりー
☎ 022-349-5141 購物

手工烘烤的芳香牡蠣仙貝

由老闆嚴格挑選進貨的食物選貨店，集結了包含松島在內的宮城產美味食物。由縣產的Hitomebore米粉和牡蠣壓製烘烤成的牡蠣仙貝，口感酥脆非常受歡迎。

🕐 9:30～18:00　休週三　所松島町松島仙隋10　🚉 JR松島海岸站步行10分　P使用附近的停車場

➔手工烘烤的仙貝，含牡蠣與米（1片）240日圓

寿し処まぐろ茶家

壽司店　　　　　　　MAP P.88 A-2

● すしどころまぐろちゃや
☎ 022-353-2711 美食

盡情享用鬆軟的大條星鰻握壽司

可以品嘗到當季鮮魚的握壽司和蓋飯、海鮮料理等菜色很受好評。特別推薦「特上握壽司」，使用大木桶當作容器，盛裝新鮮海鮮壽司拼盤，其中，幾乎使用了一整條星鰻的握壽司非常引人注目。

🕐 11:00～15:00，週六、日、假日為～18:00（需洽詢）　休週三（逢假日則翌日休）　所松島町松島町內47　🚉 JR松島海岸站步行3分　P免費

➔特上握壽司2620日圓

散發醬油香 現場剛烤好的仙貝

販售可愛和風雜貨和點心類的伴手禮商店。也有販售松島主題的手巾、木芥子鑰匙圈等豐富的原創商品。店裡也有販售仙貝和霜淇淋。

➔大尺寸的現烤煎餅300日圓

松島 雪竹屋

● まつしまゆきたけや
☎ 022-354-2612　　　MAP P.88 B-1

🕐 10:00～18:30（視時季而異）　休無休（12～3月為週二）　所松島町松島町內109　🚉 JR松島海岸站步行8分　P使用附近的停車場

紅蓮屋心月庵

和菓子店　　　　　　MAP P.88 B-1

● こうれんやしんげつあん
☎ 022-354-2605 購物

販售使用米Sasanishiki製作的傳統點心

嘉曆2（1327）年創業的老字號和菓子店，販售製造技術一子單傳的「松島紅蓮」點心，特徵為可以吃到米的細微甜味和酥脆口感，在店內可以品嘗到現烤的「松島紅蓮」。

🕐 8:30～18:00　休無休　所松島町松島町內82　🚉 JR松島海岸站步行5分　P免費

➔松島紅蓮（2片入）119日圓

ILE CAFE

咖啡廳　　　　　　　MAP P.88 A-2

● いるかふぇ
☎ 022-353-3552 咖啡廳

鮮果汁廣受好評

店內供應的100%果汁很受歡迎，可以品嘗到水果的豐富香味和清爽感。水果從東北的農家進貨，每個季節常態供應3～4種鮮果汁。

🕐 11:00～18:00　休週三，逢假日則營業，12～3月週四不定休　所松島町松島浪打浜10-4　🚉 JR松島海岸站即到　P使用附近的停車場

➔草莓牛奶佐濃醇冰淇淋（1～6月限定）500日圓

堅持使用生鮪魚的
鹽竈著名壽司店

すし哲
すしてつ

鹽竈最受歡迎的人氣店家，在日本各地都有粉絲。使用嚴選、鮮度超群的豐富海鮮，其中，美味的生鮪魚很受好評。米飯使用契約農家栽培的米Sasanishiki，在口中擴散開來的口感非常美妙。

📞022-362-3261
🕚11:00～14:30（15:00閉店）、16:30～21:30（22:00閉店）、週六、日、假日為11:00～21:30（22:00閉店）休週四（逢假日則營業）塩竈市海岸通2-22 JR本鹽釜站即到達 P免費 MAP P.93 A

特上握壽司
3400日圓
店家的經典菜色。包括生鮪魚在內，可以品嘗到10貫嚴選當季海鮮的握壽司，搭配白色盤子的漂亮擺盤也很受好評。

這個也很推薦

鮪魚串燒
（1支）780日圓

仙台站
電車30分
[Shiogama]

鹽竈

鹽竈神社的門前町很有歷史。鹽釜港能捕撈到鮮度超群的豐富海鮮，市內分佈著壽司和法國料理的名店。

充滿歷史氣息，以美味鮪魚聞名的海港城市

MAP P.93·附錄②P.13

Access

🚃仙台站搭JR仙石線30分，本鹽釜站下車
🚗三陸自動車道仙台港北IC車程6km

↑1樓為吧檯座，2樓和3樓也有座位

在名店林立的海港城市享用
壽司&海鮮蓋飯

鹽竈因有豐饒的漁場，而成為國內首屈一指的著名漁港。從全國知名的店家到受當地客人好評的人氣店家，個性豐富的壽司店林立，在這裡盡情享受新鮮的海產滋味吧。

以鮪魚知名的城市·鹽竈
鹽竈的鮪魚捕獲量為全國前幾名，每年5～12月可以捕撈到黑鮪魚和短鮪魚等各式各樣的鮪魚。

特上握壽司
3400日圓
可以品嘗到近海鮪魚的前肚、中肚、松島產星鰻等。

這個也很推薦

軟章魚燉煮
1650日圓

誠心握製而成的最高級當季海鮮壽司

鮨しらはた
すししらはた

由熱愛鹽竈的老闆用講究食材與纖細技術握成壽司。可以品嘗到當季獨有的當地食材為魅力所在，例如松島產的星鰻和七濱的海膽等。紅焰平魚由的碎魚肉味噌湯和毛蟹味噌湯也很受好評。

📞022-364-2221
🕚11:00～14:30（15:00閉店）、16:30～21:30（22:00閉店）、週六、日、假日為11:00～21:30（22:00閉店）休週三（逢假日則營業）塩竈市海岸通2-10 JR本鹽釜站步行3分 P免費 MAP P.93 A

↑包含熱門的吧檯座在內，店內也有和式座位和一般桌席

特上壽司
3456日圓
包含入口即化的星鰻握壽司在內，可以充分品嘗到師傅推薦的食材。

以使用香醇紅醋的米飯為傲

店內氛圍優雅，女性也能輕鬆踏入

大黒寿司
だいこくずし

握壽司使用當地捕撈的新鮮海鮮，和縣產米煮成的米飯握成，有著恰好酸味的紅醋是美味關鍵。除了握壽司外，加了約20種海鮮的豪華「海鮮散壽司」也很受好評。

📞022-367-6396
🕚11:00～15:00、16:30～20:30（21:00閉店）休週四（逢假日則營業）塩竈市北浜3-9-33 JR本鹽釜站步行15分 P免費 MAP附錄②P.13 C-4

這個也很推薦

海鮮散壽司
3996日圓

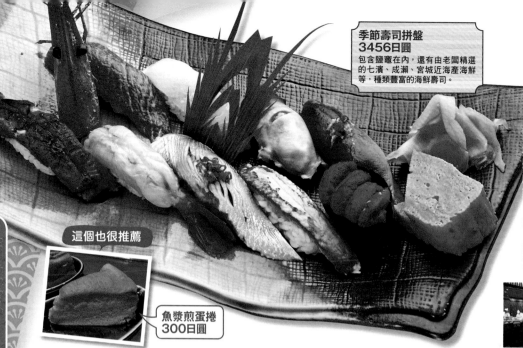

季節壽司拼盤
3456日圓
包含鹽竈在內，還有由老闆精選的七濱、成瀨、宮城近海產海鮮等，種類豐富的海鮮壽司。

展現優秀傳統職人技術的精緻握壽司

亀喜寿司
かめきずし

有著將近80年歷史的名店，堅持使用天然的海鮮，由師傅運用巧妙的技術，將三陸獨有的當季鮮魚製作成口味優雅的壽司。點餐若不指定品項，可以品嘗到當日的嚴選海鮮，吃起來也很愉快。

📞022-362-2055
🕚11:00〜21:00(週六、日、假日為11:00〜15:00、17:00〜21:00)
休週二(逢假日則營業，有替代公休日)
📍塩竈市新富町6-12　🚃JR本鹽釜站步行10分　🅿️免費　MAP P.93 B

➡和風氛圍的店內空間，可以感受到木頭的溫度

這個也很推薦

魚漿煎蛋捲
300日圓

以合理的價格品嘗黑鮪魚

塩竈まぐろ直売食堂
しおがままぐろちょくばいしょくどう

可以輕鬆品嘗到正統黑鮪魚的店家。有名的「黑鮪魚蓋飯」，在米飯上豪邁鋪上黑鮪魚優質魚肚薄片和骨邊肉，鮪魚皆由中盤商老闆鑑定挑選。另外，還有醃漬海鮮、生肉拌蛋黃、依當日進貨的海鮮製作的特別蓋飯等，可以享用到多樣化的料理。

📞022-366-8968　🕚11:00〜14:00，週六、日、假日為〜15:00，直接販售區為〜16:00　休週一(逢假日則翌日休)　📍塩竈市海岸通4-1 プチパレビル1F　🚃JR本鹽釜站即到　🅿️使用附近的停車場　MAP P.93 A

➡在店內的直接販售區域，可以用比市價更便宜的價格買到鮪魚

鮪魚蓋飯(中)
680日圓
有大量生鮪魚魚肚薄片的經典料理。師傅細心除去了筋，吃起來柔軟滑順。

這個也很推薦

鮪魚魚腹肉味噌湯
※各種蓋飯料理套餐皆附

CHECK 挑戰製作MY海鮮蓋飯！

➡可以在市場內的內用區品嘗

➡元氣十足的叫賣聲此起彼落，非常熱鬧

➡在各個店鋪購入材料後，盛裝排列在米飯上

鹽釜水產批發市場
しおがますいさんつなかおろしいちば

被視為市民廚房而廣受鹽竈市民喜愛的市場。有鮮魚店、水產加工品店等約115間店鋪，可以加上自己喜好的海鮮製作而成的「MY海鮮蓋飯」很受歡迎。

📞022-362-5518
🕚3:00〜13:00(週六〜14:00，週日、假日為6:00〜14:00)、製作MY海鮮蓋飯約6:30〜12:00，週六、日、假日為〜13:00　休週三　📍塩竈市新浜1-20-74　🚃JR東鹽釜站步行10分　🅿️免費
MAP附錄②P.13 C-4

這個也很推薦

小山海膽蓋飯
3400日圓(4〜9月)

15種的豐富蓋飯料理

塩釜あがらいん
しおがまあがらいん

位於JR本鹽釜站正前方的海鮮蓋飯專賣店，海鮮蓋飯約有15種，大量使用鹽釜港捕獲的新鮮海鮮。使用當地鮮魚的天婦羅定食、種類豐富的單點料理也非常受歡迎。

📞022-367-7242　🕚11:00〜14:30、17:30〜20:00、週日、假日為11:00〜15:00　休週三　📍塩竈市海岸通14-2 円満堂ビル1F　🚃JR本鹽釜站即到　🅿️使用附近的停車場　MAP P.93 B

➡店內有著可以輕鬆踏入的氛圍，備有吧檯座和一般桌席等

三色蓋飯2260日圓
鋪滿鮪魚、生海膽、鮭魚卵的海鮮蓋飯，店家設法在各個季節取得三種海鮮，因此一整年都可以品嘗得到。

門前町悠閒散步

作為鹽竈神社的門前町而繁榮的鹽竈，街道念處皆保留著舊時風貌。順道前往設計別出心裁的宅邸、傳統老釀酒廠等景點，在有著舒服海風吹拂的海港城市散步吧。

以"鹽竈大人"之名
成為人們信仰中心的神社

↑爬上長長的石階梯後，就可以看到鮮豔的朱色隨身門

↑天然紀念物鹽竈櫻，每年4月下旬是花期

鹽竈神社
しおがまじんじゃ

創立已有 1200 年以上的歷史，鹽竈神作為保佑航海安全、漁產豐收、安產之神而受到人們喜愛。神社位於能眺望到大海的小山丘上，本殿和拜殿被指定為國家重要文化財，看點相當豐富。

☎022-367-1611
🕐自由參拜 📍塩竈市一森山1-1 🚉JR本鹽釜站步行10分 Ｐ免費
MAP P.93 A

↰建於留存古道風情的鹽竈神社東參道旁
步行5分

↰龜井綜合商社創業者的豪華宅邸，現在也開放一般民眾參觀

少見的
和洋併置式建築

舊龜井邸
きゅうかめいてい

大正 13(1924) 年建造的和洋併置式宅邸，在傳統的日本建築中加入西洋建築的技法，打造成時髦的建築樣式，據說是現代的水泥塗壁技術難以重現的貴重建築。

☎022-364-0686
🕐10:00～15:30（有臨時公休）📍塩竈市宮町5-5 🚉JR本鹽釜站步行8分 Ｐ使用附近的停車場
MAP P.93 A

步行5分

擔任鹽竈神社
獻神酒酒屋的老字號釀酒廠

浦霞 酒ギャラリー
うらかすみさけぎゃらりー

釀酒廠「浦霞釀造元 佐浦」附設的店鋪『浦霞釀造元 佐浦』是負責釀造鹽竈神社供奉用神酒的釀酒廠。店內除了浦霞商品外，也展示販售宮城縣藝術家所製作的酒器。也有提供購買酒杯試飲的服務。

☎022-362-4165
🕐10:00～17:00（有臨時公休）📍塩竈市本町2-19 🚉JR本鹽釜站步行5分 Ｐ免費 MAP P.93 A

↰享保9(1724)年創業的老釀酒廠

→釀酒廠出產的逸品，純米吟醸浦霞禪(720ml)2333日圓

步行5分

日本各地都有粉絲的法國料理名店

Chez Nous
シェヌー

可以品嘗到使用海港城市的新鮮海鮮入菜的正統法國料理，主廚在法國本地修業，所製作的料理廣受好評，粉絲從日本各地前來造訪。

☎022-365-9312 MAP P.93 A
🕐11:30～14:00 (L.O.)、17:30～20:00 (L.O.) 休週一、週二每月不定休1次（逢假日則營業）📍塩竈市海岸通7-2 🚉JR本鹽釜站步行3分 Ｐ免費

MENU
午餐：3024日圓～
晚餐：4860日圓～

→店內氛圍時尚而舒適

繁榮的門前町
漁業興盛的海之城市

鹽竈

●しおがま

以日本數一數二的鮪魚捕獲量為傲的海港城市。鹽竈神社被尊稱為「鹽竈大人」，鹽竈作為鹽竈神社的門前町發展繁盛，釀酒廠的建築和古老商家等，廣佈的街景保留了歷史風貌。

區域指南

MAP
P.93

洽詢電話
☎022-364-1165（鹽竈市觀光物產協會）

物産店
MAP P.93 B

Marine Gate Shiogama
●まりんげーとしおがま
☎022-361-1500
【購物】

鹽竈伴手禮豐富齊全

可以近距離感受鹽竈大海，享受觀景、用餐、購物樂趣的觀光設施。除了物產店和輕食區以外，還有仿照船隻甲板打造的開放式木製棧台，在棧台上可以邊吹海風邊眺望大海。

🕘9:00～18:00，餐飲店為11:00～22:00（視店鋪而異）　休無休　所鹽竈市港町1-4-1　JR本鹽釜站步行10分　P收費（1小時100日圓）

⟳也是前往松島的遊覽船起點

壽司店
MAP P.93 A

廻鮮壽司 塩釜港
●かいせんずし しおがまこう
☎022-367-3838
【美食】

輕鬆享用高級的海鮮壽司

社長擁有在鹽竈市場工作35年的經歷，海鮮皆由社長親自到現場嚴格挑選進貨，可以用便宜的價格，享用到新鮮又大份的海鮮壽司，因此週末常常大排長龍。

🕘11:00～20:45（21:00閉店）　休無休　所鹽竈市野田18-1　JR鹽釜站步行10分　P免費

⟳從後方開始順時針活扇貝握壽司500日圓、長鰭鮪魚肚握壽司300日圓、鮪魚中肚握壽司500日圓、旗魚肚握壽司400日圓

和菓子店
MAP P.93 A

丹六園
●たんろくえん
☎022-362-0978
【購物】

散發紫蘇香味的高雅甜點

享保5（1720）年創業的和菓子店，製造、販賣著名點心「志鹽釜」，「志鹽釜」使用糯米和綠紫蘇，上面印有鹽竈櫻圖案，遵循傳統製法，每一片使用木頭模型手工製作而成。

🕘8:30～17:00　休第1、3週三　所鹽竈市宮町3-12　JR本鹽釜站步行3分　P免費

⟳志鹽釜（大）1100日圓、（小）600日圓

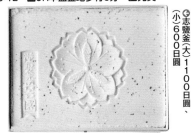

茶屋
MAP P.93 A

おさんこ茶屋
●おさんこちゃや
☎022-362-0946
【美食】

口感鬆軟的極品手作丸子

從江戶時代持續營業至今的老字號茶屋，丸子和麻糬使用傳統製法製成，只製作當日販售的份量，因此可以享受到柔軟的口感。也可外帶，很推薦買了邊散步邊吃。

🕘9:00～17:00（售完打烊）　休不定休　所鹽竈市本町11-12　JR本鹽釜站步行10分　P免費

⟳5色丸子620日圓，可以品嘗到紅豆和芝麻等5種口味的丸子

美術館
MAP P.93 A

鹽竈市杉村惇美術館
●しおがましすぎむらじゅんびじゅつかん
☎022-362-2555
【觀賞】

和鹽竈有淵源的畫家的美術館

展示西洋畫家杉村惇作品的美術館，從昭和21（1946）年開始20年間，杉村惇都在鹽竈生活。館內常態展示描繪了鹽竈風景的油畫等作品。附設的咖啡廳可以品嘗到咖啡和烘焙點心。

🕘10:00～16:30（17:00閉館），咖啡廳為11:00～　休週一（逢假日則翌日休），咖啡廳為週一、二　¥200日圓、高中生100日圓、中學生以下免費（企劃展費用另計）　所鹽竈市本町8-1　JR本鹽釜站步行10分　P免費

⟳展示的作品以杉村惇畢生所追求的靜物畫為主

日本三大荒神輿遊行之一
CLOSE UP

防火、消除災厄、祈求繁榮的祭典。作為鹽竈春季特有的活動而受人喜愛。由年輕人扛起重約1噸的大神輿，上下鹽竈神社的202階石階的景象，非常壯觀。

⟳神輿從表參道坡度很陡峭的石階降下的模樣非常精彩

鹽竈神社帆手祭
●しおがまじんじゃほてまつり
MAP P.93 A
☎022-367-1611（鹽竈神社）
🕘每年3月10日，本殿祭10:00～　所鹽竈市鹽竈神社和市內一圈　JR本鹽釜站步行15分　P免費

鹽竈
1:25,000
周邊圖 附錄②P.13 C-4
0　150　300m

採訪memo　「使用傳統製法製成的『鹽竈藻鹽』」仿照古代流傳下來的製鹽法，用海藻將海水過濾後，用釜煮成藻鹽。藻鹽的特徵為富含礦物質、風味溫和，在「公路休息站 しおがま」等市內各處皆可購買。

想在仙台、松島多住一晚

宮城的推薦區域

宮城縣內除了仙台、松島區域以外，還有很多充滿魅力的觀光名勝！有充滿大自然氣息的溫泉、絕景接連不斷的兜風路線、當地美食等，稍微走遠一點開心地玩吧。

這個區域的關鍵字
溫泉街&紅葉

包含鳴子溫泉站前在內，溫泉街裡分佈著數個足湯。此外，鳴子峽是知名的紅葉名勝，高達 100m 的斷崖絕景也是一大看點。

溫泉街散步 P.96

鳴子峽 P.98

木芥子 P.97

仙台車程1小時20分

在懷舊的溫泉街散步進行溫泉巡禮
鳴子溫泉鄉 P.96
なるこおんせんきょう

以多樣化的泉質而廣為人知，東北首屈一指的著名溫泉，自古以來就是知名的溫泉療養地。很推薦在溫泉街邊逛街邊選購木芥子，也可以泡共同浴場、足湯、手湯等，享受溫泉巡禮的樂趣。

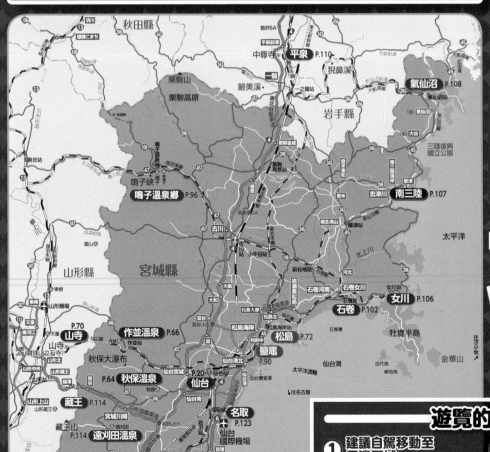

地圖標示：
- 秋田縣
- 平泉 P.110
- 中尊寺
- 嚴美溪
- 氣仙沼 P.108
- 岩手縣
- 栗駒山
- 栗駒高原
- 三陸復興國立公園
- 南三陸 P.107
- 志津川
- 鳴子峽
- 鳴子溫泉鄉 P.96
- 古川
- 太平洋
- 山形縣
- 宮城縣
- 女川 P.106
- 石卷 P.102
- 牡鹿半島
- 山寺 P.70
- 作並溫泉 P.66
- 松島 P.72
- 鹽竈 P.90
- 金華山
- 秋保大瀑布
- 秋保溫泉 P.64
- 仙台 P.20
- 藏王 P.114
- 宮城川崎
- 藏王山 P.114
- 遠刈田溫泉
- 名取 P.123
- 仙台國際機場
- 白石 P.122
- 福島縣

遊覽的秘訣

① **建議自駕移動至周邊區域**

因為電車的班次有限，從旅行據點仙台到各個區域之間，建議開車移動，利用租車服務讓旅途更加順利吧。

② **因移動距離較長，行程表要規劃周延**

從仙台到周邊區域，有的地方開車甚至要花 1 小時以上。若要前往多個觀光地，事前要好好規劃行程。

94

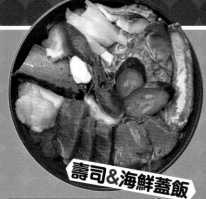

壽司&海鮮蓋飯 P.102

三陸名列世界三大漁場，位於三陸的氣仙沼、石卷和南三陸，可以品嘗到大量當季海鮮，享用壽司和海鮮蓋飯等料理，盡情享受海產美味！

仙台車程50分

漫畫和海鮮都滿魅力的海港城市
石卷 P.102
いしのまき

日本代表性的漫畫家石之森章太郎和石卷很有淵源，中瀨地區有石之森漫畫博物館，可以在此遇到他漫畫中的英雄人物。

石之森萬畫館 P.104

仙台車程2小時

在海港漁市大啖魚翅美食
氣仙沼 P.108
けせんぬま

氣仙沼鯊魚捕獲量為日本第一，使用了特產魚翅的美食也相當出名，品嘗壽司、拉麵、海鮮蓋飯等料理，享受魚翅美味。

仙台車程1小時30分

以車站為中心，慢慢恢復往日榮景
女川 P.106
おながわ

SEAPAL-PIER女川 P.106

女川港的規模為縣內數一數二，從女川站到海邊的筆直步道兩旁，有新開幕的SEAPAL-PIER女川和HAMA TERRACE等，是最近非常熱門的話題店家。

仙台車程1小時30分

在復興商店街享受當季海產
南三陸 P.107
みなみさんりく

三陸產多樣化的豐富鮮魚，使用四季當季海產的海鮮蓋飯是南三陸當地的美食，人氣相當高。

南三陸閃亮亮蓋飯 P.107

魚翅美食 P.108

在藏王回聲線上開車兜風，可以實際感受到藏王山麓的大自然，兜風完可以在藏王各地享受散發熱氣的著名溫泉和祕湯，悠閒地放鬆休息。

藏王兜風 P.114

藏王溫泉 P.116

仙台車程50分～1小時

絕景接連不斷的兜風路線和著名溫泉
藏王・遠刈田溫泉 P.114
ざおう・とおがったおんせん

如果想要享受藏王魅力十足的大自然魅力，推薦在藏王回聲線上開車兜風，天氣好的時候還可以眺望到山頂的御釜。

約900年前被打造為現世淨土之地，為佛教文化中的桃花源，現在此地也分佈著數眾多的文化遺產，中尊寺和毛越寺等寺院都被登錄為世界遺產。

毛越寺 P.112

仙台車程1小時30分

不可錯過平泉的2大世界遺產寺院
平泉 P.110
ひらいずみ

遊覽中尊寺的金色堂、毛越寺的淨土庭園等被指定為世界遺產的史跡，盡情享受歷史之旅！平安時期留存至今的世界遺產讓人身心受到療癒。

名取的閖上港早市，從清晨就聚集了大批人潮，白石市中心還有修復完成的白石城，郊外更有廣受好評的宮城藏王狐狸村，能和可愛的狐狸相見歡。

宮城藏王狐狸村 P.11

白石城下町 P.122

仙台車程50分

片倉小十郎統治的城下町
白石 P.122
しろいし

有修復過往樣貌的白石城、充滿風情的武家屋敷通等，是保留了歷史風貌的城市，散步途中也品嘗看看著名的白石溫麵吧。

仙台車程20分

週日、假日舉辦的早市很受歡迎！
名取 P.123
なとり

仙台機場所在的城市，交通便利。在沿岸的閖上地區，每週日和假日舉辦的閖上港早市很受歡迎。

閖上港早市 P.123

仙台站
車程1小時30分
〔Narukoonsen〕

讓8種溫泉和木芥子人偶療癒身心

鳴子溫泉鄉

位於宮城縣北部內陸地區──大崎市內的溫泉地。日本擁有的10種溫泉泉質，這裡就湧出其中8種。作為「鳴子木芥子」之鄉也非常有名，溫泉街上分布著木芥子工作室。

MAP 附錄②P.18·19

Access

仙台站搭JR東北新幹線「山彥號」，在古川站轉乘JR陸羽東線1小時15分，鳴子溫泉站下車

東北自動車道古川IC車程29km

潮漫著蒸氣的青森檜木浴池

鳴子的象徵，以泉質為傲的古老溫泉

〔鳴子溫泉鄉的特徵〕

鳴子溫泉有5個溫泉地、8種泉質，是放眼全國也相當少見的溫泉之鄉，自古以來就作為東北溫泉療養地而廣為人知。源源放流浴場的數量之多也是其魅力所在。

A 瀧之湯

たきのゆ

重現了江戶時代的溫泉小屋，風情十足的共同浴場。使用鳴子溫泉神社供奉的溫泉，透過木製引水管，以源泉放流形式接引至浴池。浴池有溫度較熱和溫度較低2種溫泉。

☎ 080-9633-7930
🕐 7:30～21:30（22:00閉館）🈑 無休
💴 150日圓、小學生以下100日圓 📍 大崎市鳴子溫泉湯元 🚃 JR鳴子溫泉站步行5分
🅿 免費（使用溫泉巡禮停車場）
MAP P.96

⬆️ 長年受當地人和觀光客喜愛的著名溫泉

鳴子 讓心靈平靜下來的 溫泉鄉散步

作為日本數一數二的溫泉地，鳴子分布著共同浴場、足湯、手湯等，可以輕鬆享受到溫泉的樂趣。溫泉街作為木芥子之鄉也很有名，邊進行令人放鬆的溫泉巡禮，邊在風情十足的溫泉街散步吧。

── 首先先GET便利的裝備！──

在鳴子溫泉站內的鳴子觀光·旅館服務中心，購買划算的票券和散步地圖吧，也可買到進行溫泉巡禮時非常好用的毛巾等商品。

HOW TO SEE NARUKO

木屐票券 100日圓
⬆️ 在共同浴場、伴手禮店、餐飲店等溫泉街贊助商家，可憑票券獲得優惠或特典。

溫泉巡禮票券（附木芥子杯墊）1650日圓
⬆️ 憑票券所附的6張貼紙，可以在共同浴場或飯店的不住宿溫泉獲得優惠。

工作室巡禮地圖 100日圓
⬆️ 以插畫地圖介紹分布在溫泉街上的木芥子工作室和店家。

慢慢從頭走到尾25分
鳴子溫泉街MAP

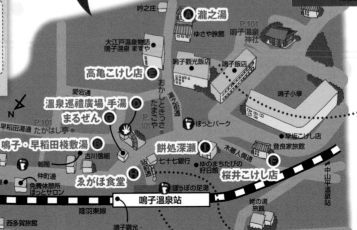

吟之庄
Ⓐ 瀧之湯
P.101
ゆさや旅館
鳴子溫泉神社
大江戶溫泉物語 鳴子溫泉 ますや
鳴子觀光飯店
鳴子飯店
高龜こけし店
おかもと旅館
鳴子小學
愛宕橋
溫泉巡禮廣場 手湯
まるぜん
ぼっとパーク
たまごゆさ
P.101
早坂こけし店
溫泉巡禮停車場 足湯
早稻田湯通
たかはし亭
P.101
鳴子·早稻田棧敷湯
古川信組
木屐人喫場
登家旅館
餅処深瀬
七七銀行
ゆのまちたびの好日館
桜井こけし店
鳴子總合支所
高橋豆腐店
P.101
郵局
中町通
ゑがほ食堂
ぼうぼの足湯
中央計程車
仲町通
免費休憩所 ほっとサロン
鳴子溫泉站
東多賀の湯
西多賀旅館
陸羽東線
鳴子觀光旅館服務中心
滝の湯旅館
中山平溫泉站
古川站
47

將車子停在這裡走到瀧之湯約5分

⬆️ 木芥子樣式的懷舊風電話亭是這裡的攝影景點之一

⬆️ 鳴子觀光旅館導覽中心內的獨特木芥子

🅿 足湯 🖐 手湯

⬆️ 這裡還有車站附設的足湯

⬆️ 街上處處是以木芥子為構想的裝飾，水溝蓋也印上了木芥子

⬆️ 站前的細長木芥子

96

→設有溫泉蛋工作室，只要準備好蛋就可以使用（1人最多2個）

↑源泉直接放流的溫泉，可以看到湯花

↓從足部開始慢慢放鬆身心

C 溫泉巡禮停車場 足湯

ゆめぐりちゅうしゃじょうあしゆ

溫泉街的「溫泉巡禮停車場」附設的足湯。將附近湧出的溫泉，用木製引水管直接導引至浴槽。

☎0229-83-4751（鳴子城市創造株式會社）
🕐8:30〜18:00 ¥免費 🏠大崎市鳴子溫泉新屋敷 🚃JR鳴子溫泉站步行5分
🅿免費（使用溫泉巡禮停車場）
MAP P.96

D 溫泉巡禮廣場 手湯

ゆめぐりひろばてゆ

休憩空間「溫泉巡禮廣場」內的手湯。可以在散步和等待電車的空檔，輕鬆地感受到泡溫泉的感覺。

☎0229-83-4751（鳴子城市創造株式會社）🕐自由入浴 ¥免費 🏠大崎市鳴子溫泉鳴子溫泉湯元108 🚃JR鳴子溫泉站即到 🅿免費（使用溫泉巡禮停車場）
MAP P.96

透過手湯輕鬆體驗溫泉

↑從指尖到整個身體都熱呼呼的

早稻田大學學生挖掘到的溫泉

浴池有溫度較熱和溫度較低2種

B 鳴子・早稻田棧敷湯

なるこわせださじきゆ

昭和23(1948)年，早稻田大學的挖掘實習課程中挖掘到的溫泉，有挑高的大浴場、包租露天浴池、休息用的大房間。

☎0229-83-4751
🕐9:00〜21:30（22:00閉館，視時期而異）
休無休 ¥540日圓、小學生以下320日圓 🏠大崎市鳴子溫泉新屋敷124-1 🚃JR鳴子溫泉站步行3分 🅿免費（使用溫泉巡禮停車場）
MAP P.96

↑現代風格的黃色建築物

木芥子火柴（紅）150日圓、（黃）200日圓
每一根火柴都描繪了很有趣的表情。

木芥子紙膠帶750日圓
可愛的木芥子圖案紙膠帶。

集結了眾多獨特的雜貨

G まるぜん

位於鳴子溫泉站前的伴手禮商店，除了點心和民俗藝品外，也販售很受歡迎的「木芥子火柴」、筷架、文具等豐富的木芥子主題商品。

☎0229-83-2202
🕐8:00〜19:00 休不定休 🏠大崎市鳴子溫泉湯元109-1 🚃JR鳴子溫泉站即到 🅿免費
MAP P.96

→豐富而流行的木芥子商品

珠姬木芥子（成對）3000日圓
描繪成親王和親王妃的木製雛人偶。

種類齊全的傳統木芥子和創作木芥子

傳統木芥子萬之丞型（4寸）1500日圓〜
每家流傳下來的傳統木芥子，各有不同的造型。

在溫泉巡禮的空檔選購木芥子木偶商品
鳴子是「鳴子木芥子」的發源地，街上分布著職人工作室和木芥子伴手禮店。

F 桜井こけし店

さくらいこけしてん

櫻井昭寬所開設的商店，他是代表鳴子的工匠之一。店內販售眾多傳統及創作木芥子，也可以參觀製作過程和彩繪體驗。

☎0229-83-3460
🕐8:00〜19:00 休不定休 🏠大崎市鳴子溫泉湯元26 🚃JR鳴子溫泉站步行3分 🅿使用附近的停車場
MAP P.96

←也可體驗彩繪木芥子（1000日圓，4人以下不需預約）

→也有販售種類豐富的木頭玩具

武井武雄小芥子筆記本1200日圓
十分活躍的版畫家武井武雄的插畫。

←不僅鳴子，還有東北各地的小芥子

創作木芥子與兒童繪畫雜貨很受歡迎

髮髻木芥子（3寸2分）1000日圓
結了髮髻的可愛創作木芥子木偶，約高10cm。

E 高龜こけし店

たかかめこけしてん

商品包含鳴子傳統木芥子和流行的創作木芥子在內，也販售多樣化的雜貨，工業設計師柳宗理所設計的木頭玩具「鳩笛」（3000日圓）也很受好評。

☎0229-83-3431
🕐7:30〜21:30 休無休 🏠大崎市鳴子溫泉湯元88 🚃JR鳴子溫泉站步行3分 🅿使用附近的停車場
MAP P.96

······ 在這裡小憩片刻 美食景點

有著樸實甜味的栗丸子

I 餅処深瀬

もちどころふかせ

將糖煮栗子用柔軟的麻糬包起來，淋上鹹甜醬油醬汁的「栗丸子」很受歡迎。也有外帶用盒裝的「栗丸子」（5個入，756日圓）。

☎0229-83-2146
🕐8:00〜19:00（栗丸子售完打烊）休不定休 🏠大崎市鳴子溫泉湯元24-2 🚃JR鳴子溫泉站即到 🅿使用附近的停車場
MAP P.96

栗丸子（附茶、醃漬小菜）360日圓
店內設有內用空間，可以品嘗到現做的栗丸子。

要醃漬在裡面的咖哩溫泉蛋魅力

H ゑがほ食堂

えがほしょくどう

創業至今超過100年，受到當地人喜愛的老字號食堂。包含著名的「溫泉蛋咖哩」在內，還供應加了大量山菜和菇類的蕎麥麵和蓋飯。

☎0229-83-3074
🕐8:30〜20:00（L.O.）休第2週四 🏠大崎市鳴子溫泉湯元2-4 🚃JR鳴子溫泉站即到 🅿使用附近的停車場
MAP P.96

溫泉蛋咖哩760日圓
使用拉麵湯頭提味，風味溫和。

稍微 從鳴子溫泉站 走遠一些 體驗！

讓人震撼的 四季自然之美

鳴子區域內，有紅葉名勝和壯觀的間歇性噴泉等，分布著可以盡情享受到雄偉大自然的景點。溫泉街車程20分以內就可以抵達，試著走遠一點隨意遊玩吧。

鳴子峽 なるこきょう

高約100m斷崖綿延約2.6km的V字型溪谷，是知名的紅葉名勝，紅葉轉紅的時期，整個溪谷會被染成紅色和黃色，可以欣賞到令人屏息的絕美景色。

☎0229-87-2050（鳴子峽Rest House）
🕐自由參觀 🏠大崎市鳴子溫泉尿前地內
🚃JR鳴子溫泉站車程10分（紅葉季節有臨時巴士）🅿免費（紅葉季節收費）
MAP附錄②P.19 A-6

享受更多樂趣
在大深澤遊步道散步

以鳴子峽Rest House作為起點，繞行一圈全程2.2km的遊步道。邊眺望紅葉樹林的同時邊慢慢散步吧。

染成華美色彩的溪谷
東北首屈一指的紅葉景點

Check!
耀眼的新綠也很美麗
5〜6月時溪谷會被整片鮮艷的翠綠覆蓋，可以欣賞到閃閃發光的青嫩綠葉。 夏

↑紅葉轉紅的時期為每年10月下旬〜11月上旬

以四季大自然妝點的水壩湖

潟沼 かたぬま

潟沼是山間的火口湖，推測約在1200年前形成。祖母綠的美麗湖水會隨著天候和太陽的位置改變顏色。湖畔設有完善的遊步道，可以繞潟沼一圈。

☎0229-83-3441（鳴子溫泉觀光・旅館服務中心）🕐自由參觀（體驗需洽詢）🏠大崎市鳴子溫泉湯元地內 🚃JR鳴子溫泉站車程5分 🅿免費
MAP附錄②P.19 B-6

Check!
划船或SUP到湖上散步
可以租借小船或立式單槳衝浪板（SUP）等，享受戶外活動體驗。 夏

廣闊的青色湖面非常美麗

鳴子水壩 なるこだむ

昭和32（1957）年完工，東北第一個被認定為土木學會選獎土木遺產的水壩。新綠和紅葉季節，可以欣賞周圍的山岳和水壩湖交織而成的壯觀風景。

☎0229-82-2341（鳴子水壩管理所）🕐自由參觀 🏠大崎市鳴子溫泉岩渕地內 🚃JR鳴子溫泉站車程10分 🅿免費
MAP附錄②P.19 A-5

Check!
水壩洩洪和瀑布鯉魚旗 春
黃金週的例行活動，配合高80m、寬95m的大洩洪，水壩會裝飾上50條的鯉魚旗。

周圍散發著硫磺氣味

水面會變換成各種顏色的夢幻之湖

魄力十足的溫泉噴湧而出

かんけつ泉弁天は約15分ごとに吹き上がります。
大変危険ですので柵内には絶対に入らないで下さい

「弁天」展現出龍飛向天空的模樣

鬼首間歇泉（弁天、雲龍）
おにこうべかんけつせん（べんてんうんりゅう）

「弁天」為從地下20m到地上20m高，每隔10～15分就會噴湧出來的溫泉，「雲龍」則為會噴出約2m高水柱的溫泉，溫泉隨著磅礡水聲一起噴湧而出的景象魄力十足。

☎0229-86-2233（間歇泉弁天事務所）
🕐3月下旬～11月，9:00～16:30 休週三（黃金週、暑假、紅葉時期無休）、12～3月中旬 ¥400日圓、中小學生200日圓 所大崎市鳴子溫泉鬼首吹上12 🚉JR鳴子溫泉站車程20分 P免費 MAP附錄②P.18 F-3

間隔20～30分會噴湧而出的「雲龍」

享受更多樂趣

挑戰製作溫泉蛋
地獄谷遊步道旁有「蛋溫泉」，只要自備生蛋泡入溫泉內，就可以製作出溫泉蛋。

在地獄谷散步
到處都有大大小小的間歇泉噴出，小心不要被噴泉燙傷，享受探險的樂趣吧。

江合川河岸
えあいがわかせんじき

江合川從宮城縣北部流到中部。川渡溫泉地區的河岸，一到春天就會有漂亮的油菜花盛開，是很受歡迎的攝影景點，某些年份還可以同時欣賞到櫻花和留有殘雪的山岳。

☎0229-83-3441（鳴子溫泉觀光・旅館服務中心）
🕐自由參觀 所大崎市鳴子溫泉川渡 🚉JR川渡溫泉站車程5分 P免費 MAP附錄②P.18 G-4

將整片油菜花、櫻花和殘雪山岳 盡收眼底

↑約3公頃的油菜花田綿延而去

冬季時江合川會有天鵝飛來
鳴子溫泉周邊的江合川河岸，可以觀察到飛來的天鵝休憩的模樣。

冬

一整年都可以享受戶外運動

↑在特製的游泳池上滾動就是水上滾筒的玩法
←可在大自然中體驗滑翔傘等各式各樣的活動

鬼首度假村公園RESORT PARK ONIKOBE
リゾートパークオニコウベ

春夏秋季可以享受到多樣化戶外運動的休閒景點，滑翔傘、高爾夫打擊、水上滾筒等活動都很受歡迎。

☎0229-86-2111 🕐戶外活動體驗是4月下旬～11月上旬，滑雪場是12～3月，時間需洽詢 休無休 ¥視內容而異 所大崎市鳴子溫泉鬼首小向原9-55 🚉JR鳴子溫泉站車程20分 P免費 MAP附錄②P.18 F-3

冬季作為滑雪場營業
從初學者到高階滑雪客都有各式各樣的滑雪路線，也有家庭客專用的滑雪場。

冬

在這裡小憩片刻 美食景點

使用當地產蕎麥粉的多樣化料理

蕎麦カフェ田伝
そばかふぇてんでん

可品嘗到在鳴子自家栽種、風味豐富的蕎麥，使用蕎麥粉製成的法式鹹可麗餅和戚風蛋糕也很受歡迎，從午餐餐點到甜點皆有供應。

☎0229-25-3353
🕐10:30～16:00（16:30閉店）休平日不定休 所大崎市鳴子溫泉月山13-2 🚉JR川渡溫泉站步行15分 P免費 MAP附錄②P.18 G-4

法式鹹可麗餅套餐（附沙拉、紅茶）1500日圓
使用當季食材的主廚精選法式鹹可麗餅，也可以選擇經典的菇類口味。

高原產的發泡酒很受歡迎

レストラン 鳴子の風
れすとらん なるこのかぜ

供應使用穀類或水果製成，風味溫和的當地產發泡酒，可以搭配香腸和披薩一起享用。也供應名產鬼蕎麥麵、飯類和拉麵等餐點。

☎0229-86-2288
🕐4月下旬～11月中旬，10:00～15:00 休期間中無休 所大崎市鳴子溫泉鬼首本宮原23-89 🚉JR鳴子溫泉站車程20分 P免費 MAP附錄②P.18 F-3

發泡酒「鳴子之風」一杯440日圓
香腸&薯塊900日圓
發泡酒有高原拉格、山葡萄、雪結米3種口味。

仿鳴子水壩造型的著名咖哩

キッチンなの花
きっちんなのはな

由當地女性掌廚的咖啡廳兼餐廳，午餐料理大量使用新鮮當地產食材，也可以在此品嘗甜點和咖啡等。

☎0229-84-5780
🕐11:00～16:00 休週三 所大崎市鳴子溫泉川渡18-4 🚉JR川渡溫泉站車程4分 P免費 MAP附錄②P.18 G-4

鳴子水壩咖哩880日圓
將白飯盛裝成拱型的水壩形狀，咖哩看起來就像是水壩湖荒雄湖，是很受歡迎的餐點。

鳴子溫泉的舒適旅宿

鳴子溫泉鄉集結了5個溫泉地，泉源多達400個以上。泡著名溫泉、品嘗山產，讓身心得到徹底療癒吧。
也有很多住宿設施提供不住宿溫泉，可以輕鬆享受溫泉巡禮也是其魅力之一。

享受四季的
大自然露天泡湯

●華麗的
純和風玄關

龜屋飯店
ホテル亀屋

在源泉放流的露天浴池和瞭望大浴場，可以一邊欣賞壯闊的大自然，一邊悠閒地泡溫泉。宴席料理的餐點活用當地食材，春天有豐富的山菜，秋天則可以品嘗到以多種菇類等豐富食材入菜的餐點。

☎0229-83-2211 ⬛大崎市鳴子溫泉車坂54-6
🚃JR鳴子溫泉站步行15分(無接送服務) Ⓟ免費
MAP附錄②P.19 B-5

放鬆重點
從瞭望大浴場可以眺望新綠、紅葉和清澈的江合川。

DATA
¥1泊2食 8000日圓～
⏱IN15:00 OUT10:00
露天浴池　　包租浴池
房間用餐
不住宿溫泉　700日圓

放鬆重點
溫泉會隨著日子改變顏色和濃稠度，別錯過僅有一次的相遇。

DATA
¥1泊2食 14000日圓～
⏱IN15:00 OUT11:00
露天浴池　　包租浴池
房間用餐
不住宿溫泉

鳴子溫泉 湯元 吉祥
なるこおんせんゆもときっしょう

座落於溫泉鄉最高的高台上，從客房的窗戶望出去，可以欣賞到鳴子的四季風景。客房類型豐富，有附有露天浴池的特殊客房、可以眺望到日本庭園的獨棟客房等能放鬆身心的客房。使用豐富當地食材的「旬菜膳」、料理種類豐富的自助式吃到飽也很受好評。

☎0229-82-4456 ⬛大崎市鳴子溫泉湯元58-10
🚃JR鳴子溫泉站步行7分(有JR鳴子溫泉站接送服務，需預約) Ⓟ免費　MAP附錄②P.19 A-6

❶ 大浴場「鳳山之湯」❷晚餐為使用大量當地食材的「旬菜膳」和有鄉土料理的自助式吃到飽

●大浴場
「玉の湯」

放鬆重點
膚觸黏滑的美肌溫泉療癒身心。

鳴子飯店
なるこほてる

創業至今140餘年，建於能眺望到整個溫泉街的高台上。接引的泉源含有硫磺成份，接觸到外部空氣或濕度產生變化時，泉水會變成乳白色或綠色。晚餐的自助式吃到飽使用當地食材，可以享受到約50種日西中式風格料理，很受好評。

☎0229-83-2001 ⬛大崎市鳴子溫泉湯元36 🚃JR鳴子溫泉站步行5分 Ⓟ免費　MAP附錄②P.19 B-6

DATA
¥1泊2食 10800日圓～
⏱IN15:00 OUT10:00
露天浴池　　包租浴池
房間用餐
不住宿溫泉　1080日圓

放鬆重點
可以享受被寧靜環繞的絕佳溫泉。

DATA
¥1泊2食 9654日圓～
⏱IN14:00 OUT10:00
露天浴池　　包租浴池
房間用餐
不住宿溫泉　500日圓～

旅館大沼
りょかんおおぬま

東鳴子溫泉的溫泉旅館，散發著溫泉療養場的風情。包含源泉放流的庭園包租露天浴池在內，館內有8個浴池，其中5個可以包租使用。溫泉泉質為含有保濕成分的碳酸氫鈉泉，也是著名的美肌溫泉。

☎0229-83-3052 ⬛大崎市鳴子溫泉赤湯34
🚃JR鳴子御殿湯站步行5分(有JR鳴子御殿湯站接送服務) Ⓟ免費　MAP附錄②P.19 B-5

❶ 包租庭園露天浴池「母里之湯」(住宿者專用，1人30分1080日圓)❷客房模素而給人懷念的感覺

泡美肌溫泉
緩緩療癒身心

●充滿山村風情
的露天浴池

鳴子やすらぎ荘
なるこやすらぎそう

擁有中山平溫泉的溫泉旅館，中山平溫泉以鹼度較高的美肌溫泉聞名。除了露天浴池和室內浴池，也設有預約制的包租浴池。山菜料理和菇類火鍋等，活用當地食材美味的料理也頗受好評。

☎0229-87-2121 ⬛大崎市鳴子溫泉星沼18-2
🚃JR中山平溫泉站步行15分(有JR鳴子溫泉站接送服務) Ⓟ免費　MAP附錄②P.19 A-6

放鬆重點
在頗有風韻的岩石露天浴池中泡湯，滋潤肌膚。

DATA
¥1泊2食 9700日圓～
⏱IN14:00 OUT10:00
露天浴池　　包租浴池
房間用餐
不住宿溫泉　600日圓

多樣化泉質為其魅力所在
頗有歷史的溫泉鄉

鳴子溫泉鄉

●なるこおんせんきょう

區域指南

從挖掘出溫泉至今已有1200年，也是名列奧州三名湯之一的溫泉地。進行溫泉巡禮的同時，也盡情享受受大自然創造出的絕景以及使用當地食材的甜點吧。可以購買木芥子當作伴手禮。

MAP P.96・附錄②P.18・19
住宿資訊 P.100
洽詢電話
☎0229-83-3441（鳴子觀光・旅館服務中心）
☎0229-82-2026（大崎市鳴子總合支所地域振興課）

日式西式點心店 MAP P.96

おかしときっさ たまごや

☎0229-83-3021 購物

店家講究的蕨餅非常有名

販售和菓子和西點，受到當地人喜愛的點心店。人氣甜點「蕨餅」使用優良蕨粉，內含的核桃口感絕妙。店內還設有飲茶空間，可飲用到現沖的咖啡。

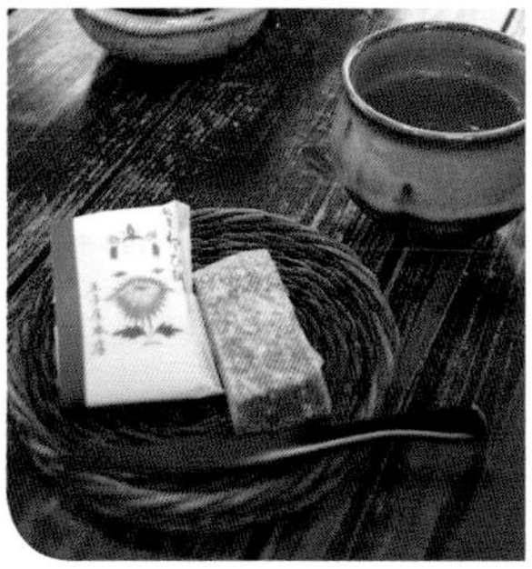

⏰8:30～20:00 休不定休 所大崎市子溫泉湯元102-1 交JR鳴子溫泉站即到 P使用附近的停車場

⬅蕨餅（9個入）864日圓

和食店 MAP P.96

たかはし亭

●たかはしてい

☎0229-81-1510 美食

口味樸實的勾芡什錦麵很受歡迎

店內可以品嘗到由當地女性調理的鄉土料理，「鳴子勾芡什錦炒麵」是將鳴子產的蕎麥麵表面煎至酥脆，再淋上加了菇類和山菜等大量沾了勾芡醬汁的配料，很受好評。

⏰10:00～15:00（L.O.） 休週三（逢假日則營業） 所大崎市鳴子溫泉新屋敷121-1 交JR鳴子溫泉站步行5分 P免費

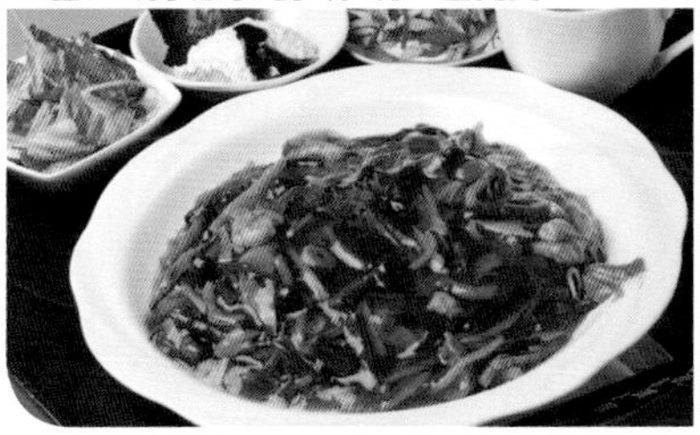

⬅鳴子勾芡什錦炒麵1200日圓，使用和風高湯調味，口味溫和

溫泉設施 MAP 附錄②P.19 A-6

しんとろの湯

●しんとろのゆ

☎0229-87-1126 溫泉

源泉放流的不住宿溫泉

離鳴子峽很近的公共浴場。顧名思義，溫泉以濃稠的滑順膚觸為特徵，是知名的美肌溫泉，因泡了肌膚會變得飽含水分而光滑廣受好評。也有販售用源泉製作的溫泉蛋。

⏰9:00～21:00（21:30閉館） 休無休 所大崎市鳴子溫泉星沼18-9 交JR中山平溫泉站步行15分 P免費

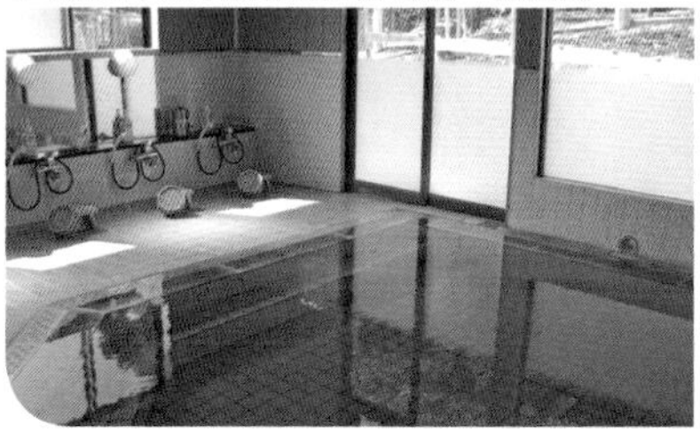

⬅只有室內浴池的簡單浴場，也設有鋪了榻榻米的休憩空間

西點店 MAP P.96

高橋豆腐店

●たかはしとうふてん

☎0229-83-3362 購物

使用縣產大豆製作的甜點很受歡迎

討論度很高的健康豆漿甜點店。販售添加鳴子產藍莓果醬的「豆漿布丁」、口感滑順甜味溫和的「豆漿起司蛋糕」等甜點。

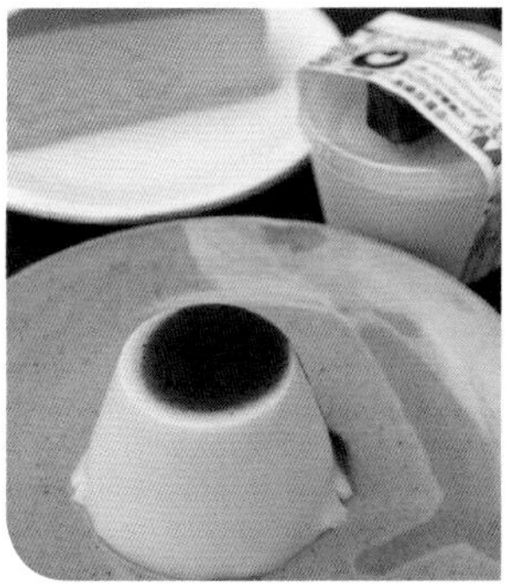

⏰8:30～20:00 休不定休 所大崎市鳴子溫泉新屋敷73 交JR鳴子溫泉站步行5分 P免費

⬅人氣豆漿布丁180日圓和豆漿起司蛋糕280日圓

寺社 MAP P.96

鳴子溫泉神社

●なるこおんせんじんじゃ

☎0229-82-2320 觀賞

俯瞰著街道的鳴子溫泉守護神

承和４（837）年，因火山爆發而湧出了溫泉的傳說之地，位於高台上，可以在此俯瞰鳴子的溫泉街。每年９月會舉行獻湯式和神輿渡御等祭典。

⏰境內自由參觀（社務所為8:30～18:00） 所大崎市鳴子溫泉湯元31-1 交JR鳴子溫泉站步行10分 P免費

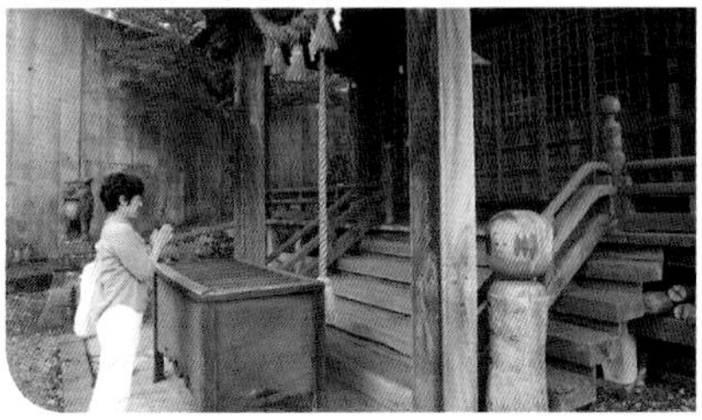

⬅拜殿有大型木芥子站在一旁

CLOSE UP

集結了全國各地的粉絲

木芥子祭典會舉行木芥子木偶比賽和實際展示即時販售會等。第一天晚上的祭典遊行，超現實主義的紙糊木芥子會在溫泉街上緩緩前進，叫人興奮。

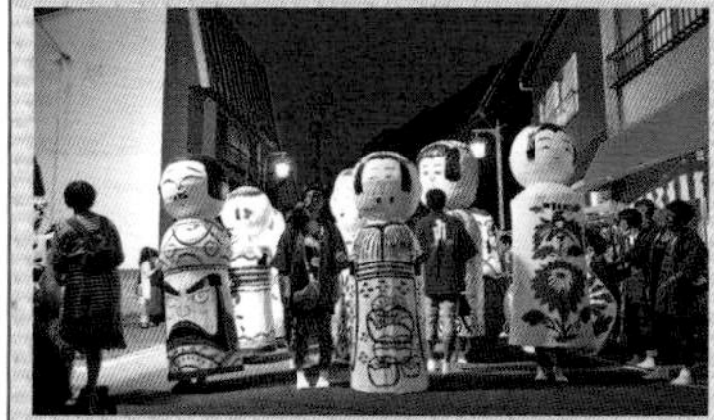

⬅數個紙糊木芥子移動的樣子，令人震撼

全國木芥子祭

●ぜんこくこけしまつり MAP 附錄②P.19 A-6

☎0229-82-2026（大崎市鳴子總合支所地域振興課） ⏰9月第1週六、日（前一日週五傍晚有木芥子供養祭） 所大崎市鳴子溫泉中心部 交JR鳴子溫泉站即到 P免費

傳統工藝品店 MAP 附錄②P.19 A-6

柿澤こけし店

●かきざわこけしてん

☎0229-83-2495 購物

可愛創作木芥子排排站

陳列在傳統加上了一些變化的創作木芥子，戴了真正的橡樹果實帽子的「橡樹果實木芥子」（1000日圓）、描繪了四季相關圖案的「季節創作木芥子」（1500日圓）都很受歡迎。

⏰9:00～17:00 休不定休 所大崎市鳴子溫泉古戶前132-67 交JR鳴子溫泉站車程5分 P免費

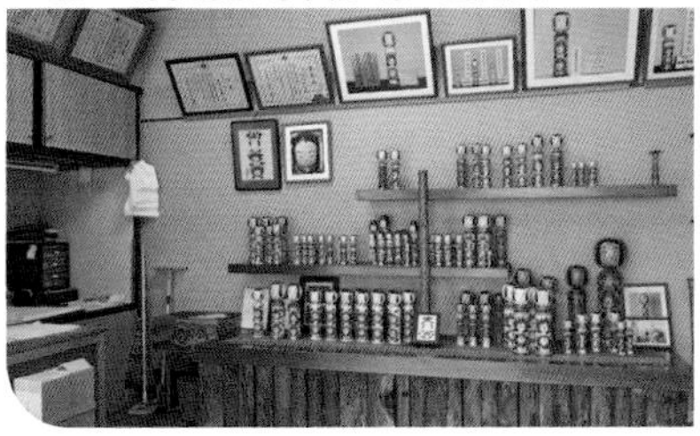

⬅也陳列很多親子2代共同創作的鳴子傳統木芥子

博物館 MAP 附錄②P.19 A-6

日本木芥子館

●にほんこけしかん

☎0229-83-3600 觀賞

傳統木芥子大集合

博物館內陳列了東北各地名工匠所製作的鳴子傳統木芥子、童話作家深澤要的作品集，也展示了高松宮殿下秘藏的木芥子。可參加木芥子彩繪體驗（1080日圓）。

⏰4～12月為8:30～17:00（12月為9:00～16:00） 休期間中無休 ¥320日圓、小孩80日圓 所大崎市鳴子溫泉尿前74-2 交JR鳴子溫泉站車程5分 P免費

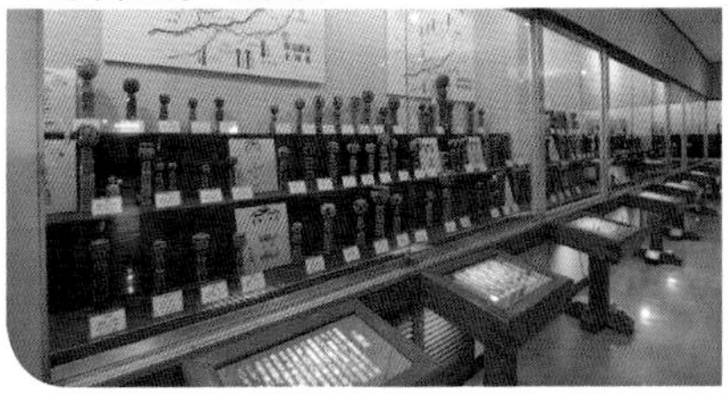

⬅展示約5000個木芥子

採訪memo 「縣內訪客數最多的『a・la・伊達道站』」供應當地農家直接送來的晨採蔬菜、大崎名產品等豐富商品的公路休息站。在附設的餐廳內，可以享用到使用當地食材的自助式吃到飽。除了觀光客以外，很多當地人也會光顧，訪客數一年超過300萬人，在東日本也是數一數二受歡迎的公路休息站。

漫畫文化十分繁榮的海港城市

石卷

石卷是石之森章太郎的淵源之地，漫畫中的英雄雕像立在城市各處。石卷也是縣內數一數二的海港城市，一整年都可以品嘗到當季盛產的海鮮。

MAP 附錄②P.12

Access

仙台站搭JR仙石線50分，石卷站下車

三陸自動車道石卷河南IC車程4km

大もりや おおもりや

明治26（1893）年創業，位於石卷站前的老字號和食店。蓋飯使用於金華山海域捕撈的海膽、星鰻、扇貝、鯖魚等，大方豪邁地鋪上現撈的海產，份量十足。

☎0225-22-4117
🕐11:00～15:00、17:00～20:00
休不定休 所石卷市穀町12-25
JR石卷站即到
P使用附近的停車場
MAP附錄②P.12 E-3

↑可以在令人平靜的老店氛圍中用餐

推薦料理
金華蓋飯 2600日圓
米飯上舖地放上鮮度超群的12～15種當季海鮮，食材種類隨當日進貨內容變更。

╲ 可以品嘗到三陸的當季食材 ╱

壽司＆海鮮蓋飯

石卷的前方就是名列世界三大漁場的三陸海域，全年都能捕撈到鰹魚、秋刀魚、海膽等多種海鮮。可以透過調理技術高明的壽司、豪邁的海鮮蓋飯等料理盡情享受海鮮美味！

三陸海鮮美味的理由

三陸沿岸有寒流和暖流交會，可以捕獲種類豐富的海鮮，是全世界數一數二的優良漁場。富含森林礦物質的山泉水流入海灣，因此孕育出優質的牡蠣和扇貝。

すし寶来 すしほうらい

在石卷營業超過80年以上的老字號壽司店，堅持使用三陸前產的新鮮海產，除了可以盡情享用豪邁當季海鮮的壽司以外，價格合理、份量充足的蓋飯也很受好評。

推薦料理
主廚精選握壽司
4320日圓
握壽司主要使用金華山海域的海鮮，米飯在口中散開的滋味絕妙。

☎0225-22-1258
🕐11:30～14:00、17:00～21:00
休週日
所石卷市千石町1-3
JR石卷站步行8分
P使用附近的停車場
MAP附錄②P.12 E-3

→櫃子裡排列著當季壽司用海鮮

八幡家 やわたや

大正2（1913）年創業的老字號割烹店。人氣料理之一的「石卷當季羈絆蓋飯」，可以享受2種小碗蓋飯，除此之外，鰻魚和仙台牛料理也頗受好評。

☎0225-22-0138
🕐12:00～14:00、17:00～20:00
休不定休 所石卷市中央2-8-23 JR石卷站步行10分
P免費
MAP附錄②P.12 E-3

推薦料理
石卷當季羈絆蓋飯
1944日圓
2種小碗蓋飯的套餐內容隨季節改變，帝王蟹蓋飯和扇貝蓋飯是固定內容。

→店內也裝飾著漫畫家的簽名

102

可以享受到石卷美味的
餐飲店&咖啡廳

就算不是在割烹、壽司店、和食店，
也可以享受到石卷地產地消的美食。
一起來CHECK咖啡廳和食堂裡的石卷料理！

品嚐石卷產的蔬菜和鹿肉
cafe蓮 かふぇえれん

主廚為石卷農家出身，可以品嚐到使用當地產的現採蔬菜和鹿肉料理。使用當地鹿肉的野味料理，特別凸顯出鹿肉獨特的軟嫩口感。

☎070-1141-5238
⏰11:00～19:00（週日為～17:00) 休週一
🏠石卷市立町2-7-26 🚃JR石卷站步行4分 🅿免費
MAP附錄②P.12 E-3

⬆店鋪由復古的建築物改裝而成

石卷貴心拼盤 1200日圓
整盤都擺滿了使用石卷現採食材的料理！

品嚐麵條蒸過兩次的當地炒麵
藤や食堂 ふじやしょくどう

可以吃到著名石卷炒麵的老字號食堂。淋上高湯蒸過的炒麵，口味清爽，加入桌上放的「之後加的醬汁」，調整成自己喜歡的口味才是道地石卷吃法。

☎0225-93-4645
⏰11:00～18:00（麵用完打烊) 休不定休
🏠石卷市立町2-6-17 🚃JR石卷站步行5分 🅿使用附近的停車場
MAP附錄②P.12 E-3

⬆離石卷站很近，廣受當地人喜愛的食堂

加了肉、雞蛋的炒麵 600日圓
富有彈性的麵條加上荷包蛋。

受當地人喜愛的大份量海鮮蓋飯
供應的大份量海鮮蓋飯

推薦料理
海鮮蓋飯 1500日圓
切成大塊的鮪魚、鰹魚和扇貝等，將當天捕撈的海鮮堆得像小山一樣高！

齋太郎食堂 さいたろうしょくどう

使用石卷捕撈到的鮮魚，鋪上大份量當季海鮮的海鮮蓋飯非常出名。價格實惠的定食料理也很豐富，不只是觀光客，也有很多當地人常客造訪。

☎0225-96-2364
⏰6:30～14:00 休週日、假日、魚市場公休日 🏠石卷市魚町2-12-3 石卷市水產總合振興センター1F 🚃JR石卷站車程15分 🅿免費
MAP附錄②P.12 F-3

⬆2017年遷移至現在的店址

推薦料理
主廚精選握壽司 3200日圓
有小鬚鯨、鮪魚、蝦蛄等握壽司，從常見的海鮮到當季的極品海鮮，種類廣泛。

堅持使用金華山海域捕撈的當季海鮮

富喜壽司 ふきずし

推薦主要使用金華山海域產新鮮海鮮的「主廚精選握壽司」。店裡也有很多獨特的海鮮，例如口感鬆軟的星鰻和小鬚鯨等，吃起來讓人非常滿足。

☎0225-96-8502
⏰11:00～14:00、16:00～21:00 休週一 🏠石卷市鑄錢場8-5 🚃JR石卷站即到 🅿使用附近的停車場
MAP附錄②P.12 E-3

⬆供應許多石卷獨特食材的壽司店

令人崇拜的英雄們正等著你
前往石之森萬畫館！

宮城縣出身的漫畫家石之森章太郎的漫畫博物館，可以實際體驗石之森章太郎的作品世界。可以欣賞貴重的原畫、挑戰人氣英雄的動作等，有各式各樣的參觀方式。

重現了立體的人造人世界。

海之戰士海
石之森章太郎原創的人物，守護大海的原創石卷英雄

2F・常設展
體驗人氣角色的世界！

集結了人造人戰士

石之森萬畫館 いしのもりまんがかん

☎0225-96-5055
⏰9:00～18:00(12～2月為～17:00) 休第3週二，12～2月為每週週二，8月無休 ¥800日圓、國高中生500日圓、小學生200日圓
📍石卷市中瀨2-7 🚉JR石卷站步行12分 🅿免費
MAP附錄②P.12 E-3

人造人009的世界

真實重現了人造人戰士的研究所，展覽內容以漫畫的世界觀為基礎，可以欣賞到魄力十足的展覽。

彷彿成為了假面騎士！

假面騎士的世界

展示假面騎士1號到最新假面騎士的面具，非常精彩，也有遊樂設施。

1展示歷代的假面騎士面具 2騎颶風號追逐敵人！3揮拳或飛踢戰鬥

1F・入口
由人造人003迎接訪客

入口大廳

入口大廳以「人造人009」的主題顏色紅色為基調。

「人造人003」在入口的服務台等候訪客

影像大廳

播放《假面騎士》的製作人員所製作的原創電影。

動作場面魄力十足！

長約15分「海之戰士海斗」的片

3F・圖書館
展示著名漫畫家的親筆簽名板

↩有80張以上的著名漫畫家簽名板

漫畫家入門

以成為漫畫家的心情，輕鬆挑戰製作動畫，邊描範本的圖案邊完成繪畫。

塗上各種顏色，做成令人開心的動畫。

石之森章太郎的夥伴們

3樓圖書館的人氣區域，簽名板上是東日本大地震時寄來的加油留言。

↑完成的作品可以當場製作成動畫

伴手禮就在這裡買！

購買原創周邊商品
1F 墨汁一滴 ぼくじゅういってき

館內的商店「墨汁一滴」，販售只在萬畫館才能購得的多種周邊商品，最適合選購作為伴手禮。

➡假面騎士毛豆泥饅頭 1080日圓
➡鯨肉大和煮X人造人009 702日圓

田代島
たしろじま

人口約60人左右的小島，因為島上的貓數量比島民還多，而被稱為「貓之島」。位於從石卷市的北上川河口船停泊場乘船約45分鐘可抵達的海面上。島上隨處可見貓的蹤影，有很多為了拍下貓咪可愛姿態上傳至社群網站的觀光客造訪。

☎0225-95-1111
（石卷市觀光課）
所石卷市田代浜
交JR石卷站搭乘MIYAKOH BUS石卷市內線15分，在網地島ライン前船着場轉乘網地島ライン45分，仁斗田港下船
MAP附錄②P.12 F-4

仁斗田港
にとだこう

仁斗田港周邊是島內聚集最多貓的地方。很多貓會主動靠近，如果看到貓可以試著溫柔叫喚。

↑島上各處皆可以遇到愜意放鬆休息的貓

MANGA ISLAND
まんがあいらんど

被鈷藍色的海洋所包圍，位於豐富大自然中的戶外活動設施。設有可以露營的露營區，也有獨特貓咪形狀的小木屋。漫畫家石之森章太郎很喜愛美麗的田代島，此設施由承繼了石之森章太郎理念的漫畫家們的幫助之下完工。

↑設計由漫畫家千葉徹彌和里中滿智子擔任

↑設有露臺空間，觀光途中也可以在這裡悠閒地休息

島之車站
しまのえき

由從前的自然教育中心舊址改建而成，專為觀光客量身打造的休憩場所兼伴手禮販售處，販售以貓咪為主題的原創商品、在田代島所捕撈到的海產。設有可以吃到輕食的咖啡廳空間，也可以將便當帶進來食用。不定休。

物產店	MAP附錄②P.12 E-3

石卷ASATTE
●いしのまきあさって　☎0225-25-7905　購物

豐富的石卷伴手禮和生活雜貨
位於市中心區的複合設施，「石卷うまいものマルシェ」陳列販售特產，「てしごと・生活雜貨」則為販售東北藝術家作品的店鋪，「日高見レストラン」供應人氣蛋包飯，一個樓層集結了5家店鋪。
營10:00～18:00，餐廳為7:00～21:00（22:00閉店）　休週二　所石卷市立町2-5-5
交JR石卷站步行5分　P使用附近的停車場

↑客群廣泛，從觀光客到在地人都會前來光顧

和食店	MAP附錄②P.12 E-3

割烹 滝川
●かっぽうたきがわ　☎0225-22-1138　美食

創業於大正時代的割烹老店
供應活用了石卷當季食材的料理，特別推薦「海鮮釜飯午膳」（2484日圓），可以品嘗到吸收海鮮美味的釜飯。店內也設有包廂，可以放鬆身心小憩一番。
營11:30～14:00，17:00～20:00　休週一
所石卷市中央1-13-13　交JR石卷站步行15分　P免費

→海鮮釜飯（單品）1944日圓

可以享受到漫畫及海鮮美味樂趣的海港城市

石卷
●いしのまき

金華山海域的漁場就算在全世界也是數一數二的漁場，石卷有很多店家不論什麼季節造訪都可以品嘗到新鮮海產。愛貓人士喜歡造訪的田代島也是矚目景點。

MAP　附錄②P.12・13
洽詢電話
☎0225-93-6448（石卷觀光協會）

雜貨店	MAP附錄②P.12 E-3

Tree Tree Ishinomaki
●つりーつりーいしのまき　☎090-6629-5151　購物

藍紅配色的清新木芥子
石卷木芥子曾在震災後誕生的「全日本木芥子大賽」獲獎，木芥子身上的藍色使人聯想起海之街石卷，令人印象深刻，頭頂部份還描繪著魚的圖樣，微微笑著的臉也非常可愛。
營10:00～17:00　休不定休　所石卷市立町2-6-26 林屋吳服店內　交JR石卷站步行5分
P使用附近的停車場

↑陳列了各式各樣尺寸的木芥子

咖啡廳	MAP附錄②P.13 D-2

珈琲工房いしかわ
●こーひーこうぼういしかわ　☎0225-24-8220　咖啡廳

自家烘培的咖啡和手工甜點
市內有3間分店的自家烘焙咖啡店，可以品嘗到使用在肯亞、哥倫比亞等地栽種的咖啡豆沖泡而成的特殊咖啡。加了咖啡製作而成的烘焙點心等甜點，也很受好評。
營10:00～17:00　休週二、三　所石卷市北村小崎15-3　交JR前谷地站車程5分　P免費

↑也有販售濾掛式咖啡，很適合當伴手禮來當伴手禮

當地出產的新鮮食材和物產齊全又豐富　CLOSE UP

2017年6月開幕的觀光交流設施，1樓為販售豐富石卷產海鮮和伴手禮品的市場，2樓為餐廳，供應使用大量當季新鮮食材的餐點。

→建於舊北上川沿岸的設施

石卷元氣市場
●いしのまきげんきいちば　MAP附錄②P.12 E-3

☎0225-98-5539　營9:00～19:00，餐廳為11:00～19:30（20:00閉店）　休第3週二　所石卷市中央2-11-11　交JR石卷站步行12分　P使用附近的停車場

採訪memo 「網地島的海水浴場『網地白濱海水浴場』」位於網地島西部，淺海的清澈程度可說是東北屈指可數，閃耀的鈷藍色海洋非常美麗，夏日度假季節會有許多人前來造訪。可以搭乘從石卷市出發前往田代島的「網地島ライン」前往。

車站前新景點 販售豐富的美食和伴手禮

前往SEAPAL-PIER女川！

女川旁就是天然的優良海港，車站前的SEAPAL-PIER女川和HAMA TERRACE，可以品嘗到金華山海域捕獲的秋刀魚、海鞘、扇貝等豐富海產，除此之外，也能享受購物樂趣和參加磁磚製作體驗等活動。

從女川站的瞭望區可以看到SEAPAL-PIER女川

仙台站
車程1小時15分
[onagawa]

女川

谷灣式海岸的天然良港就在市中心街道正前方。在規劃完善的車站前周邊品嘗當季的海鮮、購買女川特產吧。

MAP 附錄②P.12

Access

仙台站搭JR仙石線50分，在石卷站轉乘JR石卷線25分到女川站

三陸自動車道石卷河南IC車程20km

可愛的　　　　很受歡迎！

Ⓐ きらら女川
きららおながわ

女川是國內秋刀魚捕獲數量數一數二的海港城市，「秋刀魚麵包」在麵團中加入大量煮至骨頭都軟化的秋刀魚，作為女川的新名產也很受矚目。

☎080-3199-8064　⏰10:00～17:00　休無休　MAP 附錄②P.12 G-3

秋刀魚麵包(1個)260日圓
用微波加熱，吃起來更美味！

集結了購物和美食景點的商店街

SEAPAL-PIER女川
しーぱるぴあおながわ

集結了眾多店鋪的車站前商業設施，有可以品嘗到女川當季鮮魚的餐廳、咖啡廳、伴手禮商店等。位於從車站延伸到港口的散步道旁，美麗的街道建築也是從震災中復興的象徵。

☎0225-24-8118（女川未來創造）⏰視店鋪而異　休視設施而異　団女川町女川浜大原1-4　🚃JR女川站即到　🅿免費
MAP 附錄②P.12 G-3

↑從女川站筆直延伸出去的散步道，走起來很舒服

可以體驗

Ⓑ みなとまちセラミカ工房
みなとまちせらみかこうぼう　MAP 附錄②P.12 G-3

多彩多姿的西班牙磁磚工作室，以「希望磁磚能讓震災後的女川町變得明亮」的理念創立，除了販售磁鐵和杯墊等伴手禮品以外，也可以體驗彩繪西班牙磁磚。

☎0225-98-7866　⏰9:00～17:00　休無休

磁磚彩繪體驗2700日圓
試著製作原創磁磚！

可以眺望到

Ⓒ HAMA TERRACE
ハマテラス

鄰接SEAPAL-PIER女川的觀光集客設施，以可以眺望到大海為傲。館內有販售當季海產和水產加工品的鮮魚店、餐飲店，還有販售原創肥皂的肥皂工房等店家。

☎0225-24-8118（女川未來創造）⏰視店鋪而異　休視店鋪而異　団女川町女川浜大原1-34　🚃JR女川站即到　🅿免費　MAP 附錄②P.12 G-3

↑可以享受市場的氛圍

將10種以上的海鮮 做成蓋飯！

Ⓓ お魚いちば おかせい
おさかないちばおかせい

由女川的人氣鮮魚店所經營的平價食堂。女川蓋飯用料大方，大容器中盛裝10種以上的海鮮，將當季海鮮堆成如小山高。
MAP 附錄②P.12 G-3

☎0225-53-2739　⏰10:00～15:00、17:00～19:00(20:00閉店)　休無休

↑鮮魚店後方的用餐空間

女川蓋飯1300日圓
店裡最受歡迎的料理，海鮮品質優良、份量十足，蓋飯的海鮮隨當日進貨的內容調整。

女川站內的不住宿溫泉

女川溫泉Yupo'po
おながわおんせんゆぽっぽ　MAP 附錄②P.12 G-3

JR女川站內附設的不住宿溫泉，休息空間也十分寬敞。

☎0225-50-2683　⏰9:00～20:30(21:00閉館)　休第3週三　¥500日圓、中小學生300日圓、學齡前幼童免費　団女川町女川浜大原1-10　🚃JR女川站內　🅿免費

像是點心一樣的

Ⓔ 三陸石鹼工房 KURIYA
さんりくせっけんこうぼうくりや

肥皂工作室兼商店，原創的多彩肥皂使用宮城縣內的材料製成，店內充滿天然材料獨有的溫和香氣。
MAP 附錄②P.12 G-3

☎0225-25-7191　⏰10:00～17:00　休週三

手工香氛肥皂3個組1400日圓

女川溫泉
Yupo'po　女川站

SEAPAL-PIER女川

きらら女川
Ⓐ

みなとまち
セラミカ工房
Ⓑ

紅磚道

HAMA TERRACE

Ⓔ
三陸石鹼工房
KURIYA

HAMA TERRACE　Ⓒ

女川町內
交流館

Ⓓ
お魚いちば
おかせい

女川水産業体験館
「あがいんステーション」

遷移後大受歡迎的南三陸
SUN SUN商店街

在建於高台上的商店街盡情享受美食

南三陸SUN SUN 商店街

南三陸SUN SUN商店街
みなみさんりくさんさんしょうてんがい

☎0226-25-8903　⏰視設施而異
🏠視設施而異　📍南三陸町志津川五
日町51　🚗三陸自動車道志津川IC
車程5分　💴免費　**MAP** 附錄②P.20 E-5

南三陸保留著豐富的大自然,廣闊
豐饒的漁場就在眼前。在景觀良好
的復興商店街,盡情享用三陸的當
季海鮮,享受美食散步吧!

仙台站
車程1小時30分
[minamisanriku]

南三陸是沿岸地區的城市,2017年開幕的復興商店街擁有高人氣。欣賞充滿魄力的海景的同時品嘗當季的海鮮吧。

南三陸

一整年都可以品嘗到三陸的豐富海鮮

MAP 附錄②P.20

Access

🚃仙台站搭JR東北本線、
氣仙沼線1小時20分,
在柳津站轉乘BRT到志
津川站30分

🚗三陸自動車道志津川IC
車程3km

鬆鬆軟軟的鹹派中竟然有章魚!

② 菓房Yamasei かぼうやませい

大正14(1925)年創
立的老店,震災後推出
加入當地產章魚的鹹
派「章魚布丁」,而引
起話題。

MAP 附錄②P.20 E-5
☎0226-46-3200
⏰9:00~18:00　休週三

章魚布丁250日圓
店內也設有內用空間,
推薦趁熱當場品嘗。

散發海潮香味的裙帶菜披薩

① COFFEE&CURRY月と昴 こーひーあんどかれーつきとすばる

提供廣受好評咖哩飯的咖啡廳,使用當季海
鮮的披薩也很受好評。「裙帶菜披薩」大量
使用當地產裙帶菜,在裙帶菜發新芽的2~
4月特別美味,是非常受歡迎的菜色。

☎080-3338-0990
⏰11:00~23:00　休無休
MAP 附錄②P.20 E-5

裙帶菜披薩1300日圓
加了大量當地產裙帶菜的
披薩,份量十足。夏天會改
供應「海鞘披薩」。

在鮮魚店品嘗閃亮亮蓋飯!

③ 山内鮮魚店 やまうちせんぎょてん

在南三陸營業超過
60年的著名鮮魚
店。除了販賣三陸產
當季鮮魚之外,還有
可外帶品嘗的南三
陸閃亮亮蓋飯,這裡
的蓋飯有著鮮魚店
獨有的充足份量。

☎0226-46-2159
⏰8:00~17:00
休週四　**MAP** 附錄②P.20 E-5

南三陸閃亮亮蓋飯
只有在鮮魚店才能品
嘗到的便宜美味閃亮
亮蓋飯(價格視時期而
異)。

商店街地圖

```
弁慶鮨⑤   かいせん  フレッシュ  創菜旬魚
         どころ栗  ミート      はしもと
仏壇     WC  食楽  佐川ミート
ギャラリー    しお彩
②              ①           SUN SUN區   山内③  さんさん  海鮮
菓房Yamasei  COFFEE&CURRY            鮮魚店 マルシェ マルセン
              月と昴
ミニストップ  デイリー衣料  おしゃれ空間  阿部茶舖
SUN SUN      アベログ    Lips      フレンズ  わたや  さりょう 雄新堂 及善  ちば  ロイヤル  WC
商店街店     マカナ                      ④    スタジオ     蒲鉾店 のり店 フィッシュ
たまや      Macana  オーニング  整骨院  BARBER  NEWS STAND      資訊服務中心
電気              菓子工房 Ryo       ミカワヤ SATAKE
```

最棒的豪華海鮮蓋飯!

⑤ 弁慶鮨 べんけいずし

店裡最受歡迎的是海鮮蓋飯,醋飯上
鋪滿12~14種(視當日進貨內容
而異)的海鮮。午餐時間供應的「午
間主廚精選握壽司」也很受好評。

☎0226-46-5141　⏰11:00~14:00、
17:00~21:00　休週三　**MAP** 附錄②P.20 E-5

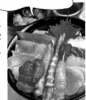

海鮮蓋飯2700日圓
很受歡迎的蓋飯,盛裝
了黑鮪魚、比目魚、扇
貝、牡丹蝦等豪華海鮮。

老字號茶舖的熱門摩艾像霜淇淋

④ 阿部茶舖 あべちゃほ

不只是喝的茶,而是以「吃的
茶」為主題,嚴選濃厚抹茶製
成的霜淇淋非常出名。午餐時
間還可以吃到原創的「茶蕎麥
麵」。

MAP 附錄②P.20 E-5
☎0226-46-3202　⏰9:00~18:00　休週二

摩艾像霜淇淋300日圓
附有摩艾像餅乾的
抹茶霜淇淋,
抹茶的香味十分清爽。

堆成小山高的當季海鮮

享用南三陸閃亮亮蓋飯!

閃亮亮蓋飯使用南三陸每個季節的新鮮海鮮,將海鮮堆像小山一樣高,春夏秋冬內容都
不同。原本是為了復興城市而推出,現在已經是日本全國知名的超人氣蓋飯!

3~4月	5~8月	9~10月	11~2月
春天來了蓋飯	**海膽蓋飯**	**秋季美味蓋飯**	**鮭魚卵蓋飯**

不只是海鮮,有些店還會加上春天的蔬菜,可以享受到充滿變化的蓋飯。	閃亮亮蓋飯中最受歡迎的就是夏天的海膽蓋飯,享用三陸充滿甜味的新鮮海膽吧。	大量使用秋天盛產的海鮮,堆得如小山一般高,內容依店家而異,可享受不同樂趣。	鋪滿南三陸充滿彈性的新鮮鮭魚卵,鮮紅的外觀最適合拍照上傳IG!

可以享受到2種魚
翅的豪華蓋飯♪

ゆう寿司 田谷店
ゆうずしたやてん

排列著眾多新鮮海鮮的人氣壽司店，海鮮以三陸沿岸捕撈到的為主，其中「魚翅W（Double）蓋飯」特別受好評，容器中豪邁地盛裝了厚實的魚翅，店內也可以享用到魚翅壽司。

☎0226-22-3144
🕐11:30～14:00、17:00～21:30（22:00閉店）
休週三 📍氣仙沼市田谷13-7
🚃JR氣仙沼站車程5分 🅿免費
MAP附錄②P.20 F-2

↑也可以享受和親切師傅聊天的樂趣

這些也很推薦

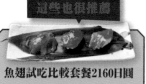

魚翅試吃比較套餐2160日圓
「入口即化的魚翅」1貫和「大青鯊魚翅」2貫的划算套餐。

除了魚翅以外，也可以品嘗到大量的三陸當季海鮮！
老闆 加藤順也先生

推薦料理
魚翅W（Double）蓋飯4200日圓
螃蟹散壽司上面放上大青鯊魚翅和太平洋鼠鯊魚翅，淋上中華風的勾芡醬汁一起品嘗。

氣仙沼的魚翅

氣仙沼是魚翅生產量日本第一的水產都市，優秀的加工技術世界聞名。除了常見的中華風味魚翅料理以外，還可以吃到魚翅壽司和魚翅蓋飯等，能品嘗到口感不同的各部位魚翅。

氣仙沼有名的超高級食材！
魚翅美食

氣仙沼是世界聞名的一大魚翅產地，能以蓋飯、壽司、拉麵等，各式各樣的料理品嘗其美味，這也是魚翅產地獨有的魅力。

在東北有名的海都盡情享受大海與美食！

氣仙沼
（kesennuma）

仙台站
車程2小時

新鮮鰹魚的漁獲量為日本第一，秋刀魚、魚翅等產量也很高的海港城市，欣賞港口周邊的風光，並品嘗魚翅和海鮮等美食。

MAP 附錄②P.20

Access

🚄仙台站搭JR東北新幹線30分，在一之關站轉乘大船渡線到氣仙沼站1小時30分

🚗三陸自動車道登米東和IC車程50km

盡情享受著名菜色「魚翅壽司」

気仙沼あさひ鮨 本店
けせんぬまあさひずしほんてん

十分著名的壽司店，可以在此品嘗到三陸產海鮮和縣內產米Sasanishiki握成的握壽司。對醬油和鹽等調味料也十分講究，將三陸產的海鮮美味發揮至最大限度的壽司擁有許多死忠粉絲。

☎0226-23-2566
🕐11:00～21:30(22:00閉店)
休週一（逢假日則營業）
📍気仙沼市南町2-4-27
🚃JR氣仙沼站車程5分 🅿免費
MAP附錄②P.20 G-2

↑可以品嘗到魚翅和當季海鮮的人氣店家

推薦料理
盡情享受魚翅2052日圓
除了芝麻油風味的「魚翅壽司」以外，也可以品嘗到用雞骨高湯底調味的「姿壽司」等魚翅料理。

吃拉麵品嘗煮至入口即化的完整魚翅

ラーメン・ホルモン司
らーめんほるもんつかさ

可以同時品嘗到加入氣仙沼燒烤豬內臟和魚翅的拉麵的人氣店家，「魚翅拉麵」在湯頭上放上完整魚翅和青江菜，簡單卻更突顯了魚翅的美味。

☎0226-24-0378
🕐11:00～14:00、17:00～22:00
休週二、第1、3週一
📍気仙沼市田谷12-2昭栄館2F
🚃JR氣仙沼站車程5分 🅿免費
MAP附錄②P.20 F-2

↑拉麵店的氣仙沼燒烤豬內臟也非常受歡迎

推薦料理
魚翅拉麵2200日圓
加了較小而燉煮入味的魚翅，柔軟而充滿彈性的獨特口感令人難以抵抗。

氣仙沼的魚翅與眾不同！
老闆 菊田司先生

市場 MAP附錄②P.20 F-2

気仙沼さかなの駅
●けせんぬまさかなのえき　☎0226-21-1231　購物

購買當季海鮮和當地產品
除了氣仙沼捕獲的鮮度超群海鮮以外，也販售豐富的蔬菜、當地產酒、伴手禮等商品。也有販售原創口味的味噌湯和醬油等。
⏰8:30～18:00　休第2、4週二（視月份可能變動）
🏠氣仙沼市田中前2-12-3
🚃JR氣仙沼站車程10分　🅿免費

ⓖ不只當地客人，也有許多觀光客會前來造訪，讓市場充滿活力

博物館 MAP附錄②P.20 G-2

氣仙沼 海之市 鯊魚博物館
●けせんぬまうみのいち　しゃーくみゅーじあむ　☎0226-24-5755　觀賞

愉快地了解鯊魚生態
此體驗型博物館可以學習到充滿謎團的鯊魚生態知識。設置了巨大的鯨鯊模型、影像解說區、鯊魚的棲息地圖等。也有可以學習到地震相關知識的劇場。
⏰9:00～17:00　休不定休
💴500日圓、小學生200日圓、學齡前兒童免費
🏠氣仙沼市魚市場前7-13 氣仙沼海之市2F
🚃JR氣仙沼站車程10分　🅿免費

ⓖ投影在鯊魚模型上的光雕

面向三陸海岸
日本數一數二的海港城市

氣仙沼
●けせんぬま

區域指南

面朝世界三大漁場之一的三陸海域，鰹魚、秋刀魚和鯊魚等海產的漁獲量皆十分豐富，在市內的餐飲店，可以品嘗到海港城市獨有的壽司、魚翅料理、當地美食、氣仙沼燒烤豬內臟等。

MAP 附錄②P.20
洽詢電話
☎0226-22-4560（氣仙沼觀光召集協會）

和菓子店 MAP附錄②P.20 F-3

御菓子司 いさみや
●おんかししいいさみや　☎0226-42-3056　購物

做成觀光吉祥物形狀的最中餅
販售饅頭和柚餅子等超過40種商品的和菓子店，其中氣仙沼的觀光吉祥物「ホヤぼーや」形狀的最中餅非常受歡迎，紅豆粒餡和鮮奶油的組合非常搭配。
⏰8:00～19:00　休不定休
🏠氣仙沼市本吉町津谷舘岡12-3　🚃BRT本吉站車程3分　🅿免費

ⓖ餡料除了紅豆奶油口味以外，還有芝麻口味，各135日圓

和食店 MAP附錄②P.20 G-2

福よし
●ふくよし　☎0226-24-0284　美食

用炭火燒烤的熱騰騰鮮魚
招牌料理是用地爐炭火燒烤的烤魚，使用氣仙沼有名的石狗公、秋刀魚，火侯、去除脂肪的方法、灑鹽的方式等處都可以感受到師傅的優秀技術。搭配當地產的酒類盡情享受當季鮮魚吧。
⏰17:00～22:00
休週日、一
🏠氣仙沼市魚町2-5-7
🚃JR氣仙沼站車程5分
🅿免費

ⓖ同樣可以品嘗到烤魚的「主廚精選大餐」3240日圓～

自然地形 MAP附錄②P.20 G-2

巨釜・半造
●おおがまはんぞう　☎0226-22-3438（氣仙沼市產業部觀光課）　觀賞

大理石的巨大藝術
大理石被海水侵蝕後，奇岩怪石綿延成的風景名勝。突出海面高16m、寬3m的「折石」是最有魄力的一個。沿著海岸線設有完善的遊步道，可以欣賞到三陸特有的谷灣式海岸。
⏰自由參觀　🏠氣仙沼市唐桑町小長根
🚃JR氣仙沼站車程5分　🅿免費

ⓖ因岩石的前端在明治29（1896）年的海嘯中斷折，而被稱為「折石」

加了大蒜醬汁的豬內臟 CLOSE UP

可以品嘗到當地美食「氣仙沼燒烤豬內臟」，將生的豬內臟用味噌大蒜醬汁醃漬入味後等燒烤而成。和淋了蠔油醬汁的高麗菜絲一起吃才是氣仙沼的獨特吃法。

ⓖ口感彈脆的內臟（一人份）470日圓

ホルモン道場
●ほるもんどうじょう　MAP附錄②P.20 G-2
☎0226-22-0830　⏰17:00～22:00　休週日
🏠氣仙沼市南町1-1-9 山本ビル2F
🚃JR氣仙沼站車程5分　🅿免費

拉麵店 MAP附錄②P.20 G-2

かもめ食堂
●かもめしょくどう　☎0226-28-9037　美食

加了秋刀魚油的拉麵很受歡迎
在2006年結束營業的城市象徵性食堂，於新橫濱拉麵博物館展店後，重新開張。「かもめ拉麵」使用傳統的清爽中華麵條，加上秋刀魚香味油，很受好評。
⏰11:00～15:00、17:00～21:30（22:00閉店）
休無休　🏠氣仙沼市港町1-10
🚃JR氣仙沼站車程10分　🅿免費

ⓖかもめ拉麵加上溏心蛋800日圓

美術館 MAP附錄②P.20 F-2

RIAS ARK美術館
●りあすあーく　びじゅつかん　☎0226-24-1611　觀賞

可以欣賞大海和森林的美術館
展示和東北、北海道有淵源的藝術家作品。除了民俗資料和美術作品2個展示區以外，常設展「東日本大地震的記錄和海嘯的災害史」則公開了約500件的資料。
⏰9:30～16:30（17:00閉館）　休週一、二、假日翌日（逢週六、日則開館）　💴500日圓、大學生400日圓、高中生300日圓、中小學生150日圓
🏠氣仙沼市赤岩牧澤138-5
🚃JR氣仙沼站車程15分　🅿免費

ⓖ以展覽的形式，將大地震的記錄傳至後世

採訪memo　「鰹魚的捕獲量為日本第一」氣仙沼在2016年以前，連續20年都是全日本鰹魚捕獲量第一的城市。夏天到秋天是鰹魚的盛產期，這個時期的市場會非常熱鬧，從「氣仙沼市魚市場」2樓的木製棧板區，可以參觀到競標等海港城市獨有的光景。

世界遺産的漫遊方法

仙台站
車程1小時30分
（Hiraizumi）

平泉
蘊含奧州藤原氏和平願望的古都

11世紀後半，奧州藤原氏的勢力在陸奧突然出現又消失，平泉是奧州藤原氏所建立的佛教文化桃花源。2011年登錄為世界文化遺產。

MAP 附錄②P.21

/ Access /

🚃 仙台站搭東北新幹線「山彥號」，在一之關站轉乘東北本線40分，在平泉站下車，搭乘岩手縣交通巴士3分

🚗 東北自動車道平泉前澤IC車程5km

平安時代末期，黃金文化在陸奧平泉蓬勃發展。造訪屬於祈求和平的奧州藤原氏的壯闊淨土世界，遊覽包含閃閃發光的中尊寺金色堂在內登錄為世界遺產的5個史跡，感受歷史的浪漫風情吧。

⬆位於淨土庭園中心的大泉之池，水面倒映出四季光景

世界遺產

在現世展現佛教世界景觀的淨土庭園

1 毛越寺
【もうつうじ】

由慈覺大師圓仁所創立，在平安時代極盛期，堂塔多達40座、僧房多達500個，據說規模比中尊寺還大。寺院擁有輝煌的歷史，四處都保留了讓人遙想往昔的淨土庭園和伽藍遺跡。

→詳細資訊請參照P.112

步行即到

世界遺產

完整保留了舊時樣貌的庭園遺跡

2 觀自在王院跡
【かんじざいおういんあと】

奧州藤原氏2代，基衡的夫人所建造的寺院。著名看點為表現了極樂淨土的淨土庭園，以舞鶴之池為中心，淨土庭園幾乎完整保留了當時的樣貌。現在作為歷史遺跡公園，成為了市民休憩的場所。

☎0191-46-4012（平泉文化遺產中心）
🚶自由參觀　🏠岩手縣平泉町平泉志羅山
🚉JR平泉站步行8分
🅿使用附近的停車場
MAP 附錄②P.21 B-1

⬆以鶴的造型水池為中心建造的淨土庭園

平泉町巡迴巴士「るんるん」MAP

前澤
中尊寺商店
せき宮
平泉前澤IC
3 中尊寺
北上川
平泉bypass
そば処 義家
範例
🚌巡迴巴士「るんるん」巴士站
辨慶堂
高館義經堂
衣知屋
きになるお休み處 夢乃風
金雞山
無量光院跡
熊野三社
平泉文化遺產中心
4 無量光院跡
道の駅平泉
悠久の湯
きゅうけい処 民家
2 觀自在王院跡
菓子工房 吉野屋
平泉觀光服務處
平泉站
1 毛越寺
駅前芭蕉館
平泉駅前
東北自動車道
毛越寺
太田川

出遊前先check！ 平泉的基礎知識

無量光院跡	高館義經堂	中尊寺	平泉文化遺產中心	悠久の湯	毛越寺	平泉駅前・道の駅平泉

2分 / 4分 / 3分 / 1分 / 3分 / 2分

2分

☎0191-23-4250（岩手縣交通一關營業所）　🕘9:45～16:15　💴乘車1次150日圓、小孩80日圓，1日無限乘車券400日圓

3 方便的平泉町巡迴巴士「るんるん」

如果要遊覽平泉，利用巡迴巴士「るんるん」會很方便，巴士巡迴於毛越寺和中尊寺等主要景點之間，在9時45分～16時15分每隔15～30分行駛一班（班次間隔視季節而異）。

2 淨土思想是什麼？

淨土所指的是死後前往的佛國世界，人們相信那裡沒有戰亂可以過平靜的生活。在戰亂和災害不斷的10～12世紀，人們普遍相信淨土思想，比起現世更渴望死後的安寧。奧州藤原氏的淨土思想，則是反映在都市計劃上，企圖在現世打造淨土，實現信仰中的淨土之地。這個和平思想在世界遺產也獲得了很高的評價。

⬆上為清衡、右為基衡、左為秀衡

1 平泉與奧州藤原氏

陸奧盛產黃金和名馬，在平安時代因資源豐富而爭戰不斷。在11世紀後半，統治了奧州的藤原清衡希望平泉成為「沒有戰亂的現世淨土之地」，而建立了中尊寺。第2代的基衡和第3代的秀衡也承繼了這個理念，據說平泉甚至發展得比京都更加繁盛。奧州藤原氏在第4代泰衡的時代被源賴朝消滅。

世界遺產的漫遊方法

在平泉享受美食！購物趣！

用秀衡碗吃平泉碗子蕎麥麵

食 駅前芭蕉館
【えきまえばしょうかん】
`中尊寺入口 車程10分`

招牌為元祖「盛裝好一次端出」式平泉碗子蕎麥麵，使用秀衡塗的碗盛裝，24個碗盛裝好一口份量的手打蕎麥麵，吃的時候可以一邊在醬汁加入喜好的辛香料，一邊以自己的步調品嘗。

📞0191-46-5555
🕐9:30～17:00　🈳無休（12～3月不定休）　🅿岩手縣平泉町平泉泉屋82　🚃JR平泉站即到　🅿免費
MAP P.110

↑明亮的店內設有和式座位和一般桌椅座位

用秀衡碗盛裝的麻糬料理

食 きになるお休み処 夢乃風
【きになるおやすみどころゆめのかぜ】
`中尊寺入口 車程3分`

平泉的宴客料理「餅膳」很受歡迎，麻糬使用100%麻糬米現做，沾取向當地農家特別訂貨的紅豆和毛豆等製成的自製餡料食用。以秀衡塗的碗盛裝。

📞0191-46-2641
🕐10:00～20:00　🈳無休　🅿岩手縣平泉町平泉花立11-2　🚃JR平泉站步行15分　🅿免費
MAP P.110

↑附有雜煮，藤原三代餅膳1000日圓

將秀衡塗改為現代風格

買 翁知屋
【おおちや】
`中尊寺入口 車程8分`

平泉的傳統工藝品秀衡塗的製造商，也販售平常可以使用的小物和飾品等豐富的小東西。可在鄰接商店的工作室參加塗漆體驗。

📞0191-46-2306　🕐9:00～18:00　🈳週三　🅿岩手縣平泉町平泉衣関1-7　🚃JR平泉站搭岩手縣交通巴士往水沢方向，花館下車即到　🅿免費
MAP P.110

各5400日圓
→漆器髮圈「溜結」
→現代風的「螺鈿吊飾」各3025日圓

中尊寺原創商品豐富齊全

買 中尊寺商店
【ちゅうそんじばいてん】
`中尊寺境內`

讚衡藏旁的伴手禮店，陳列了中尊寺原創的雜貨、小物和健康茶等，也有平泉必吃著名點心和南部鐵器等工藝品。

📞0191-46-2211（中尊寺）　🕐8:30～17:00（11月4日～2月為～16:30）　🈳無休　🅿岩手縣平泉町平泉衣関202　🚃JR平泉站搭岩手縣交通巴士往イオン前沢店方向，中尊寺下車步行15分　🅿使用町營停車場
MAP P.110

→漆之花圖案的「佛教木芥子（小）」8640日圓
←「中尊寺衡年茶 淨土的恩惠」760日圓

世界遺產
↑金色堂是創建當時唯一保留下來的建築物

↑中世的寺院遺跡只剩下土壘和礎石

`巴士6分`

將屬於奧州藤原氏的榮華盛景流傳下去的平泉亮點

3 中尊寺
【ちゅうそんじ】

平泉文化的中心寺院，據說極盛期寺塔多達400座、禪坊多達300個。爬上有成排老杉樹的月見坂後，點著不滅法燈的輝煌本堂、國寶建築物第1號的金色堂等，有許多讓人想起淨土世界的景點。

→詳細資訊請參照 P.112

世界遺產

`巴士7分`

仿照京都宇治平等院鳳凰堂所建造

4 無量光院跡
【むりょうこういんあと】

由奧州藤原氏3代秀衡，仿照京都宇治平等院鳳凰堂所建造的寺院遺跡，寺院當時的規模超越了鳳凰堂，非常壯觀。想像背著西方金雞山的位置上曾有過的建築物，眺望神聖的夕陽。

📞0191-46-4012
（平泉文化遺產中心）
🕐自由參觀　🅿岩手縣平泉町平泉花立地內　🚃JR平泉站搭平泉巡迴巴士「るんるん」，無量光院跡下車即到　🅿使用附近的停車場
MAP 附錄②P.21 B-1

↑夕陽會在庭園正西方落下，這是以極樂淨土為理念的淨土庭園傑作

染上傳說色彩的信仰之山

金雞山【きんけいさん】

山頂有經塚的遺跡，傳說山頂埋了守護平泉的一對雌雄金雞。平泉文化遺產中心往南步行2分即是登山口，爬上陡峭的坡道，約10分就可以抵達山頂。

📞0191-46-4012（平泉文化遺產中心）
🕐自由參觀　🅿岩手縣平泉町平泉花立地內　🚃JR平泉站搭平泉巡迴巴士「るんるん」，悠久の湯下車步行10分　🅿使用附近的停車場
MAP 附錄②P.21 B-1

世界遺產

從無量光院跡眺望金雞山
↑海拔約100m，圓錐形的信仰之山

必看

從平安時期閃耀至今
金色堂
【こんじきどう】

用金、銀、夜光貝表現了極樂淨土的世界，也是唯一一個保留了當初建造模樣的建築。在明治30（1897）年，被指定為日本第一個國寶建築物。

新覆堂
【しんおおいどう】

保護金色堂不被風雨破壞的建築。

金色堂就在新覆堂裡面！

月見坂【つきみざか】
表參道兩旁的杉樹樹齡為300～400年。

弁慶堂【べんけいどう】
安置了據說是弁慶親手製作的弁慶像。

閃耀黃金光芒的金色堂不容錯過！
中尊寺【ちゅうそんじ】

中尊寺是由慈覺大師所創造的天台宗大本山，也是平泉佛教文化的中心。12世紀初奧州藤原氏初代當家清衡，為了撫慰在前九年戰爭和後三年戰爭中死去的人們的靈魂而建造。中尊寺保留了濃厚的平安時期華麗氛圍，有閃耀著璀璨黃金光輝的金色堂、收藏展示中尊寺寶物的讚衡藏、被老杉樹壟罩的月見坂等，看點眾多。

☎0191-46-2211　⏰8:30～17:00（11月4日～2月為～16:30）　休無休　💴金色堂、讚衡藏的參拜費用為800日圓、高中生500日圓、國中生300日圓、小學生200日圓　🚏岩手縣平泉町平泉衣關202　🚃JR平泉站搭岩手縣交通巴士往イオン前沢店方向，中尊寺下車即到　🅿使用町營停車場　**MAP**附錄②P.21 B-1

本堂【ほんどう】
1989年建立的毛越寺一山的本坊，本尊為藥師如來。

展現了淨土世界的庭園和伽藍遺跡
毛越寺【もうつうじ】

由慈覺大師圓仁所創立的壯麗寺院，在奧州藤原氏第2代基衡、第3代秀衡的時代迎來繁盛的顛峰。1989年建立的本堂為平安樣式的壯麗建築，使用了鮮艷的朱色、白色、綠色。大泉之池池畔的廣闊淨土庭園，設置了枯山水風的人造山、用卵石鋪設了沙洲等，四季都非常美麗，在庭園裡散步享受寧靜之境。

☎0191-46-2331　⏰8:30～17:00（11月5日～3月4日為～16:30）　休無休　💴500日圓、高中生300日圓、中小學生100日圓　🚏岩手縣平泉町平泉大沢58　🚃JR平泉站步行10分　🅿使用町營停車場　**MAP**附錄②P.21 B-1

必看

展現佛國世界的
淨土庭園
【じょうどていえん】

反映了平安時代風情的風雅庭園。依據日本最古老的庭園書《作庭記》建造而成，在學術上也是十分珍貴的史料。

曲水之宴
【ごくすいのえん】
每年5月第4週一在遣水舉辦，遣水依照平安時期的模樣挖掘而出。

平泉的兩大寺院

黃金文化的亮點

中尊寺是黃金文化的象徵，毛越寺則擁有在人間展現淨土世界的著名庭園，兩個寺院都保留了平安時期的風雅樣貌，在此介紹平泉的兩大觀賞重點！

菓子工房 吉野屋

日式西式點心店　　　　　MAP P.110

●かしこうぼうよしのや

☎0191-46-2410　購物

使用岩手產食材的日式及西式點心

大正4（1915）年創業的老店，店內販售的平泉著名點心「弁慶力餅」聲名遠播，蘋果派和泡芙等西點也非常受歡迎，店內設有咖啡廳空間，可以內用

🕒9:00～18:00　休週四（逢假日則營業）
📍岩手縣平泉町平泉泉屋81-1
🚃JR平泉站即到　🅿免費

⤵弁慶力餅（1個）86日圓，使用當地產的糯米，並加入大量核桃

そば処義家

蕎麥麵　　　　　　　　MAP P.110

●そばどころよしいえ

☎0191-46-4369　美食

位於月見坂途中的蕎麥麵店

茅葺屋頂的蕎麥麵店，位於中尊寺表參道月見坂上。可以受到以石臼研磨而成的岩手縣產蕎麥麵，香氣十足。排列著豪華香辛料的名產碗子蕎麥麵非常受歡迎，也有供應烏龍麵和蓋飯。

🕒10:30～15:00（蕎麥麵用完打烊）
休無休　📍岩手縣平泉町平泉衣關43
🚃JR平泉站車程10分　🅿使用附近的停車場

⤵「盛裝好」「一次端出」碗子蕎麥麵的一份。「靜」（茶蕎麥麵12碗）2180日「開始就將所有碗端上桌的『圓。

平泉

●ひらいずみ

區域指南

以打造出淨土世界為目標 將屬於藤原氏的榮華流傳下去

平安時代末期，在奧州藤原氏的統治之下，讓豪華絢麗的黃金文化發展至頂盛的城市。讓人好想前往探訪登錄為世界遺產的史跡，沉浸在歷史的浪漫之中。也可以品嘗流傳至岩手縣南部的鄉土料理，小憩片刻。

MAP
P.110・附錄②P.21

洽詢電話
☎0191-46-2110（平泉觀光協會）

公路休息站 平泉～黃金花咲く理想鄉～

公路休息站　　　　MAP附錄②P.21 B-1

●みちのえきひらいずみ くがねはなさくりそうきょう

☎0191-48-4795　購物

2017年4月開幕的公路休息站

產地直接販售區域除了販售新鮮農產品以外，也提供品項齊全的濁酒、葡萄酒和岩手南牛等特產。週六、日、假日餐廳會供應自助式吃到飽餐點。也提供平泉的觀光資訊。

🕒9:00～18:00（12～3月為～17:00），餐廳為11:00～17:00（18:00閉店）　休無休
📍岩手縣平泉町平泉伽羅樂112-2
🚃JR平泉站車程4分　🅿免費

⤵產地特有食材琳瑯滿目

きゅうけい処 民家

和食店　　　　　　　　MAP P.110

●きゅうけいどころみんか

☎0191-46-3186　美食

灑了金箔的麵疙瘩湯

由大正時代的建築改裝而成的古民宅風餐廳，「黃金八斗湯」將鄉土料理麵疙瘩湯，以金色堂為靈感加以變化，頗受好評，加了大量蔬菜而口味甘甜的湯頭，品嘗起來讓人心情平靜。

🕒10:00～19:00（L.O.）　休不定休
📍岩手縣平泉町平泉鈴澤31-3
🚃JR平泉站步行5分　🅿免費

⤵黃金八斗湯700日圓，以金色堂為靈感，麵疙瘩用番紅花染色並灑上金箔

高館義經堂

史跡　　　　　　MAP附錄②P.21 B-1

●たかだちぎけいどう

☎0191-46-2331（毛越寺）　觀賞

芭蕉也曾造訪的義經去世之地

文治5（1189）年，源義經因受到藤原泰衡突襲而自殺的居城遺跡，堂內祭祀著義經的木像。此地也立有松尾芭蕉所吟詠的名句「夏草古戰士們的夢之跡」句碑。

🕒8:30～16:30（11月上旬～3月下旬為～16:00）　休無休
💴200日圓、中小學生50日圓
📍岩手縣平泉町柳御所14
🚃JR平泉站搭平泉巡迴巴士「るんるん」，高館義經堂下車即到　🅿免費

⤵義經堂由仙台第4代藩主伊達綱村所建立

懷念奧州藤原氏榮華盛景的祭典

CLOSE UP

咸懷藤原氏4代而舉辦的春天例行活動。5月3日舉行的「源義經公東行行列」，有裝扮成藤原秀衡和源義經等人物的隊伍，從毛越寺緩緩行進至中尊寺。

⤵身著古裝，總共100人的遊行隊伍非常精彩

春之藤原祭

●はるのふじわらまつり
☎0191-46-2110（平泉觀光協會）
🕒5月1～5日　📍岩手縣平泉町各處
🚃JR平泉站步行10分（毛越寺）
🅿視會場而異

MAP附錄②P.21 B-1

せき宮

雜貨店　　　　　　　　MAP P.110

●せきみや

☎0191-46-2070　購物

融合在日常生活中的岩手工藝品

有自然光灑落的開放式藝廊。以岩手藝術家製作的作品為中心，販售適合平常使用的器物、染織品、籃子。也會配合季節舉辦企劃展覽。

🕒10:00～18:00　休週三　📍岩手縣平泉町平泉坂下39-29　🚃JR平泉站搭岩手縣交通巴士往イオン前沢店方向，中尊寺下車，步行3分　🅿免費

⤴⤵以遺跡等為主題的奧州、平泉手巾（1條）1080日圓

平泉文化遺產中心

資料館　　　　　MAP附錄②P.21 B-1

●ひらいずみぶんかいさんせんたー

☎0191-46-4012　觀賞

推薦在參觀史跡前先來預習

建於金雞山麓的導覽設施，透過展板和影片解說平安時代到現代的平泉歷史，內容淺顯易懂，也展示了在挖掘調查出土的遺物等貴重資料，非常值得一看。

🕒9:00～16:30（17:00閉館）　休無休
💴免費　📍岩手縣平泉町平泉花立44
🚃JR平泉站搭平泉巡迴巴士「るんるん」，平泉文化遺產センター下車即到　🅿免費

⤵愉快地了解多樣化的展示，可以透過多樣化的展示，可以愉快地了解平泉的魅力

絕景！朝御釜前進
在藏王 回聲線上 爽快兜風趣

4月下旬到11月上旬

在藏王回聲線上，可以邊眺望新綠、紅葉等四季不同的美麗風光，邊享受爽快的兜風。藏王回聲線為全長約26km的山岳觀光道路，最精采的風景為山頂附近的御釜，閃耀著祖母綠的神秘之湖為必看景點！

景觀重點！
穿過有茂密闊葉樹林的藏王山麓，朝御釜前進。

從4月下旬開始可以欣賞到雪壁

↑如果從宮城縣側前往，經過觀瀑台後，山岳的風景會慢慢開始改變

右側縱欄

仙台站
車程50分～1小時
（Zaou・Togattaonsen）

透過藏王山岳和溫泉療癒身心

藏王・遠刈田溫泉

被藏王連峰的雄偉大自然包圍，一整年都可以享受戶外活動的度假村區域。也很推薦春天到秋天的高原開車兜風趣。

MAP 附錄②P.16-17

Access

🚌 仙台站搭乘MIYAKOH BUS70分，遠刈田溫泉湯の町下車

🚗 東北自動車道仙台南IC 車程30km

立於靈峰藏王山的入口處

① 大鳥居
おおとりい

為了紀念昭和37（1962）年時藏王回聲線開通，於昭和44（1969）年建立。此地曾是藏王大權現的參拜道路，也是靈峰藏王山的入口。

📞0224-34-2725（藏王町觀光服務處）🕐自由參觀 🅿藏王町遠刈田溫泉倉石岳国有林內 🅿免費 **MAP**附錄②P.16 E-1

↑鮮紅的大鳥居為地標景觀

能欣賞到四季不同風景的山岳觀光道路

藏王回聲線
●ざおうえこーらいん

春天的雪壁、夏天的高山植物，還有秋天的紅葉，在藏王回聲線這條山岳觀光道路上，四季都能欣賞到美麗風景。

📞0224-34-2725（藏王町觀光服務處）🕐4月下旬～11月上旬 💴免費通行 🅿宮城縣藏王町～山形縣上山市 🅿免費 **MAP**附錄②P.17 D-1

↑闊葉樹林森染上了鮮豔的色彩

守護旅人的不動明王像

③ 藏王不動尊
ざおうふどうそん

站得直挺挺的不動明王像背後有鮮紅的火焰，看起來魄力十足。附近有瞭望台可以欣賞到落差53.5m的不動瀑布。瀑布周圍也有林木茂密的紅葉景點。

📞0224-34-2725（藏王町觀光服務處）🕐自由參觀 🅿藏王町遠刈田溫泉倉石岳国有林內 🅿免費 **MAP**附錄②P.17 D-1

↑以可怕的神情瞪視四周的不動明王像

在闊葉樹森林中流瀉的莊嚴瀑布

② 觀瀑台
たきみだい

可以遠遠地眺望到三階瀑布、不動瀑布、地藏瀑布三個瀑布的觀景點。三階瀑布流水優雅，細細的美麗流水在雄偉的森林之間流瀉而下，因而很受歡迎。

📞0224-34-2725（藏王町觀光服務處）🕐自由參觀 🅿藏王町遠刈田溫泉倉石岳国有林內 🅿免費 **MAP**附錄②P.17 D-1

↑瞭望所設施完善

景觀重點！
細長的瀑布靜靜流下，飽含風情！

↑瀑布的水流像是要將大片的森林縫合起來

DRIVE-DATA
所需時間2小時30分

START 東北自動車道村田IC
↓ 16km 20分 縣道25號、縣道12號
① 大鳥居、藏王回聲線宮城側入口
↓ 6km 10分 國道457號、藏王回聲線
② 觀瀑台
↓ 1km 2分 藏王回聲線
③ 藏王不動尊
↓ 10km 17分 藏王回聲線
④ 御釜
↓ 11km 15分 藏王回聲線
⑤ 藏王坊平高原
↓ 31km 50分 藏王回聲線、縣道53號、縣道167號
GOAL 山形自動車道山形藏王IC

114

藏王·遠刈田溫泉

爽快兜風趣

欣賞火山口邊緣的絕景。

隨著季節和太陽的光線變化，湖面的顏色會產生變化！

閃耀祖母綠色澤的神秘之湖

4 御釜
おかま

被刈田岳、熊野岳、五色岳所環繞的火口湖，湖面上是閃耀的祖母綠色，隨著氣候和太陽光的照射角度改變，湖水的顏色也會隨之產生變化，因此也被稱為「五色沼」。繞湖一圈約 1km，直徑約 330m。

☎0224-34-2725 (藏王町觀光服務處) ⏰4月下旬～11月上旬，自由參觀 🚩宮城県藏王町、山形県上山市 🚌JR白石藏王站搭MIYAKOH BUS往藏王刈田山頂方向，終點站下車(僅於週六、日、假日行駛)，步行5分 🅿免費
MAP附錄②P.17 D-1

←因為湖面的顏色會改變又被稱為「五色沼」

↑位於山頂附近的刈田嶺神社
→通過「馬之背」到御釜附近

←視野超群的觀光道路

前往御釜的收費觀光道路

藏王HIGH LINE
●ざおうはいらいん

從藏王回聲線分出來，前往御釜的觀光收費道路，通過連續的大髮夾彎道，海拔慢慢升高，可以不斷欣賞山岳的壯麗風光，一直開到山頂的御釜。

☎022-771-5323 (宮城交通營業推進課) ⏰4月下旬～11月上旬 💴一般車輛540日圓(來回) 🚩藏王町～七ヶ宿町 🅿免費
MAP附錄②P.17 D-1

在這裡休息

在御釜品嘗外帶美食
ざおうさんちょうれすとはうす
蔵王山頂Rest House

商店販售山形名產「蒟蒻球」(150 日圓)、「櫻桃冰淇淋」(300 日圓)等，可以在這裡的餐廳品嘗到有名的豬排釜飯和現烤麵包。

☎0224-34-4001 (宮城藏王烏帽子滑雪場) ⏰4月下旬～11月上旬，9:00～16:30 🈲期間中無休 🚩藏王町遠刈田溫泉倉石岳 🚌JR白石藏王站搭MIYAKOH BUS往藏王刈田山頂方向，終點下車(僅於週六、日、假日行駛) 即到 🅿免費
MAP附錄②P.17 D-1

↑豬排釜飯1000日圓

←餐廳位在2樓

絕對要泡藏王溫泉！
藏王溫泉大露天浴池
ざおうおんせんだいろてんぶろ

位於藏王溫泉街中地勢較高的知名露天浴池。充滿野外風情的岩石浴池平行座落於溪流沿岸，從 5 個源泉湧出的溫泉每分鐘湧出 735L，水量驚人。

詳細DATA→P.116
MAP附錄②P.17 B-1

↑溪流上游為女湯，下游為男湯

在高原度假村享受戶外活動

5 藏王坊平高原
ざおうぼうだいらこうげん

位於藏王回聲線沿線，約 30 公頃的廣闊高原上，有露營場和滑雪場，夏天可以享受健行活動和觀賞野鳥的樂趣。

☎023-677-0283 (ZAOたいらくら綜合服務處) ⏰自由參觀 🚩山形県上山市藏王坊平國定公園內 🚌JR上之山溫泉站搭免費接駁巴士30分 🅿免費
MAP附錄②P.17 C-2

↑初夏時節可以看到高山植物

在充滿野外風情的露天浴池讓身心煥然一新

温泉 藏王溫泉大露天浴池
【ざおうおんせんだいろてんぶろ】

位於藏王溫泉中地勢最高的知名浴池，座落於綠意環繞的溪流旁，魄力十足。巨大的岩石浴池一次可以容納200人泡湯，溫泉為源泉放流的奢侈白濁溫泉。

☎023-694-9417（藏王溫泉觀光株式會社）
🕐4月中旬～11月中旬，6:00～19:00（有時期性變動）🚫期間中無休 💴550日圓、小孩300日圓 🏠山形縣山形市藏王溫泉荒敷853-3 🚃JR山形站搭山交巴士往藏王溫泉方向，終點站下車，步行15分 🅿免費 MAP附錄②P.17 B-1

↑分成上游女湯、下游男湯

這裡很受歡迎！
在雄偉的大自然中，享受給人開闊感覺的泡湯樂趣。

↑有溫度較高的溫泉和溫度較低的溫泉2種

泡東北數一數二的著名古老溫泉

&藏王溫泉

藏王區域有2個溫泉區：位於宮城側的遠刈田溫泉，以及山形側的藏王溫泉。
除了泡效能豐富的溫泉療癒身心以外，還可以享受休閒活動和美食散步，盡情享受這些充滿風情的街道吧。

藏王溫泉是…

從挖掘出溫泉開始，至今已有1900年的歷史，是日本國內數一數二歷史悠久的大型溫泉地。因泉質類似草津溫泉，也被稱為「東北的草津」。溫泉街中心區域有很多坡道和小路，兩旁的旅館和伴手禮店鱗次櫛比。

↑也是很受歡迎的滑雪地和觀光據點

調味蒟蒻球
378日圓
山形常見的蒟蒻球，用醬油煮至入味。

湯之花
（10個入）600日圓
濃縮了藏王溫泉的成份，可以在自家享受到溫泉氛圍。

藏王伴手禮和山形名產大集合

購物 藏王おみやげセンター まるしち
【ざおうおみやげせんたーまるしち】

位於溫泉街中心，販售山形有名的蕎麥麵、蒟蒻、醃漬物、當地產酒等，商品種類齊全。自製的「稻花麻糬」（700日圓）也很受歡迎。 MAP附錄②P.17 A-1

☎023-694-9502 🕐8:30～21:00
🚫週三、黃金週、7～8月、12～3月無休 🏠山形縣山形市藏王溫泉955 🚃JR山形站搭山交巴士往藏王溫泉方向，終點站下車即到 🅿免費

品嚐著名的稻花麻糬小憩片刻

咖啡廳 COFFEE SHOP さんべ【コーヒーショップ】

店裡販售的著名鄉土麻糬點心「稻花麻糬」，「稻花麻糬」散發著清爽的竹葉香味，柔軟的麻糬外皮包著甜味溫和的餡料，並裝飾著染成黃色的米粒。

☎023-694-9538
🕐9:30～17:30（18:00閉店）
🚫不定休 🏠山形縣山形市藏王溫泉973-1 🚃JR山形站搭山交巴士往藏王溫泉方向，終點站下車即到 🅿使用附近的停車場 MAP附錄②P.17 A-1

盡興套餐 550日圓
現做稻花麻糬和飲料的組合套餐，因為非常受歡迎，建議事先預約。

蒙古烤肉頂級定食
1944日圓
份量充足、營養滿點，使用自製的醬汁，讓肉吃起來更加美味。

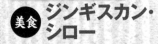

藏王蒙古烤肉創始店

美食 ジンギスカン・シロー

參考蒙古的調理方法，以蒙古烤肉的方式，用鐵鍋燒烤羊肉的創始店。厚切的肉十分柔軟且沒有腥味，米和蔬菜則使用自家栽培的產品。

☎023-688-9575
🕐11:00～14:00、17:00～20:00（21:00閉店）
🚫週四、第4週日 🏠山形縣山形市藏王半鄉266-10 🚃東北中央自動車道山形上山IC車程5分 🅿免費 MAP附錄②P.15 D-6

在空中散步，盡情享受藏王的大自然

玩樂 藏王空中纜車
【ざおうろーぷうえい】

空中纜車從藏王山麓站經樹冰高原站，連接地藏山頂站。可以從半空中眺望到四季的自然變化、藏王的溫泉街等景色，作為健行時的移動工具也非常方便。

☎023-694-9518 🕐8:30～17:00（有時期性變動）🚫5、9、11月有檢點公休日 💴單程800日圓～ 🏠山形縣山形市藏王溫泉229-3 🚃JR山形站搭山交巴士往藏王溫泉方向，終點站下車，步行10分 🅿免費（12～3月的週六、日、假日收費） MAP附錄②P.17 A-2

↑眼下就是藏王雄壯廣闊的大自然
↑冬季時可以從空中眺望夢幻的樹冰

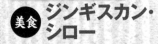

↑藏王山麓下廣闊的牧草
●體驗製作起司500日圓～

盡情享受豐富的大自然和牧場體驗

玩樂 藏王HEART LAND
【ざおうはーとらんど】

東北屈指可數的觀光牧場，除了可以看到山羊、綿羊等動物以外，也可以體驗製作起司和冰淇淋（需預約），還可以在餐廳享用餐點。

☎0224-34-3769 🕐4～11月，9:30～16:30 休期間中無休 ¥免費（各種體驗需收費）所藏王町遠刈田溫泉七日原201 🚌JR白石藏王站搭MIYAKOH BUS往遠刈田溫泉方向，湯の町下車，車程5分 P免費 MAP附錄②P.17 D-2

甜味溫和的豆漿甜點

購物 はせがわ屋
【はせがわや】

擁有超過100年歷史的老字號豆腐店，除了使用清澈的藏王的水製成的豆腐之外，也販售適合在泡完溫泉後吃的霜淇淋。 MAP附錄②P.17 B-3

☎0224-34-2442 🕐7:00～18:00 休週四不定休 所藏王町遠刈田溫泉本町23 🚌JR白石藏王站搭MIYAKOH BUS往遠刈田溫泉方向，湯の町下車即到 P免費

豆漿霜淇淋 280日圓
可以享受到豆漿的香味和溫和的甜味。

豆漿霜淇淋聖代 450日圓
濃郁的霜淇淋和酸甜的莓果醬好絕配。

香腸午餐 1479日圓
附湯、沙拉、麵包或是米飯，享受不同香腸的口感和味道！

多汁的自製香腸

美食 Restaurant Baeltz【レストランベルツ】

店家的手工香腸曾在發源地德國的國際比賽中獲得金獎，廣受好評。使用縣產豬肉和天然鹽等嚴選食材製作成的香腸是逸品美食，非常推薦在店內享用。

☎0224-34-2001 🕐11:00～15:00，週六11:00～15:00、17:30～19:30(20:00關店)※週五、假日前日的晚上營業時間需洽詢 休週四(逢假日則下週三休) 所藏王町遠刈田溫泉北山21-12 🚌JR白石藏王站搭MIYAKOH BUS往遠刈田溫泉方向，湯の町下車，步行5分 P免費 MAP附錄②P.17 A-3

可以感受到手作溫度的陶器商店

購物 陶アトリエ・花＊花
【とうあとりえはなはな】

陶藝工作室商店，陳列許多畫上可愛插畫的器物和陶製飾品，也可以參加陶器彩繪或飾品製作體驗（1500日圓～）。

☎080-5564-1016 🕐10:00～17:00 休週四 所藏王町遠刈田溫泉旭町22 🚌JR白石藏王站搭MIYAKOH BUS往遠刈田溫泉方向，湯の町下車即到 P免費 MAP附錄②P.17 B-3

筷架組 1000日圓
以伊達政宗等武將和貓為主題的插畫是亮點。

俄羅斯娃娃的帽子別針 1000日圓
可以別在帽子或上衣領子上，也可以用來固定圍巾當作裝飾。

↑位於溫泉街入口的木芥子橋

遠刈田溫泉是…

遠刈田溫泉位於藏王連峰的東麓、海拔330m的高原上，是對足部和腰部有益的溫泉療養場，約有400年歷史。溫泉街裡有共同浴場和很多木芥子工作室、伴手禮商店等，在溫泉街漫步也很愉快。

在美食和休閒活動齊備的溫泉街散步

遠刈田溫泉

↓浴場天花板很高，給人開闊的感覺

這裡很受歡迎！
滋潤親膚的溫泉和青森檜木的香味給人舒服的感覺

ぬるい湯
あつい湯
おゆの溫度44℃～45℃

青森檜木香味 療癒身心效果超群

溫泉 共同浴場 神の湯
【きょうどうよくじょうかみのゆ】

位於溫泉街的中心，風情洋溢的木造共同浴場。源泉放流的茶褐色溫泉水量豐富。設有溫度較高和溫度較低2個浴池，溫泉膚觸良好，能徹底讓身體暖和起來。

☎0224-34-1990 🕐9:00～21:30(22:00閉館)，只有週日、假日5:00～6:00(6:30閉館)也營業 休4、9月的第2週 ¥330日圓、小孩110日圓 所藏王町遠刈田溫泉仲町32 🚌JR白石藏王站搭MIYAKOH BUS往遠刈田溫泉方向，湯の町下車即到 P免費 MAP附錄②P.17 A-3

↑附設可以免費使用的足湯

各個溫泉的住宿情報請看次頁！

藏王溫泉 遠刈田溫泉的 療癒旅宿

藏王山麓橫跨宮城和山形，不少頗有歷史的溫泉街分布於此。除了藏王溫泉、遠刈田溫泉以外，曾是伊達家御用溫泉的青根溫泉、白石川上游湧出的小原溫泉也相當有名，在風光明媚的溫泉地休息療癒身心吧。

遠刈田

AUBERGE別邸 山風木
【おーべるじゅべっていやまぶき】

飯店建於離溫泉街有一段距離的森林中，共有10間客房。風情各自不同的客房像是環繞著庭園一般。除了可以享受到膚觸點黏稠滋潤的美肌溫泉以外，活用了藏王食材的宴席料理也廣受好評。晚餐時免費提供當地產酒和葡萄酒等飲料。

☎0224-34-2711　📍藏王町遠刈田溫泉小妻坂21-70　🚌JR白石藏王站搭MIYAKOH BUS往遠刈田溫泉方向，小妻坂下車步行5分（有小妻坂巴士站接送服務，需預約）　🅿免費　🗺附錄②P.16 E-2

→從客房的大片玻璃窗可以望見日本庭園

DATA	
¥1泊2食 22680日圓～	
⏰IN15:00 OUT11:00	
露天浴池	包租浴池
房間用餐	
不住宿溫泉	

旅館重點

可在融合日式與西式風情的空間裡度過片刻優質時光。

↑以約2300坪的腹地為傲
→使用了伊達冠石的「月と風の湯」

被藏王的大自然環繞其中的寧靜飯店

可以望見藏王群山以優良景觀為傲的飯店

遠刈田

旅館 三治郎
【りょかんさんじろう】

建於高台上的和風旅館，可以俯瞰遠刈田溫泉街。館內除了附有露天浴池的景觀大浴場和4種包租浴池以外，也附設有不住宿溫泉設施「湯之里」，在館內可以享受到溫泉巡禮的樂趣。

→將藏王連峰盡收眼底
→大浴場內有三溫暖和冷水浴池 晴天時從露天浴池望出去可以

旅館重點

邊感受大自然，邊泡源泉放流的溫泉。

DATA	
¥1泊2食 14040日圓～	
⏰IN15:00 OUT10:00	
露天浴池	包租浴池
房間用餐	
不住宿溫泉	900日圓（毛巾另售）

☎0224-34-2216　📍藏王町遠刈田溫泉本町3　🚌JR白石藏王站搭MIYAKOH BUS往遠刈田溫泉方向，湯の町下車步行3分（無接送服務）　🅿免費　🗺附錄②P.17 A-3

遠刈田

旬菜湯宿 大忠
【しゅんさいゆやどだいちゅう】

全館皆鋪設榻榻米，飯店內充滿舒服的藺草香味。客房只有10間，可以感受到飯店細心的服務。晚餐提供30種免費飲料、大量使用藏王當季食材的料理皆廣受好評。

☎0224-34-2306　📍藏王町遠刈田溫泉旭町1　🚌JR白石藏王站搭MIYAKOH BUS往遠刈田溫泉方向，湯の町下車即到（無接送服務）　🅿免費　🗺附錄②P.17 A-3

DATA	
¥1泊2食 18360日圓～	
⏰IN15:00 OUT11:00	
露天浴池	包租浴池
房間用餐	
不住宿溫泉	800日圓

→包廂感覺的餐廳可以享受免費的飲用、晚。

旅館重點

5個浴池中，2個浴池提供包租使用、悠閒地享受溫泉。

盡情享受當季食材和源泉放流溫泉

←包租浴池「風みどりの湯」

享受細項費用全包的
森林溫泉度假村

①住客專用的溪流露天浴池「川の湯 しかく」

遠刈田

「蔵王の森」がつくる美と健康の温泉宿

ゆと森俱樂部

【ざおうのもりがつくるびとけんこうのおんせんやどゆともりくらぶ】

費用全包式的飯店，住宿費用包含飲料、各種活動的全部費用。除了溫泉以外，連續4年獲得「蔬菜顧問獎」的餐廳和早晨瑜珈也非常受歡迎。

📍MAP附錄②P.17 D-1

📞0224-34-2311　🏠蔵王町遠刈田溫泉上ノ原128　🚌JR白石藏王站搭MIYAKOH BUS往遠刈田溫泉方向，湯の町下車，車程5分 (有JR仙台站接送服務，需預約，來回1620日圓)　🅿免費

放鬆重點
邊傾聽河川的潺潺水聲和鳥鳴聲，邊泡美肌溫泉。

DATA	
¥1泊2食 22680日圓～	
⏰IN15:00 OUT11:00	
露天浴池	包租浴池
房間用餐	
不住宿溫泉	9720日圓晚餐方案

①可以享受到南藏王高原蔬菜料理的自助式吃到飽供餐

山景の宿 流汌

【さんけいのやどりゅうせん】

青根溫泉的溫泉旅館，青根溫泉從海拔530m山谷間湧出，曾是伊達家的御用溫泉。館內可以觀賞滿天星星、聆聽鳥鳴聲等，享受到青根的豐沛自然。大量活用藏王食材的餐點也廣受好評。

📞0224-87-2611　🏠川崎町青根溫泉17-2　🚌JR白石藏王站車程40分 (有JR仙台站接送服務，需預約)　🅿免費　📍MAP附錄②P.17 D-1

①自豪的景觀露天浴池「陽光之湯」

DATA	
¥1泊2食 9720日圓～	
⏰IN15:00 OUT10:00	
露天浴池	包租浴池
房間用餐	
不住宿溫泉	650日圓，週五休

可以眺望四季不同的山景

放鬆重點
被陽光和大自然環抱其中，可以悠閒地泡湯。

①包租浴池「青根の湯」(50分2160日圓)

藏王

藏王國際飯店

【蔵王国際ホテル】

以乳白色的硫磺溫泉為傲的飯店，包含裸露粗圓柱構造的「八右衛門之湯」在內，有3種包租浴池、設有足湯的露台等，可以在此輕鬆享受溫泉巡禮。

📞023-694-2111　🏠山形縣山形市藏王溫泉933　🚌JR山形站搭山交巴士往藏王溫泉方向，終點站下車，步行10分 (有JR山形站接送服務，需預約)　🅿免費　📍MAP附錄②P.17 A-2

DATA	
¥1泊2食 14040日圓～	
⏰IN14:00 OUT10:00	
露天浴池	包租浴池
房間用餐	
不住宿溫泉	1080日圓

放鬆重點
在開放式露天浴池，盡情享受強酸性的美肌溫泉。

在硫磺的香味環繞下享受多樣化的溫泉

①「八右衛門之湯」內的岩石露天浴池

保留著客棧氛圍的老字號飯店

①檜木半露天浴池「潺之泉」

藏王

深山莊 高見屋

【みやまそうたかみや】

創業至今300年以上的歷史悠久飯店，木造的厚重建築令人印象深刻。有檜木浴池、露天浴池、包租浴池等，共有9個浴池，可以享受到源泉放流的溫泉。

📞023-694-9333　🏠山形縣山形市藏王溫泉54　🚌JR山形站搭山交巴士往藏王溫泉方向，終點站下車，步行5分 (有藏王溫泉的巴士總站接送服務，需預約)　🅿免費　📍MAP附錄②P.17 A-1

DATA	
¥1泊2食 20670日圓～	
⏰IN15:00 OUT10:00	
露天浴池	包租浴池
房間用餐	
不住宿溫泉	

放鬆重點
在多樣化的浴池，奢侈地享受使用自家源泉的溫泉。

藏王

藏王・岩清水料理の宿 季の里

【ざおういわしみずりょうりのやどきのさと】

飯店因可以享受到山形當季的美味料理而廣受好評，住宿方案齊全，可以品嘗到配合季節、使用當地食材入菜的料理。獨棟「代吉之湯」除了半露天的浴池外，還設有足湯。

📞023-694-2288　🏠山形縣山形市藏王溫泉1271-1　🚌JR山形站搭山交巴士往藏王溫泉方向，終點站下車，步行15分 (有JR山形站接送服務，詳細資訊在預約時確認)　🅿免費　📍MAP附錄②P.17 A-2

DATA	
¥1泊2食 14040日圓～	
⏰IN15:00 OUT10:00	
露天浴池	包租浴池
房間用餐	
不住宿溫泉	500日圓

放鬆重點
別棟「代吉之湯」可邊眺望藏王山邊泡湯。

透過乳白色的源泉療癒身心

①可以眺望到藏王群山的露天浴池

伴手禮店
MAP附錄②P.17 A-1

ZAO Center Plaza
☎023-694-9251　購物

陳列名產伴手禮的人氣店家
販售用特產製作而成的和菓子和西式點心、藏王的工藝品、雜貨等豐富的伴手禮，其中又以起司蛋糕最受歡迎。除了購物以外，還有溫泉可以泡，也附設有住宿設施。
🕙9:00～18:00　休無休（4、11月有設施維護休館日）　所山形縣山形市蔵王溫泉903-2　交JR山形站搭山交巴士往蔵王溫泉方向，終點站下車，步行5分　P僅冬季收費（12月26日～3月21日，1日500日圓）

地和齊全商品，也可以作為觀光據點の藏王數一數二的廣闊佔

披薩店
MAP附錄②P.16 E-1

森のピザ工房 Revoir
☎0224-86-4678　美食

口感十分具有彈性的手工披薩
使用廢校的小學校舍作為店面的獨特店家，店內似乎帶有懷舊氛圍。披薩使用國產麵粉、天然酵母和嚴選起司，種類豐富，非常受歡迎。
🕙10:00～16:00（16:30閉店），週六、週日、假日為～17:30（18:00閉店）　休週二（逢假日則翌日休）　所川崎町前川松葉森山1-197　交山形自動車道笹谷IC 14km，車程30分　P免費

藏王御釜披薩1580日圓の包著起司燒烤而成的

藏
王

藏王山麓湧出的溫泉。因為泉質類似草津溫泉，因此也被稱為「東北的草津」。有櫛次鱗比的溫泉飯店和伴手禮店等，許多享受散步樂趣的觀光客聚集至此。

區域指南

MAP
住宿資訊
洽詢電話

溫泉設施
MAP附錄②P.17 A-1

藏王溫泉共同浴場
☎023-694-9328（藏王溫泉觀光協會）　溫泉

在3個浴場享受泡遍所有溫泉的樂趣
藏王溫泉有「上湯共同浴場」「川原湯共同浴場」「下湯共同浴場」3個浴場，溫泉泉質和溫度皆不同，3個浴場皆在方圓100m以內，可以輕鬆泡遍所有溫泉，這也是藏王溫泉共同浴場的魅力所在。
🕙6:00～22:00　休無休　¥200日圓、小孩100日圓　所山形縣山形市蔵王溫泉　交JR山形站搭山交巴士往蔵王溫泉方向，終點站下車，步行3分　P無

為此處特色の泉神社的參道旁，溫泉溫度較高酢川溫上湯共同浴場位於酢川溫

咖啡廳
MAP附錄②P.17 A-2

音茶屋
☎023-694-9081　咖啡廳

在溫泉街享受咖啡時光
供應使用山形牛的咖哩、無添加物的湯咖哩等講究料理。也供應無農藥咖啡、自製甜點和精釀啤酒等餐點，店內也有販售服飾和雜貨。
🕙10:00～20:30（21:00閉店），12～3月為～23:30（24:00閉店）　休週三（12～3月無休）　所山形縣山形市蔵王溫泉935-24　交JR山形站搭山交巴士往蔵王溫泉方向，終點站下車，步行5分　P免費

的綠咖哩1050日圓の酢上湯共同浴場自開店以來一直享有高人氣

空中纜車
MAP附錄②P.17 A-2

藏王中央纜車
☎023-694-9168　玩樂

盡情享受壯闊的全景景觀
藏王中央高原的空中纜車，連結溫泉站和鳥兜站，可承載101人。可以從天空俯瞰多彩繽紛的高山植物、紅葉和霧冰等四季的自然風光。初夏的健行正適合來做森林浴。
🕙8:30～17:00（最後發車時間，視時季而異）　休不定休　¥單程800日圓、小學生以下400日圓，來回1300日圓、小學生以下650日圓　所山形縣山形市蔵王溫泉940-1　交JR山形站搭山交巴士往蔵王溫泉方向，終點站下車，步行5分　P免費

1787m長的空中散步の可以享受單程

CLOSE UP

欣賞神秘的自然塑形之美

樹冰是自然所創造出的寶貴絕景，冬季時可在藏王觀賞到。期間夜晚有夜間點燈，白銀的世界會浮現神秘的光景。參觀時請做好禦寒準備再外出。

此樹冰形狀充滿魄力，因又被稱為「冰雪怪獸」の

樹冰夜間點燈
●じゅひょうらいとあっぷ
MAP附錄②P.17 A-2
☎023-694-9518（蔵王空中纜車）　🕙12月下旬～2月下旬（1月只在週六、日點燈）17:00～19:50（21:00結束）　¥來回2600日圓、小孩1300日圓　所山形縣山形市蔵王溫泉　交JR山形站搭山交巴士往蔵王溫泉方向，終點站下車，步行10分　P免費（週六、週日、假日的～17:00收費）

雜貨店、餐廳
MAP附錄②P.16 F-2

JAC's Village
☎0224-26-6191　購物

販售廢物再利用製成的雜貨
基於升級再造理念打造而成的主題公園，將垃圾再生變成有價值的東西。販售利用廢鐵製成的調理用品等雜貨，可在附設的餐廳品嘗到使用自家栽種蔬菜的料理。
🕙10:00～18:00，餐廳為11:00～15:00　休週二　所蔵王町小村崎山崎14-9　交東北自動車道村田IC 2km，車程3分　P免費

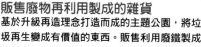

也設有足湯の彷彿歐洲鄉下城鎮的氛圍

公園
MAP附錄②P.16 F-1

國營陸奧杜之湖畔公園
☎0224-84-5991　玩樂

妝點季節花朵的遊樂廣場
東北唯一的國營公園，擁有可以眺望到藏王連峰的廣闊腹地。約7000m²的大花壇「彩之廣場」內，四季都有不同的鮮豔花朵在此盛放。公園內也有舊民宅和遊樂設施廣場，很受家庭客歡迎。
🕙9:30～17:00、7、8月為～18:00、11～2月為～16:00　休週二（逢假日則翌日休），4月下旬～5月、7月下旬～8月暑假期間、9、10月的活動期間無休　¥410日圓、中小學生80日圓　所川崎町小野二本松53-9　交山形自動車道宮城川崎IC 5km，車程約5分　P收費（1日310日圓）

朵！整年都有許多活動の栽種了各式各樣的花

森の芽ぶき たまご舍 藏王本店

餐廳、西式點心店　　MAP 附錄② P.16 E-2

📞 0224-22-7711　購物

用大量藏王天然食材製作的甜點

餐廳的招牌料理為擺成御釜形狀的蛋包飯。附設有甜點商店，招牌商品為使用藏王產牛奶和雞蛋製成的布丁，口感滑順，可以享受到雞蛋的濃厚滋味。

🕘 9:00～18:00　休 不定休
所 藏王町円田弁天10-8
🚌 JR白石藏王站搭MIYAKOH BUS往遠刈田溫泉方向，棚村下車即到
🅿 免費

↪ 藏王雞蛋布丁（1個）248日圓

蔵王手打ちそば新楽

蕎麥麵店　　MAP 附錄② P.17 A-3

📞 0224-34-2527　美食

飽含美味的手打蕎麥麵

位於遠刈田溫泉的中心區，使用了契約農家進貨的鴨肉和自家栽種蔬菜的「鴨肉蕎麥麵」非常出名。可以搭配濃厚的沾醬一併享用芳香的極粗十割蕎麥麵。

🕘 11:00～19:00（L.O.）　休 週三　所 藏王町遠刈田溫泉本町18　🚌 JR白石藏王站搭MIYAKOH BUS往遠刈田溫泉方向，湯の町下車即到　🅿 免費

↪ 鴨肉蕎麥冷麵1100日圓，沾醬可以吃到特別美味的鴨肉和蔬菜

溫泉飯店和商店櫛次鱗比
傳統的溫泉地

遠刈田溫泉

區域指南

被藏王壯觀的大自然所環繞，對足部和腰部有益的溫泉療養地，約有400年的歷史。溫泉街分布著共同浴場和美食景點，可以享受到溫泉巡禮和美食散步的樂趣。

MAP 附錄②P.17 A-3

住宿資訊　P.178-181

洽詢電話
0224-34-2725（遠刈田溫泉觀光協會）

蔵王酪農センター

伴手禮店　　MAP 附錄② P.16 E-2

📞 0224-34-3311　購物

使用藏王產牛奶製成的起司

位於藏王 HEART LAND（→ P.117）體驗館內的商店，販售使用新鮮藏王牛乳製成的乳製品，商品種類多樣豐富，其中，奶油乳酪特別受到好評，有草莓和香草等多樣化的口味。

🕘 9:00～17:00　休 無休　所 藏王町遠刈田溫泉七日原251-4　🚌 JR白石藏王站搭MIYAKOH BUS往遠刈田溫泉方向，湯の町下車，車程5分　🅿 免費

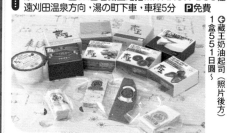

↪ 藏王奶油起司（照片後方）1盒551日圓～

ZAO BOO

漢堡店　　MAP 附錄② P.17 A-3

📞 0224-34-3953　美食

多汁有彈性的Mochi豬漢堡

供應種類豐富的料理，料理堅持使用柔軟又充滿豬肉美味的「和豬Mochi豬肉」、町內產的蔬菜等當地產食材。份量滿點的漢堡和燒烤料理也廣受好評。

🕘 11:00～18:00（L.O.）
休 週四
所 藏王町遠刈田溫泉仲町9-1
🚌 JR白石藏王站搭MIYAKOH BUS往遠刈田溫泉方向，湯の町下車即到
🅿 免費

↪ 飽足感超群的ZAO BOO漢堡（big）850日圓

ことりはうす

野鳥觀察設施　　MAP 附錄② P.17 D-1

📞 0224-34-1882　觀賞

近距離觀察野生鳥類

藏王山麓是縣內數一數二的賞鳥景點，可以觀察到各式各樣的野生鳥類。館內除了可以享受到觀察野鳥的樂趣之外，也有透過立體透視模型和標本介紹藏王大自然和野鳥的區域。

🕘 9:00～16:30　休 週一（逢假日則翌日休）、假日翌日　¥ 350日圓，高中生以下免費
所 藏王町遠刈田溫泉上ノ原162-1　🚌 JR白石藏王站車程45分　🅿 免費

↪ 在2樓的野外觀察室，使用望遠鏡試著觀察吧

遠刈田 木芥子的殿堂

CLOSE UP

包含遠刈田木芥子在內，集結了全國的傳統木芥子，展示歷史上著名工匠所製作的木芥子約5000件。附設的工作室除了可以供遊客參觀木芥子製作過程以外，也開放彩繪木芥子的體驗活動。

依系統分類展示傳統木芥子和木製玩具等

宮城藏王木芥子館

● みやぎざおうこけしかん　　MAP 附錄② P.17 A-4

📞 0224-34-2385　🕘 9:00～16:30（17:00閉館）　休 無休　¥ 300日圓，中小學生150日圓
所 藏王町遠刈田溫泉新地西裏山36-135　🚌 JR白石藏王站搭MIYAKOH BUS往遠刈田溫泉方向45分，湯の町下車，步行10分　🅿 免費

大本豆腐店

豆腐店　　MAP 附錄② P.17 A-3

📞 0224-34-2630　購物

厚實沉穩的建築是豆腐店的標誌

創業至今超過100年的老豆腐店。販售傳統的手工豆腐，使用國產大豆、天然的鹽滷和藏王山麓的湧泉水所製成。店內設有內用空間，可以品嘗到現做的豆腐。

🕘 7:00～售完打烊　休 無休　所 藏王町遠刈田溫泉旭町3　🚌 JR白石藏王站搭MIYAKOH BUS往遠刈田溫泉方向，湯の町下車即到　🅿 免費

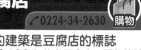

↪ 木棉豆腐（1個）280日圓和油豆腐（1個）60日圓很受歡迎

贊久庵

和食店　　MAP 附錄② P.17 A-3

📞 0224-34-2002　美食

享用藏王蘊育出的美味

飄散著大正浪漫氛圍的和食餐廳，可以在這裡悠閒地用餐。推薦划算的套餐「贊久庵膳」，可以一次吃到老闆娘手打的蕎麥麵、豆腐料理、肉質柔軟的黃金豬豬排等菜色。

🕘 11:00～19:00（L.O.）　休 週二（逢假日則營業）　所 藏王町遠刈田溫泉北山21-13　🚌 JR白石藏王站搭乘MIYAKOH BUS往遠刈田溫泉方向，湯の町下車，步行8分　🅿 免費

↪ 份量令人非常滿足的贊久庵膳2916日圓

採訪memo ▶ 「和伊達家有淵源的溫泉地—青根溫泉」藏王山麓除了藏王溫泉、遠刈田溫泉以外，也有其他溫泉地分布於此，其中，青根溫泉位在距離遠刈田溫泉車程約10分的地方，曾是伊達家御用的著名溫泉，被山岳和森林環繞其中，是非常受歡迎的寧靜溫泉地。

復原完成的片倉家名城

1 白石城
【しろいしじょう】

曾是伊達藩的支城，在江戶幕府的一國一城制實行後，破例被認可、保留下來的少數城池之一。現在的建築為 1995 年依照藩政時期建築所復原完成的城池。

☎0224-24-3030　⏰9:00～17:00 (11～3月為～16:00)　休無休　¥300日圓、小孩150日圓　所白石市益岡町1-16　🚉JR白石站步行10分　P免費　MAP P.122 A-2

這裡是重點
從天守閣可以看到白石街道和壯觀的藏王連峰！

白石城使用優質檜木和青森檜木等建材建造而成

↑從天守閣望出去，可以看到公園和白石街道

白石城聳立的城下町
白石街道巡禮

以藏王連峰為背景，白石有美麗的白石城和沿著護城河而建的武家屋敷等藩政時期的舊時風貌，依然留存在現今的城下町，悠閒地散步其中，並品嘗白石溫麵等美食吧。

仙台站 電車50分
[Shiroishi]

飄散歷史氣息「伊達小京都」

白石

在藩政時期，白石曾是伊達政宗心腹·片倉小十郎的居城。飽含歷史風情的街道上，分布著復原的白石城和武家屋敷。

MAP P.122

Access

🚃 仙台站搭JR東北本線 50分·白石站下車

🚗 東北自動車道白石IC車程6km

（地圖）白石 1:25,000　周邊圖 附錄②P.16 E-3
P.122 やまぶき亭
武家屋敷通 P.122
P.122 白石城
小十郎プラザ P.122

護城河沿岸的武家屋敷頗具風情

2 武家屋敷通
【ぶけやしきどおり】

舊小關家座落於舊白石城三之丸外護城河沿岸，這裡的街道保留著過去的風貌。面向澤端川的古老街道建築充滿風情。舊小關家為宮城縣指定文化財，宅邸內開放入內參觀。

☎0224-24-2162(武家屋敷通管理事務所)　⏰9:00～17:00 (11～3月為～16:00)　休無休　¥舊小關家200日圓、小孩100日圓　所白石市西益岡町5-40　🚉JR白石站步行15分　P免費　MAP P.122 A-1

這裡是重點
位於白石城北方的舊小關家，可參觀藩內中級武士的房舍。

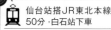
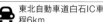

↑只有舊小關家開放參觀

↑武家屋敷座落於清澈的護城河沿岸

伴手禮就在這裡買！

小十郎プラザ
【こじゅうろうぷらざ】

白石站前的伴手禮商店，販售齊全豐富的獨特白石伴手禮。其中白石溫麵非常受歡迎，包裝上描繪著白石傳統的彌治郎系木芥子。此外，片倉小十郎的周邊商品種類也非常豐富。

☎0224-24-3338　⏰10:00～18:00　休無休　所白石市沢目64-15　🚉JR白石站即到　P使用附近的停車場　MAP P.122 B-2

↑彌治郎木芥子×白石溫麵(5束入)972日圓

以3種醬汁品嘗白石名產

3 やまぶき亭
【やまぶきてい】

店家的必吃料理為「盡情享受溫麵」，和麻糬一樣，有芝麻、核桃、醬油3種醬汁可供沾取。「鴨肉蒸籠溫麵」(1200日圓)也非常受歡迎，吃法為將冷的溫麵沾熱的鴨肉沾醬一起吃。

☎0224-25-2322　⏰11:00～14:00　休週三 (可能有替代公休日)　所白石市城北6-13　🚉JR白石站步行15分　P免費　MAP P.122 A-1

這裡是重點
品嘗從江戶時代流傳下來，很有歷史的白石溫麵。

↑座位是可以放鬆休息的簡易和式

盡情享受溫麵920日圓
只用麵粉、鹽和水製作的白石溫麵。

週日、假日才有的娛樂
前往閑上港早市

閑上港早市在閑上港附近舉辦，從仙台市中心前往只需30分鐘路程。約有50間店鋪，以特別便宜的價格販售新鮮海產和山產，除此之外，多樣化的市場美食和競標市場等活動也很受歡迎。

通常會提供醬油，這點也很令人開心

仙台站
車程30分
〔 Natori 〕

名取

仙台機場座落於此，宮城的空中玄關

頗有歷史氣息的城市，保留了東北最大的前方後圓古墳和茅葺古民宅等。閑上地區位在週日、假日舉辦的早市也很受觀光客歡迎。

MAP 附錄②P.16

Access

🚃 仙台站搭JR東北本線15分，名取站下車

🚗 仙台東部道路名取IC車程5km

並排的眾多店家，市場內活力充沛

🌞 閑上港早市
ゆりあげみなとあさいち

閑上港早市擁有超過30年的歷史，震災後於2013年重新開辦，現在是著名的觀光景點。有鮮魚店、蔬果店等約50間店鋪，除了購物以外，也可以享受到燒烤海鮮和外帶美食。

📞022-395-7211（閑上港早市協同組合）

🕐週日、假日的6:00～13:00 🏠名取市閑上5-23-206 🚗仙台東部道路名取IC車程7分，或是仙台空港線美田園站車程10分 🅿免費

MAP附錄②P.16 H-1

↑籠罩著市場的朝陽也非常美麗

遊玩方式① 現場品嘗 新鮮海鮮

市場後方設有燒烤空間，可以現場燒烤並品嘗購買的魚。市場內的各個鮮魚店也有販售十分划算的燒烤用附烤網套組，可以向店家詢問購買。

↑可以輕鬆烤來吃的魚串種類相當豐富

ささ圭的竹葉魚板棒 300日圓
→名産竹葉魚板中內，包著烤肉和蔬菜油炸而成的一品。

遊玩方式② 邊走邊吃 外帶美食

早市內店家種類豐富，獨特的外帶美食選擇也十分豐富，邊走邊吃外帶美食，享受市場的購物樂趣。人氣品項有可能提早完售，記得早點去購買。

ビッグママ的天婦羅麵包（1個）120日圓
→將包著紅豆、咖哩、奶油等餡料的麵包，裹上麵衣炸成天婦羅。

豐華的水餃 400日圓
→在使用了高湯的醬汁放入滿滿水餃，上面放上特製泡菜，泡菜可以無限追加。

↑人氣商品一登場，大家不約而同地舉起圓扇

遊玩方式③ 在競標市場購買伴手禮

任何人都可以輕鬆參加的競標體驗活動，競標品項鮮魚、蔬果、加工食品、點心、植物等共約有70種。心儀品項一登場，就舉起圓扇下標！以自己能接受的價格購買伴手禮吧。

來吧，參加競標！
→搖鈴的鈴聲響起代表競標開始，如果可以接受競標主持人所說的價格，就迅速舉起圓扇競標吧

10時在楓葉館前集合
→首先，到楓葉館旁的競標市場會場的木製棧台集合

↓

拿到寫著編號的圓扇
→參加者一個人要拿著一支寫著競標用號碼的圓扇

這裡也要check!

楓葉館
めいぷるかん

楓葉館的名稱由來，是因為建設時接受了加拿大政府的支援，建築物使用加拿大產的木材。館內有水產加工店、海鮮蓋飯店和咖啡廳等，店家種類齊全。

魚亭浜やの閑上海鮮蓋飯1500日圓
→使用閑上名産赤貝和鮂仔魚等，米飯上鋪了多種海鮮，超有飽足感。

🕐10:00～16:00，週日、假日為6:00～13:00 休週四
MAP附錄②P.16 H-1

↑木質的溫暖空間

宮城 交通指南

前往仙台

從各地前往，首先以這裡為目標

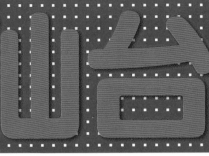

從日本各地 ✈ 飛機

如果要從大阪、名古屋、札幌等日本國內各地前往仙台，搭乘飛機會比較方便，從仙台機場搭乘仙台空港線到仙台站，只需17～28分，就可以順利移動到仙台市中心，可以充實地度過旅行的第一天。出入仙台機場的廉價航空增班，以及機場內的服務擴充都相當被看好。

從東京 🚄 東北新幹線

從東京地區前往，一般會搭乘東北新幹線「隼號」、「疾風號」，班次間隔20～30分，抵達後馬上就可以開始觀光這點也非常吸引人。想要壓低交通費的人，可以搭乘高速巴士前往，從東京出發雖然要花5小時30分～6小時，但費用非常便宜，只需3000～6500日圓。

從東北各地 🚆 鐵路 🚌 巴士

從東北各縣前往仙台，推薦搭乘東北新幹線或JR東北本線、仙山線。想要壓低交通費用，或是想在宮城縣內活動的人，則推薦搭乘高速巴士或自駕。從福島、山形出發的高速巴士，每小時最少有1～2班，可以有效運用。

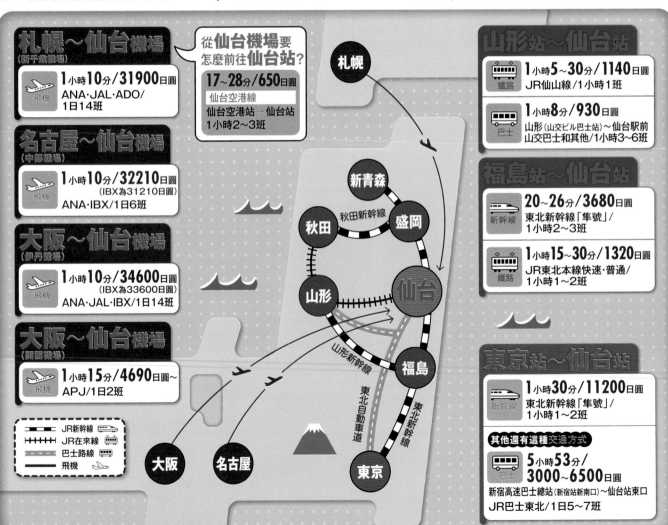

札幌～仙台機場（新千歲機場）
✈ 1小時10分／31900日圓
ANA·JAL·ADO／1日14班

從仙台機場要怎麼前往仙台站？
17～28分／650日圓
仙台空港線
仙台空港站 · 仙台站
1小時2～3班

名古屋～仙台機場（中部機場）
✈ 1小時10分（IBX為31210日圓）
ANA·IBX／1日6班

大阪～仙台機場（伊丹機場）
✈ 1小時10分／34600日圓
（IBX為33600日圓）
ANA·JAL·IBX／1日14班

大阪～仙台機場（關西機場）
✈ 1小時15分／4690日圓～
APJ／1日2班

山形站～仙台站
🚆 1小時5～30分／1140日圓
JR仙山線／1小時1班
🚌 1小時8分／930日圓
山形（山交ビル巴士站）～仙台駅前
山交巴士和其他／1小時3～6班

福島站～仙台站
🚄 20～26分／3680日圓
東北新幹線「隼號」／1小時2～3班
🚆 1小時15～30分／1320日圓
JR東北本線快速·普通／1小時1～2班

東京站～仙台站
🚄 1小時30分／11200日圓
東北新幹線「隼號」／1小時1～2班

其他還有這種交通方式
🚌 5小時53分／3000～6500日圓
新宿高速巴士總站（新宿站新南口）～仙台站東口
JR巴士東北／1日5～7班

圖例：
━━ JR新幹線
+++ JR在來線
═══ 巴士路線
── 飛機

地名：札幌、新青森、秋田、盛岡、山形、仙台、福島、大阪、名古屋、東京
秋田新幹線、山形新幹線、東北新幹線、東北自動車道

從台北桃園機場直飛仙台機場
長榮航空（EVA）一週約4班、台灣虎航（TTW）一週約2班，樂桃航空（APJ）一週約4班，飛行時間皆約4小時30分，班次請以各航空公佈為準（2018年10月時資料）。

從**門戶城市**［仙台］

利用鐵路・巴士到宮城縣內各地

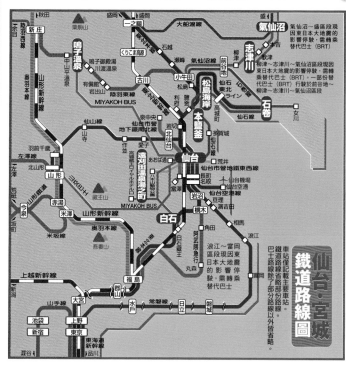

仙台・宮城
鐵道路線圖

車站僅記載主要鐵路
巴士路線，鐵道路線省略部分路線，鐵道路線除此部份路線以外皆省略。

氣仙沼～盛區段現因東日本大地震的影響停駛，需轉乘替代巴士（BRT）

柳津～志津川～氣仙沼區段因東日本大地震的影響停駛，需轉乘替代巴士（BRT）。一部份替代巴士（BRT）行駛於前谷地～柳津・志津川～氣仙沼區段

浪江～富岡區段現因東日本大地震的影響停駛，需轉乘替代巴士

划算的票券info

小小旅行假根PASS（小さな旅ホリデー・パス） 2670日圓

新幹線×　對號座△　途中下車○

◎在週六、週日、假日、黃金週、暑假、寒假的任何一日，可以自由搭乘「南東北自由區域」內的快速、普通列車的普通車自由座，「南東北自由區域」也包含仙台近郊區域。票券限使用日當日有效。

仙台完整PASS（仙台まるごとパス） 2670日圓

◎在2日內可以自由搭乘，以仙台為中心的JR線、仙台市營地鐵、巴士全線、仙台空港線、阿武隈急行、部份宮城交通巴士。
→詳細資訊請看附錄②P.11

週末PASS（週末パス） 8730日圓

◎事先指定好的週六、週日、假日的連續2日間，可以自由搭乘JR線東日本的列車，雖然搭乘新幹線或是特急列車時，需要另外購入特急券，但使用這個票券可以搭乘宮城縣內的大部份JR線，因此如果使用這個票券從東京到宮城縣內旅遊，可以充分回本。

《 小小旅行度假PASS 》
可使用區域

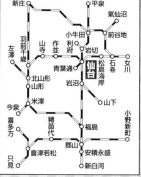

—— JR
※部分區間利用替代巴士（BRT）
※不可搭乘JR東北新幹線

前往秋保溫泉、作並溫泉 P.64・66

秋保 🚌 **30～55分／840日圓**
［仙台駅前］→宮城交通巴士（1小時1～2班）→**［秋保溫泉湯元］**

作並 🚌 **1小時9分／1110日圓**
［仙台駅前］→仙台市營交通巴士（1小時1班）→**［作並溫泉湯元］**

前往松島、鹽竈 P.74・93

松島 🚃 **40分／410日圓**
［仙台站］→JR仙石線普通（1小時2班）→**［松島海岸站］**

鹽竈 🚃 **30分／320日圓**
［仙台站］→JR仙石線普通（1小時3～4班）→**［本塩釜站］**

前往鳴子溫泉鄉 P.96

🚄🚃 **1小時25分／3850日圓**
［仙台站］→東北新幹線「疾風號」、「山彥號」（1小時1班（「疾風號」為一部份））→**［古川站］**→JR陸羽東線（1日15班）→**［鳴子溫泉站］**

🚌 **1小時25分／1300日圓**
［仙台駅前］→MIYAKOH BUS（1日2班）→**［鳴子溫泉車湯］**

前往三陸地區 P.102・107・108

石卷 🚃 **1小時／840日圓**
［仙台站］→JR仙石東北線（1日14班）→**［石卷站］**

南三陸 🚃🚌 **2小時40分／1540日圓**
［仙台站］→JR東北本線（1小時1～2班）→小牛田站→JR石卷線（每小時1班）→前谷地站→JR氣仙沼線（含BRT）（1小時1～2班）→柳津站→JR氣仙沼線BRT（1小時1班）→**［志津川站］**

氣仙沼 🚄🚃 **2小時／5380日圓**（搭乘「隼號」則為5480日圓）
［仙台站］→東北新幹線（「隼號」、「疾風號」、「山彥號」1小時1班（「隼號」、「疾風號」為一部份））→**［一之關站］**→JR大船渡線（1天11班）→**［氣仙沼］**

前往藏王、遠刈田溫泉 P.114

藏王 🚌 **2小時／1930日圓**
［仙台駅前］→宮城交通高速巴士（1小時3～6班）→**［山形駅前］**→山交巴士（1小時1班）→**［藏王溫泉バスターミナル］**

遠刈田溫泉 🚌 **1小時10分／1230日圓**
［仙台駅前］→MIYAKOH BUS（1日10班）→**［遠刈田溫泉湯の町］**

前往白石、名取 P.122・123

白石 🚃 **50分／760日圓**
［仙台站］→JR東北本線（1小時2～3班）→**［白石站］**

名取 🚃 **15分／240日圓**
［仙台站］→JR東北本線（1小時5～6班）→**［名取站］**

各交通機構的洽詢電話

鐵路

JR東日本客服中心
☎050-2016-1600

仙台空港線（仙台機場鐵路）
☎022-383-0150

阿武隈急行
☎024-577-7132

航空

ANA（全日空）
☎0570-029-222

JAL（日本航空）
☎0570-025-071

ADO（AIRDO）
☎0120-057-333

IBX
（IBEX Airline）
☎0120-686-009

APJ
（樂桃航空）
☎0570-001-292

巴士

仙台市交通局服務中心（含地鐵）
☎022-222-2256

宮城交通本社
☎022-771-5310

MIYAKOH BUS古川營業所
（鳴子方向）
☎0229-22-1781

MIYAKOH BUS
白石營業所村田辦事處
（遠刈田方向）
☎0224-83-2044

山交巴士山形營業所
☎023-644-6165

【 MM 哈日情報誌系列 14 】

仙台・松島
宮城

作者／MAPPLE昭文社編輯部
翻譯／洪禎韓
校對／張雅茜
編輯／林庭安
發行人／周元白
排版製作／長城製版印刷股份有限公司
出版者／人人出版股份有限公司
地址／23145 新北市新店區寶橋路235巷6弄6號7樓
電話／（02）2918-3366（代表號）
傳真／（02）2914-0000
網址／www.jjp.com.tw
郵政劃撥帳號／16402311 人人出版股份有限公司
製版印刷／長城製版印刷股份有限公司
電話／（02）2918-3366（代表號）
經銷商／聯合發行股份有限公司
電話／（02）2917-8022
第一版第一刷／2018年11月
定價／新台幣380元
　　　港幣127元

國家圖書館出版品預行編目（CIP）資料

仙台・松島 宮城 / MAPPLE昭文社編輯部作 ；
洪禎韓翻譯. ──
第一版.── 新北市：人人, 2018.11
面； 公分. ──（MM哈日情報誌系列；14）
ISBN 978-986-461-161-4（平裝）

1.旅遊 2.日本宮城縣

731.7139　　　　　　　　　　　107015795

Mapple magazine SENDAI　MATSUSHIMA
MIYAGI
Copyright ©Shobunsha Publications, Inc, 2018
All rights reserved.
First original Japanese edition published by
Shobunsha Publications, Inc. Japan
Chinese (in traditional characters only)
translation rights arranged with Jen Jen
Publishing Co., Ltd
through CREEK & RIVER Co., Ltd.

●版權所有・翻印必究●